幼儿运动技能指导

——家、园与社区共育

主　编：窦作琴

副主编：张　果

编　委：周　莹　刘　熙　周　静

何晓莉　胡　凤　何　巧

西南交通大学出版社

·成　都·

图书在版编目（C I P）数据

幼儿运动技能指导：家、园与社区共育 / 窦作琴主编. —成都：西南交通大学出版社，2022.8

ISBN 978-7-5643-8678-8

Ⅰ. ①幼… Ⅱ. ①窦… Ⅲ. ①体育课－教学研究－学前教育 Ⅳ. ①G613.7

中国版本图书馆 CIP 数据核字（2022）第 076549 号

You'er Yundong Jineng Zhidao
——Jia、Yuan yu Shequ Gongyu

幼儿运动技能指导

——家、园与社区共育

窦作琴 **主编**

责任编辑	何宝华
封面设计	原谋书装
出版发行	西南交通大学出版社 （四川省成都市金牛区二环路北一段 111 号 西南交通大学创新大厦 21 楼）
发行部电话	028-87600564　028-87600533
邮政编码	610031
网址	http://www.xnjdcbs.com
印刷	四川煤田地质制图印刷厂
成品尺寸	170 mm × 230 mm
印张	17.5
字数	330 千
版次	2022 年 8 月第 1 版
印次	2022 年 8 月第 1 次
书号	ISBN 978-7-5643-8678-8
定价	76.00 元

序：游戏中运动 运动中成长

重庆市渝中区红岩幼儿园，原名四川省立渝女师附属实验幼儿园，创建于1915年，是新中国成立后重庆市第一所公办幼儿园，也是重庆市第一所实验园。20世纪90年代以来，红岩幼儿园秉持“爱真理·爱生活·爱生命”的办园精神和“立红岩心，育健康人”的办园理念，以“健康小使者，责任新公民”为幼儿发展目标，以0~6岁婴幼儿运动教育为主题，探索了“游戏中运动，运动中成长”的教育教学理念，完成了多轮婴幼儿运动教育的深入研究，打造了以综合运动干预课程、专职体育活动、体育社团活动以及“乐运动”体能活动等为载体的健康教育园本课程。这为我国新时代学前教育高质量发展和托幼一体化提供了可以借鉴的典范。

《幼儿运动技能指导——家、园与社区共育》是重庆市渝中区红岩幼儿园30年来对幼儿运动教育进行深耕细作的研究成果，也是其健康教育园本课程建设的重要成果。本书以布朗芬布伦纳生态系统理论和行为改变理论中的自我效能理论为基础，采用大肌肉群动作发展测评工具（TGMD-3），在了解幼儿基本运动技能水平的基础上，结合人类动作发展顺序以及各年龄段幼儿运动发展核心经验，拟定了包括要领序列（即横向序列）和难度序列（即纵向序列）在内的幼儿基本运动技能发展序列，制定了不同年龄段幼儿基本运动技能发展目标，科学设计了小班、中班、大班三个年龄段，为期12周的“以幼儿园为中心，家庭、社区为补充”的综合运动干预方案。据此，基于“儿童中心、金色童年、快乐运动、和谐发展”的运动干预理念，幼儿园遵循从幼儿基本动作（跳、跑、爬、钻、投等）逐渐过渡到粗大动作（上手投掷、下手投掷、踢球、篮球挥肘和垒球挥击等）的发展原则，每周确定一个干预重点，对幼儿运动技能进行6~7次干预，并组织一次体能活动。同时，家庭以亲子运动游戏方式练习和巩固幼儿园上一周对幼儿运动技能的干预内容；社区在幼儿离园后以运动游戏的方式，引导幼儿重复体验幼儿园当周对幼儿运动技能的干预内容。

“动作是智慧的根源。”《幼儿运动技能指导——家、园与社区共育》遵循儿童智慧发展规律，秉承顺应婴幼儿天性的教育理念，以促进婴幼儿动作发展为基点，在婴幼儿综合运动干预方案中有机整合儿童的运动技能与智力技能，以课程游戏化为活动设计理念。专业教师、社区工作者与家长将对孩童的爱与尊重，融入富有创造性和冒险性的“有准备的教育环境”中，以促进婴幼儿在自主尝试与专注运动中健康发展。其运动干预方案的设计思路合理，活动内容活泼，活动方式丰富有趣，活动效果显著，这对于发挥“家—园—社”生态系统教育合力、促进幼儿运动技能发展和构建幼儿健全人格具有示范引领作用。

该书是“珍爱生命，科学运动”“读懂儿童，尊重游戏”的实践之作，为新时代学前教育机构实施“家—园—社”综合运动干预提供了宝贵经验，可作为幼儿园、家庭、社区协同开展幼儿运动教育的指导手册。故向有志于开展幼儿运动教育研究与实践的幼教同仁推荐。

重庆师范大学

2022年4月三春湖畔

目 录

绪　论

基本运动技能（fundamental movement skill，FMS）是人体基本动作的协调运用能力。主流研究观点认为，基本运动技能包括三个下位范畴：一是位移技能（如走、跑、跳、并步、滑步等），二是物体控制技能（如投、抛、接、击、打、踢、拍等），三是稳定性技能（如旋转、转身、弯腰等）。运动技能发展的“高峰理论”认为：基本运动技能是儿童、青少年、成人积极参与组织化与非组织化体育活动的基石。同时，“动作发展山峰”模型也从人类动作发展的角度阐释了基本运动技能的价值。该模式将1~7岁定为“基本动作”模式期，认为幼儿所处的这一时期能形成广泛的基本动作技能，而这些技能对于其今后运动能力及身体素质的发展具有重要的影响。《3~6岁儿童学习与发展指南》中也明确提出了“走、跑、跳、攀、爬、躲闪、抛接、拍”等运动技能发展的内容，要求幼儿教师采取适宜的教育干预促进幼儿基本运动技能发展。

在进行综合运动干预之前，我们对重庆红岩幼儿园230多名幼儿的基本运动技能现状进行了摸底测查。经过文献查找和对比，我们最终选择了以过程为导向的评价工具，并确定以美国的大肌肉群动作发展测评工具（TGMD-3）为幼儿基本运动技能的测评工具。

经过TGMD-3测评分析，我们结合人类动作发展的顺序以及幼儿运动发展的年龄核心经验，拟定了基本运动技能发展序列。

基本运动技能发展序列分为两个维度：其一为动作发展要领序列（即横向序列），旨在引导实施干预的教师如何一步一步地实施该项动作的干预；其二为动作发展难度序列（即纵向序列），能够引导教师在各方面来丰富干预活动、提升干预活动。各项运动技能的具体序列详见第二章节。

如下图“双脚跳”的发展序列中，横向的“屈膝摆臂—纵跳触物”等为动作发展要领序列，教师可以根据这样一个发展顺序，结合班级幼儿的实际情况引导幼儿逐步掌握动作的要领。图上并列呈现的“方向”“障碍”“节律”和“方式”为动作发展难度序列，教师可以从这几个方面来对不同的活动进行丰富和提升，比如在“方向”上，可以形成双脚向下跳、双脚向上跳的活动；在“障碍”上，可以形成双脚跳平面障碍、双脚跳立体障碍等活动；在“节律”上，可以形成小班的快快小兔跳、中大班的慢速的立定跳远等活动；在“方式”上，可以形成开合跳、跳绳等活动；同时，这几个方面并不是单独存在的，教师也可以综合几个方面对活动进行设计，如结合“障碍”和“节律”可以形成中班双脚快速跳平面障碍或立体障碍的活动。

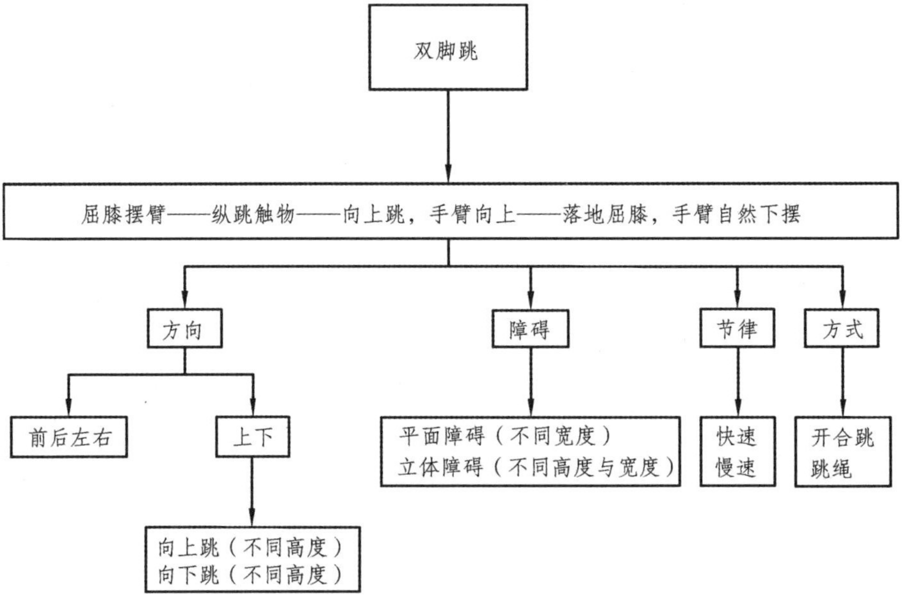

同时，我们还拟定了不同年龄段幼儿基本运动技能发展的年龄目标（具体详见下一章节）。如此一来，教师一方面可以直观地感受到该项技能的动作要领，另一方面在拟写干预方案时也可以更好地依据幼儿的动作发展年龄特点来，不至于超出幼儿的能力范围。以“单脚跳”的年龄发展目标为例：

单脚跳	
摆动腿始终在起跳腿之后；摆动腿用力向前摆动；双臂弯曲朝前摆动，产生带动力	
小班	摆动腿在起跳腿之后；手臂自然摆动；能连续单脚跳 2 米左右
中班	摆动腿在起跳腿之后；手臂协调摆动产生带动力；能连续单脚跳 5 米左右
大班	摆动腿始终在起跳腿之后；摆动腿用力向前摆动；双臂弯曲朝前摆动，产生带动力；能连续单脚跳 8 米左右

根据已有的理论支撑和顶层设计，我们依据幼儿运动技能发展的年龄特点以及发展的基本状况制定了小班、中班、大班三个年龄段为期12周的综合干预计划

（见表）。这三个维度以幼儿园干预为中心，家庭和社区的干预为幼儿园干预的延伸和补充。

（1）在综合干预框架中，家庭维度和社区维度的干预均是以幼儿园运动干预为中心开展的。其中，家庭的运动干预内容重在练习和巩固幼儿园干预中上一周的干预内容；社区的运动干预则为同周幼儿园干预内容的辅助。

（2）在幼儿园的运动干预中，我们每周进行多次运动干预加 1 次体能活动，且每周均有一个干预的重点类型。

（3）家庭运动干预是以亲子运动游戏为中心开展的。每一周我们发给孩子“亲子运动卡”，告知孩子和家长本周的亲子运动游戏的内容（与亲子运动视频相配套），同时也通过“完成运动游戏后给对应的星星涂色”以及“积星换礼物”的方式，激励着孩子和家长对于亲子运动的热情。

同时，每个班级还制作了“运动积星榜”，一方面可以让孩子们能够更加直观地看到自己在亲子运动上的积累，另一方面也可以起到激励带动的作用。

（4）社区干预主要是与每周幼儿园进行的运动活动相结合，由社区人员和幼儿园教师共同牵头的社区活动，不仅能让我园的孩子在放学后或周末的时间得到专业的运动引领，体验趣味的运动游戏，还能将我们的运动理念与运动行为辐射给住在该社区的其他孩子。

我们以TGMD-3所涉及的6项位移技能和7项器械操控技能为代表性运动技能开展干预。但在要使幼儿的基本运动技能得到提升，我们需要通过人体与生俱来的基础动作模式（跑、跳、爬等）作为动作的雏形来锻炼和提高。所以，框架中干预我们首先是对跑、跳、爬、投掷等最简单的动作模式进行干预，再逐渐提升到TGMD-3上所要求的运动技能。

在后续的干预框架中，我们提供了小中大班各项动作推进的序列性活动，使用者可以根据受用幼儿的实际情况进行重复、调整以及重组。

小班综合运动干预

第一周		
家　庭	幼儿园	社　区
球：听口令，双手自抛自接球 上手投掷：投球进筐 下手投掷：击打“保龄球”	跑：奔跑小能手 投掷（上手）：投食长颈鹿 投掷（下手）：投食小兔子 双脚跳：摘桃子　　　体能活动	亲子迷你马拉松

续表

第二周		
家庭	幼儿园	社区
闯关游戏：支撑爬“小猫捉鱼” 趣味游戏：双脚跳“荷叶” 固定游戏：单脚站立	跑：绕来绕去 双脚跳：青蛙跳荷叶 单脚跳：金鸡独立 篮球（球性）：好玩的球宝宝 平衡：走小路　平衡：过小桥 体能活动	社区体育达人进幼儿园活动
第三周		
家庭	幼儿园	社区
闯关游戏：投远与投准 趣味游戏：平衡“顶物走” 固定游戏：单脚跳	跑：小蚂蚁运粮　单脚跳：找朋友 爬：小蚂蚁运果子 平衡：安全过小桥　爬：乌龟与狐狸 体能活动	社区体育达人进幼儿园活动
第四周		
家庭	幼儿园	社区
闯关游戏：爬——亲子蜈蚣爬 趣味游戏：平衡——送水浇花 固定游戏：单脚障碍跳	爬：小汽车叭叭叭　钻：猫和老鼠 篮球（球性）：快乐滚球 篮球（球性）：合作滚球乐 平衡：寻找保障　爬：小乌龟回家 体能活动	社区体育达人进幼儿园活动
第五周		
家庭	幼儿园	社区
闯关游戏：趣味单脚跳 趣味游戏：攀爬“大山” 固定游戏：我会玩球	踢球：足球飞起来 攀：小猴摘香蕉 运动会项目 运动会项目 运动会项目	社区体育达人进幼儿园活动 社区运动大闯关活动
第六周		
家庭	幼儿园	社区
运动游戏一：我能投得准 运动游戏二：钻山洞 运动游戏三：拍球练习	运动会项目 运动会项目 运动会项目 双脚跳：拔萝卜 投掷（上手）：打怪兽 幼儿园运动会	社区体育达人进幼儿园活动
第七周		
家庭	幼儿园	社区
闯关游戏：单脚跳——	篮球（抛接）：快乐接球	社区体育达人进幼

续表

看谁跳得快 趣味游戏向前踢球 固定游戏：拍球——打地鼠	踢球：踢球射门 投掷（上手）：小火箭发射 跑：小树叶回家 体能活动	儿园活动
第八周		
家庭	幼儿园	社区
闯关游戏：双脚跳障碍 趣味游戏：悬吊“大山” 固定游戏：定点双手拍球	挥击（固定物）：击打彩色球 挥击（固定物）：击球手 双脚跳：送萝卜　单脚跳：帮助小兔子 侧滑步：小螃蟹走路 平衡：小兔过桥　攀：小老鼠攀梯子 体能活动	社区体育达人进幼儿园活动 家、园、社联合运动会
第九周		
家庭	幼儿园	社区
闯关游戏：分合跳——跳房子趣味游戏；侧滑步——小螃蟹快快走 固定游戏：原地双手拍球 2	双脚跳：青蛙连续跳荷叶 双脚跳：高人矮人超人 挥击（固定物）：摘星星 侧滑步：小螃蟹快快跑 篮球（抛接）：接反弹球 跑：跑跑停停 体能活动	社区体育达人进幼儿园活动
第十周		
家庭	幼儿园	社区
闯关游戏：赶球回家 趣味游戏：侧滑摸桩 固定游戏：原地双手拍球 3	篮球（抛接）：小球跳舞 爬：小乌龟去探险　钻：老鼠笼 马步跑：快乐小马 马步跑：小马去玩耍 踢球：快乐踢球　体能活动	社区体育达人进幼儿园活动
第十一周		
家庭	幼儿园	社区
闯关游戏：击打——小球飞起来 趣味游戏：侧滑摸桩 固定游戏：双手连续拍球	蹦跳：高人蹦蹦跳　蹦跳：高人摘果子 跳的综合：勇敢的小猴 篮球（拍球）：皮球拍拍 投掷（下手）：高高飞起的火箭 体能活动	社区体育达人进幼儿园活动

续表

第十二周		
家庭	幼儿园	社区
闯关游戏：击打——球儿飞 趣味游戏：跑跳变变变 固定游戏：连续拍球	蹦跳：小兔采蘑菇 马步跑：小马去郊游 侧滑步：小螃蟹快快跑 2 TGMD 测查　　体能活动	“活力运动家庭”评比、颁奖活动

中班综合运动干预

第一周		
家　庭	幼儿园	社　区
球：双手接反弹球上手 投掷：击中目标 手脚支撑爬：小猫捉鱼	跑：火炬传递　爬：毛毛虫爬 投掷（上手）：投食小动物 投掷（下手）：投食小动物 2 双脚跳：小火箭发射 体能活动	亲子迷你马拉松
第二周		
家庭	幼儿园	社区
闯关游戏：小猫捉鱼 2 趣味游戏：小手投球 固定游戏：拍球	投掷（上手）：沙包大作战 单脚跳：我是大公鸡 篮球（拍球）：小球戴帽子 钻：穿越封锁线　体能活动	社区体育达人进幼儿园活动
第三周		
家庭	幼儿园	社区
闯关游戏：投掷（神气小投手） 趣味游戏：往返跑 固定游戏：原地拍球	跑：狼和小羊 单脚跳：我会连续单脚跳 攀：小猴攀岩　爬：小蚂蚁学本领 钻：小小探险家 双脚跳：小兔学跳远 跨跳：跨越小河　体能活动	社区体育达人进幼儿园活动
第四周		
家庭	幼儿园	社区
闯关游戏：立定跳远 趣味游戏：爬爬乐 固定游戏：原地拍球	双脚跳：跳远比赛 钻：灵活的小猴子 篮球（拍球）：123 木头人 跑：我是小小兵 平衡：搭桥小能手 跨跳：勇敢的奥特曼　体能活动	社区体育达人进幼儿园活动

续表

家庭	幼儿园	社区
第五周		
家庭	幼儿园	社区
闯关游戏：手脚着地爬 趣味游戏：踢球过洞 固定游戏：立定跳远	踢球：足球小子 挥击（固定物）：打地鼠 运动项目　运动项目　运动项目 体能活动	社区体育达人进幼儿园活动 社区运动大闯关活动
第六周		
家庭	幼儿园	社区
运动项目一：投掷布包 运动项目二：迎面接力跑 运动项目三：迎面支撑接力	亲子运动项目　亲子运动项目 亲子运动项目 投掷（下手）：欢乐保龄球 马步跑：欢乐的小马 挥击（固定物）：果实多多 运动会	社区体育达人进幼儿园活动
第七周		
家庭	幼儿园	社区
闯关游戏：马步跑 趣味游戏：踢中标志桶 固定游戏：交替拍球	篮球（拍球）：花式拍球 攀：攀过小山　踢球：足球小将 投掷（下手）：赶跑灰太狼 马步跑：小马去郊游　体能活动	社区体育达人进幼儿园活动
第八周		
家庭	幼儿园	社区
闯关游戏：侧滑步 趣味游戏：击打固定物 固定游戏：下手拍球	侧滑步：能干的小螃蟹 单脚跳：单脚快快跳 篮球（抛接）：快乐抛球 平衡：好玩的椅子　攀：助跑攀登 体能活动	社区体育达人进幼儿园活动 家、园、社联合运动会
第九周		
家庭	幼儿园	社区
闯关游戏：单脚跳 趣味游戏：你抛我接 固定游戏：保持平衡	蹦跳：小儿郎 单脚跳：我会单脚跳障碍 投掷（上手）：羊羊羊大练兵 跑：跑一跑真好玩 平衡：好玩的椅子 2 爬：学做解放军 击打（固定物）：击打妖怪 体能活动	社区体育达人进幼儿园活动

续表

第十周		
家庭	幼儿园	社区
闯关游戏：单脚跳高 趣味游戏：旋转跳 固定游戏：蹦跳	蹦跳：蹦跳比赛 双脚跳：高高低低地跳 篮球（运球）：有趣的篮球 投掷（下手）：我是小小兵 篮球（抛接）：快乐抛球 2 踢球：足球小能手 体能活动	社区体育达人进幼儿园活动
第十一周		
家庭	幼儿园	社区
闯关游戏：侧滑步移动接球 趣味游戏：转圈拍球 固定游戏：你能跳多高	跳：运动聚会 篮球（运球）：篮球大挑战 侧滑步：快乐的小螃蟹 挥击（固定物）：帅气的棒球手 体能活动	社区体育达人进幼儿园活动
第十二周		
家庭	幼儿园	社区
闯关游戏：跳——连续跳跳跳 趣味游戏：跑——五米三项 固定游戏：拍球转圈	跑：小动物去郊游 侧滑步：螃蟹大作战 投掷（综合）：小兔种花籽 TGMD 测查 体能活动	“活力运动家庭”评比、颁奖活动

大班综合运动干预

第一周		
家　庭	幼儿园	社　区
球：两人双手击球 手脚支撑爬：小猫捉鱼 跳：立定跳远	跑：折返接力　　跑：穿越封锁线 爬：小小兵学本领 投掷（上手）：小球飞得远 投掷（下手）：投球击墙 双脚跳：青蛙跳跳　　体能活动	亲子迷你马拉松
第二周		
家庭	幼儿园	社区
闯关游戏：小猫捉鱼 2 趣味游戏：单脚跳“金鸡比赛”	跑：折返接力 2 投掷（上手）：小球对抗赛 投掷（下手）：投球进洞	社区体育达人进幼儿园活动

续表

固定游戏：拍球练习	单脚跳：金鸡比赛 平衡：小马运粮食 钻：猴王争霸　　体能活动	
第三周		
家庭	幼儿园	社区
闯关游戏：投掷（神气小投手） 趣味游戏：抛接球 固定游戏：变速拍球	跨跳：勇敢的侦察兵 篮球（运球）：连续单手运球 侧滑步：侧滑摸桩　跑：折返接力 3 踢球：勇敢的士兵　　体能活动	社区体育达人进幼儿园活动
第四周		
家庭	幼儿园	社区
闯关游戏：悬吊 趣味游戏：侧滑步摸桩 固定游戏：行进拍球	钻：逃离盘丝洞 踢球：原地踢球射门 马步跑：小马运粮 单脚跳：我是一个跳跳糖 投掷综合：投球击墙　　体能活动	社区体育达人进幼儿园活动
第五周		
家庭	幼儿园	社区
闯关游戏：侧滑步摸桩 趣味游戏：平衡走 固定游戏：拍球接力	踢球：助跑踢球射门 运动会项目　　运动会项目 运动会项目　　体能活动	社区体育达人进幼儿园活动 社区运动大闯关活动
第六周		
家庭	幼儿园	社区
运动项目一：20 米折返接力跑 运动项目二：钻过人体山洞 运动项目三：拍球接力	运动会项目　　运动会项目 运动会项目 篮球（抛接）：花样抛接球 马步跑：赛马会　　运动会	社区体育达人进幼儿园活动
第七周		
家庭	幼儿园	社区
闯关游戏：平衡——自转走小桥 趣味游戏：打反弹球	篮球（运球）：绕障碍运球 挥击（固定物）：帅气击球手 挥击（反弹球）：大球小球飞起来	社区体育达人进幼儿园活动
固定游戏：拍球接力	蹦跳：去郊游　平衡：自转走小桥 爬：会移动的小板凳　　体能活动	

续表

第八周		
家庭	幼儿园	社区
闯关游戏：蹦跳步 趣味游戏：钻“山洞” 固定游戏：拍球接力	侧滑步：侧滑步运球　爬：蜘蛛爬 挥击（反弹球）：击球小能手 攀：探险之旅　　体能活动	社区体育达人进幼儿园活动 家、园、社联合运动会
第九周		
家庭	幼儿园	社区
闯关游戏：单脚跳障碍 趣味游戏：快乐击打 固定游戏：侧滑步拍球	挥击（反弹球）：大球小球咚咚咚 挥击（固定物）：送食物 双脚跳：超人救援 单脚跳：大灰狼来了　　体能活动	社区体育达人进幼儿园活动
第十周		
家庭	幼儿园	社区
闯关游戏：立定跳远谁最棒 趣味游戏：抛球击墙 固定游戏：双手拍球	双脚跳运动：超人救援 2 跑：数字追逐赛 投掷综合：勇敢的士兵 钻：猫捉老鼠 篮球（运球）:老狼老狼几点钟 篮球（抛接）:抛接球大作战 体能活动	社区体育达人进幼儿园活动
第十一周		
家庭	幼儿园	社区
闯关游戏：快乐跳跳跳 趣味游戏：看谁投得准 固定游戏：双手拍球	跳的综合：跳房子 跑：合作持物跑 挥击（固定物）：送食物 挥击（反弹球）：小球回家 篮球（投篮）：投篮高手　体能活动	社区体育达人进幼儿园活动
第十二周		
家庭	幼儿园	社区
闯关游戏：快乐击球 趣味游戏：单脚跳运球 固定游戏：双手花样拍球	单脚跳：运送食物　　跑：躲闪跑 挥击（反弹球）：小球回家 平衡：蒙眼走路 投掷综合：沙包大作战 TGMD 测查　　体能活动	“活力运动家庭”评比、颁奖活动

幼儿园
运动干预游戏

幼儿园运动干预游戏是家、园、社综合运动干预的重点和核心，我们从基本动作跳、跑、爬、钻、投等出发，逐渐过渡到粗大动作上手投掷、下手投掷、踢球、篮球和挥击。对于年龄越小的幼儿会越多地开展基本动作的运动游戏，相反，年龄较大的幼儿，其基本动作发展较为成熟，则会更多地开展与粗大动作发展相关的游戏。

一、双脚跳运动游戏

【动作发展序列】横向为动作发展要领序列，纵向为难度序列。

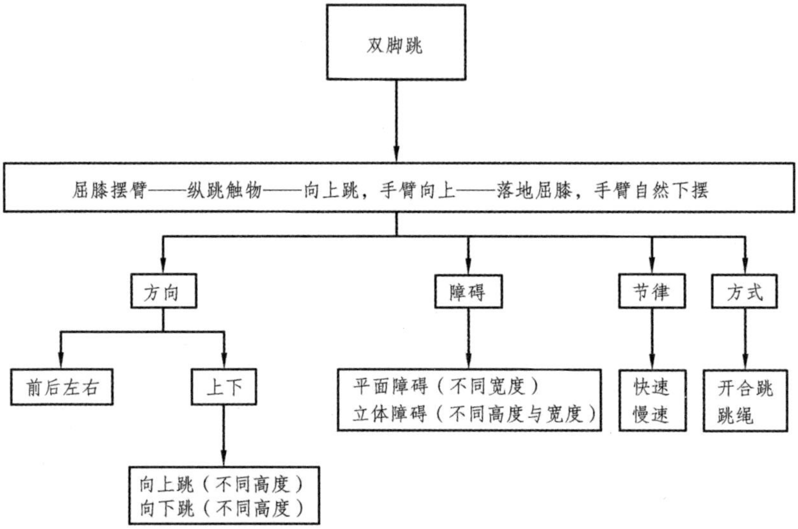

【年龄发展目标】

双脚跳	
准备阶段：屈膝，双臂后摆； 起跳阶段：双脚同时离地，离地时用力蹬地，手臂用力往前上方摆动，超过下巴；落地阶段：两脚同时落地，手臂自然下摆	
小班	双脚同时离地，手臂自然摆动，双脚同时落地屈膝
中班	屈膝准备；起跳时双脚同时蹬地离地，手臂往前上方摆动；双脚同时屈膝落地
大班	准备阶段：屈膝，双臂后摆； 起跳阶段：双脚同时离地，离地时用力蹬地，手臂用力往前上方摆动，超过下巴； 落地阶段：两脚同时落地，手臂自然下摆

小班纵跳游戏：摘桃子

一、活动目标

（1）能够下蹲蹬地连续向上跳。（2）乐意坚持用下蹲蹬地起跳的方法练习纵跳。（3）在起跳摘桃子时能做到不争抢，有序进行。

二、活动准备

自制桃子悬挂在高 1.3~1.5 米的半空中

三、活动过程

（一）准备部分

准备活动：幼儿伴随音乐做全身运动的准备动作，重点活动下肢。

（二）基本部分

1.游戏：火箭发射——练习下蹲蹬地向上跳

（1）游戏玩法：幼儿当火箭，火箭发射前做好准备动作——下蹲，听到“123 发射”时前脚掌用力蹬地向上跳出去。教师用儿歌引导幼儿进行动作练习“弯弯小膝盖，踩踩小脚掌，123 发射！”

（2）老师观察指导幼儿关注起跳前的准备姿势，鼓励幼儿坚持模仿火箭发射。

2.游戏：看谁跳得高——练习下蹲蹬地连续向上跳

（1）游戏玩法：老师将自制桃子悬挂在高 1.5 米的半空中，幼儿在下方下蹲起向上跳，头顶碰到桃子后桃子掉落。比赛谁摘的桃子最多。

（2）游戏中教师重点引导幼儿用下蹲起跳的方式进行纵跳，并表扬坚持得好的幼儿。

（三）结束部分

（1）小结：表扬幼儿坚持用下蹲起跳的方式进行纵跳。

（2）放松活动：幼儿跟随音乐做身体放松活动，重点放松下肢。

（撰写：胡凤 张群羚）

小班双脚跳游戏：青蛙跳荷叶

一、活动目标

（1）尝试双脚并拢连续向前双脚同时起跳、同时落地。（2）乐意参与游戏并能坚持用双脚同起同落的方式进行连续向前跳。（3）能逐一按顺序进行双脚连续向前跳。

二、活动准备

沙包若干、呼啦圈做荷叶若干，间隔 15 厘米摆放。

三、活动过程

（一）准备部分

（1）准备活动：重点活动下肢，跟随音乐做踮脚、弯腰、转体、下蹲等活动下肢的动作。

（2）情景导入：小青蛙会帮农民伯伯们抓害虫，但是得先让青蛙妈妈教它们跳远的本领。

（二）基本部分

1.游戏：双腿运沙包——尝试双起双落进行双脚跳

（1）游戏玩法：幼儿在安全的场地上自主探索双腿运沙包的方法。

（2）教师请 2~3 名幼儿示范夹沙包双脚跳的方法。

（3）再次玩运沙包游戏，教师鼓励幼儿大胆地用各种方法运沙包，总结经验：膝盖夹紧，我们的两只脚就能同时起跳同时落地啦。

2.游戏：小青蛙跳荷叶——双脚并拢向前同时起跳、同时落地跳过荷叶

（1）游戏玩法：幼儿当青蛙，双脚夹紧沙包从荷叶上逐一跳过，注意双脚同起同落。

（2）游戏中教师引导幼儿双脚夹紧沙包跳，表扬坚持完成的幼儿。

（三）结束部分

（1）小结：幼儿知道了用膝盖夹紧沙包双脚起跳，表扬小朋友们坚持完成游戏。

（2）放松活动：幼儿跟随音乐做身体放松活动，重点放松下肢。

（撰写：胡凤 张群羚）

小班从上往下跳游戏：拔萝卜

一、活动目标

（1）能够从上往下跳的同时屈膝落地。（2）大胆地从有高度的地方跳下，体验勇敢。（3）能够做好屈膝蹬地的准备姿势再起跳，有保护自己的意识。

二、活动准备

高15厘米和25厘米的平衡木、梅花桩、萝卜玩具或萝卜图片若干。

三、活动过程

（一）准备部分

（1）准备活动：跟随音乐重点做下肢的准备活动，跟随指令绕场地慢跑3分钟。

（2）情景导入：今天小白兔要去菜地拔萝卜，但是需要经过很多小山丘才能到菜地，完成拔萝卜的任务。

（二）基本部分

1.游戏：夹沙包跳——练习双起双落跳

（1）游戏玩法：幼儿双脚平地进行夹沙包跳，幼儿自由探索纵跳练习。

（2）教师重点引导幼儿双脚并拢双脚同时落地跳，关注膝盖屈膝。

2.游戏：拔萝卜——从上往下跳15厘米的高度，起跳和落地时屈膝

（1）游戏玩法：幼儿从起点出发从上往下跳过高15厘米的4个障碍物做成的小路，在终点拔萝卜放进篮子里，每次只能拿一个，完成后给同伴加油。

（2）游戏中老师指导幼儿起跳和落地时要屈膝，鼓励幼儿大胆地从上往下跳。

3.游戏：拔萝卜——从上往下跳25厘米的高度，起跳和落地时屈膝

（1）游戏玩法：幼儿从起点出发从上往下跳过高25厘米的4个障碍物做成的小路，在终点拔萝卜放进篮子里，每次只能拿一个，完成后给同伴加油。

（2）游戏中教师鼓励幼儿大胆地从上往下跳，提醒幼儿从上往下跳时起跳和落地时要屈膝。

（三）结束部分

（1）小结：表扬幼儿勇敢完成任务，能做到屈膝起跳和落地，有保护自己的意识。

（2）放松活动：幼儿跟随音乐做身体放松活动。

（撰写：胡凤 张群羚）

小班从上往下跳游戏：送萝卜

一、活动目标

（1）能够做好屈膝蹬地的准备姿势从上往下跳，双脚屈膝同时落地。（2）能够大胆熟练地玩从上往下跳的游戏，体验勇敢和成功。（3）知道屈膝准备和屈膝落地是保护自己的动作，有保护自己的意识。

二、活动准备

高 25 厘米、15 厘米的平衡木、梅花桩、海绵类萝卜玩具。

三、活动过程

（一）准备部分

（1）准备活动：学学小兔子双脚跳一跳，跟随音乐重点做下肢的准备活动。

（2）情景导入：小兔给外婆送萝卜的路上碰到了小老鼠，小老鼠在高高的山丘上发现了小兔子的萝卜，想要来偷萝卜。聪明的小兔子想到了一个好办法，它经过山丘时就把萝卜藏在了两腿中间膝盖处，这样既能用腿夹着萝卜跳下山丘，又能不让小老鼠发现萝卜。

（二）基本部分

1.游戏：保护萝卜——双腿夹物从上往下跳，熟练地使双脚同时屈膝落地

（1）游戏玩法：幼儿双腿中间夹物从上往下跳下高 15 厘米的障碍物。

（2）在游戏中，教师引导幼儿做好双腿夹物屈膝蹬地的起跳准备后再跳，提醒幼儿双脚同时屈膝落地。鼓励幼儿勇敢完成双腿夹物从上往下跳。

2.游戏：送萝卜——从 15 厘米和 25 厘米高度的障碍物上往下跳

（1）游戏玩法：分别设置两条分布着 15 厘米和 25 厘米的障碍物的道路，幼儿根据自己的能力选择道路从起点出发从上往下跳，熟练练习从上往下跳。

（2）教师重点引导幼儿做好准备后再起跳，双脚落地时能够屈膝落地，及时表扬克服困难挑战成功的幼儿，鼓励完成后的幼儿给同伴加油。

（3)幼儿再次游戏，将设置 15 厘米和 25 厘米的高低不同的障碍物道路两条，幼儿从起点出发从高低不同的障碍物上从上往下跳，熟练练习从上往下跳。

（4）教师及时表扬双脚落地时能够屈膝落地，克服困难挑战成功的幼儿。

（三）结束部分

（1）小结：表扬小兔子们勇敢地挑战了自己，用双脚跳的方法完成了任务。

（2）放松活动：幼儿随音乐放松身体，揉揉小膝盖，坐在地上蹬蹬小腿，重点放松下肢腿部。

（撰写：张群羚）

小班双脚跳游戏：青蛙连续跳荷叶

一、活动目标

（1）能以双脚同时起落的方式进行双脚连续向前跳，有落地屈膝的意识。（2）愿意用双脚起跳的方法完成挑战，体验成功的快乐。（3）知道从起点出发，遵守游戏规则，为同伴加油。

二、活动准备

材料准备：自制荷叶、自制害虫、热身音乐、放松音乐。

游戏场地：

场地一

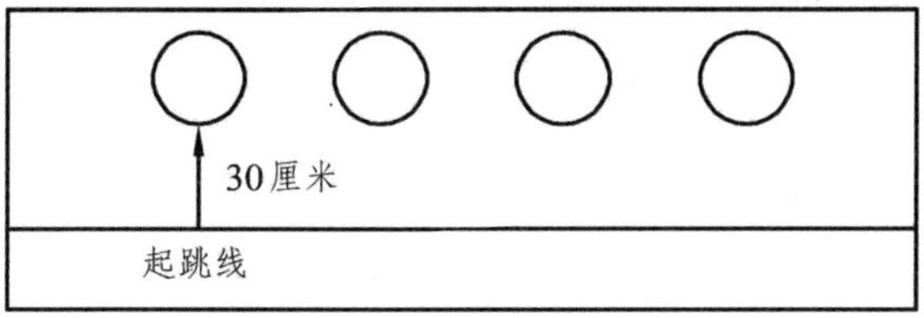

场地二

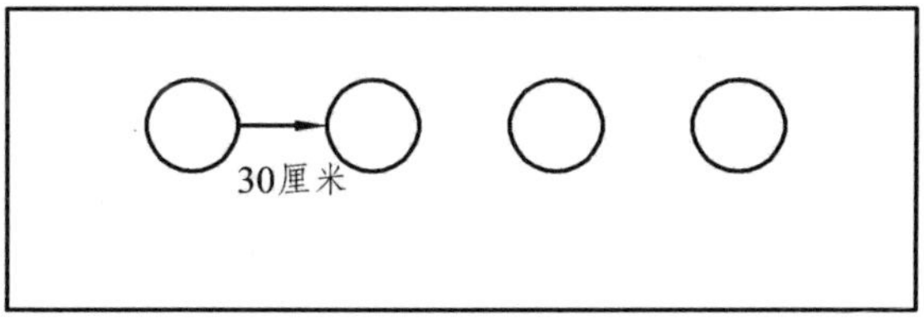

三、活动过程

（一）准备部分

（1）准备活动：幼儿随教师学小青蛙跳着入场，做做青蛙操活动四肢，重点活动腿部和脚腕。

（2）情景导入：青蛙宝宝们想帮农民伯伯们抓害虫，于是让妈妈教它们跳远的本领，这样就可以帮助农民伯伯了，你们愿意学习跳远的本领来帮助农民伯伯吗？

（二）基本部分

1.游戏：青蛙学跳远——练习双脚同时起落跳过30厘米的单片荷叶

（1）游戏玩法：幼儿在场地一准备，从起点双脚同时起落跳过距离30厘米的荷叶，幼儿反复练习。

（2）教师提醒幼儿从起跳线开始准备，双脚同时起跳落地，鼓励幼儿完成30厘米的荷叶跳远距离，个别指导有困难的幼儿。

2.游戏：青蛙蹦蹦跳跳——双脚连续跳过距离30厘米的多片荷叶，练习双脚连续跳，落地有屈膝

（1）游戏玩法：幼儿在场地二准备，从起点出发连续跳过4片距离30厘米的荷叶，到终点处的菜地里拿掉害虫放进篮子里。完成后在两侧给其他幼儿加油。

（2）教师引导幼儿完成连续跳荷叶，注意双脚同起同落，落地时屈膝。

（三）结束部分

（1）小结：表扬小朋友们愿意接受任务，遵守规则完成，用双脚连续跳的方法帮助农民伯伯，有爱心。

（2）放松活动：幼儿随音乐放松身体，重点放松下肢腿部和膝盖。

（撰写：张群羚）

小班立定跳远游戏：高人矮人超人

一、活动目标

（1）知道并尝试在双脚向前跳的同时协调手臂的摆动。（2）愿意参加立定跳远游戏，体验模仿高人矮人超人进行动作学习的成就感。（3）知道屈膝落地是保护自己的动作，有保护自己的意识。

二、活动准备

两条标志线、热身音乐、放松音乐

三、活动过程

（一）准备部分

（1）准备活动：幼儿跟随老师一起慢跑、快跑、玩高人踮脚走、矮人屈膝走的游戏，重点活动下肢膝盖。

（2）情景导入：幼儿和老师一起学习超人的本领。

（二）基本部分

1.游戏：变变高人——练习立定跳远准备动作，双手举过头顶，双脚自然分开

（1）游戏玩法：教师带领幼儿围圈走玩高人游戏，教师边唱儿歌边示范立定跳远准备动作：慢慢慢慢变高人，高人不动；解冻，慢慢慢慢变高人，高人不动。

（2）幼儿游戏时教师重点指导幼儿准备姿势：双手举过头顶，双脚自然分开。

2.游戏：变变矮人——练习立定跳远准备动作摆臂下蹲，身体下蹲，双臂向后摆

（1）游戏玩法：教师带领幼儿围圈走玩高人变矮人游戏，教师边唱儿歌边示范立定跳远摆臂下蹲的动作：高人变矮人，不动！幼儿重复练习数次。

（2）幼儿不动时，教师重点指导幼儿摆臂下蹲的动作：身体下蹲，臀部向后坐，下蹲时膝盖不要超过脚尖，双手臂向后摆。

3.游戏：超人起飞——练习立定跳远起跳和落地：双脚用地向后蹬，双手用力从后往前摆，落地注意屈膝

（1）游戏玩法：教师带领幼儿围圆圈走玩超人起飞的游戏，教师边唱儿歌边示范立定跳远起跳和落地的动作：超人起飞~飞过小河。在落地时要屈膝落地保护膝盖，幼儿随儿歌重复练习。

（2）教师重点指导幼儿起跳和落地的动作：双脚用力向后蹬，双手用力向后摆，落地要屈膝。

（三）结束部分

（1）小结：表扬小朋友们学会了超人本领，不怕困难，坚持挑战，知道落地时要屈膝保护自己。

（2）放松活动：幼儿随音乐放松身体，重点放松下肢腿部和膝盖。

（撰写：张群羚）

中班双脚跳游戏：小火箭发射

一、活动目标

（1）能在双脚跳的过程中弯曲双臂，协调地摆臂。（2）在活动中坚持练习，体验协调摆臂的成就感。（3）能听懂老师对动作的讲解，遵守游戏规则。

二、活动准备

宽敞的场地、适合运动的音乐。

三、活动过程

（一）开始部分

跟随歌曲做全身活动的动作，重点活动双臂。

（二）基本部分

1.游戏：荡秋千——幼儿探索弯曲双臂摆动的方法

（1）游戏玩法：用手臂模仿秋千荡来荡去的样子。

（2）在模仿过程中，引导幼儿认真观察幼儿园的秋千摆动的样子，让他们在探索过程中更容易掌握弯曲双臂摆动的动作要领，以提高幼儿的自我效能感。

2.游戏：火箭发射——探索双脚蹬地向上起跳的方法

（1）游戏玩法：幼儿当火箭，双臂当助推器。当听到“123”时，火箭下蹲，双臂后摆做准备姿势，听到“发射”时手臂前摆，双脚蹬地向上起跳。

（2）幼儿在老师的儿歌（小小火箭飞呀飞，我快下蹲准备飞，嗖—嗖—准备—发射，飞过云彩穿过天）指导下进行摆臂动作练习。老师在观察中指导幼儿。引导幼儿双臂往前先做好向后摆的准备姿势。教师鼓励幼儿：“你的助推器好有力量；你的准备姿势很棒！”

三、结束部分

（1）小结：表扬做活动中动作做得好的小朋友，鼓励小朋友提高活动的兴趣。

（2）放松活动：幼儿跟随音乐做身体放松活动。

（撰写：胡凤 吴林虹）

中班立定跳远游戏：小兔学跳远

一、活动目标

（1）学习立定跳远的基本动作，能在落地时屈膝缓冲。（2）能主动选择不同难度的任务进行挑战，体验达成目标的成就感。（3）遵守在起跳线后起跳的规则，并能有序练习。

二、活动准备

热身音乐（适合跳的欢快音乐)，放松音乐，呼啦圈 10 个（根据本班幼儿的实际情况将呼啦圈摆放得间距相等，在 50~60 厘米），萝卜若干（每名幼儿 3~4 个）

游戏场地 1：

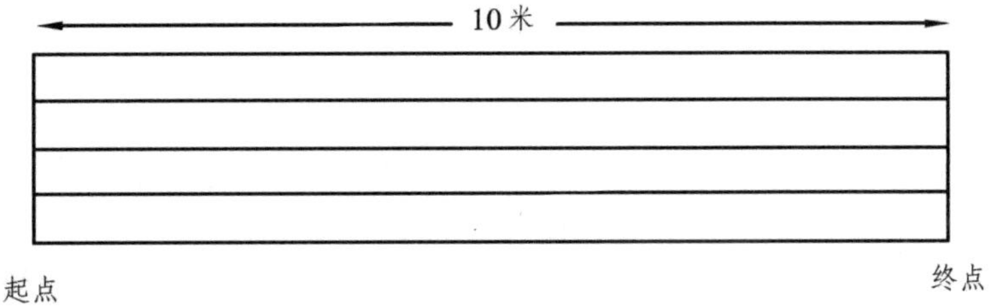

游戏场地 2：

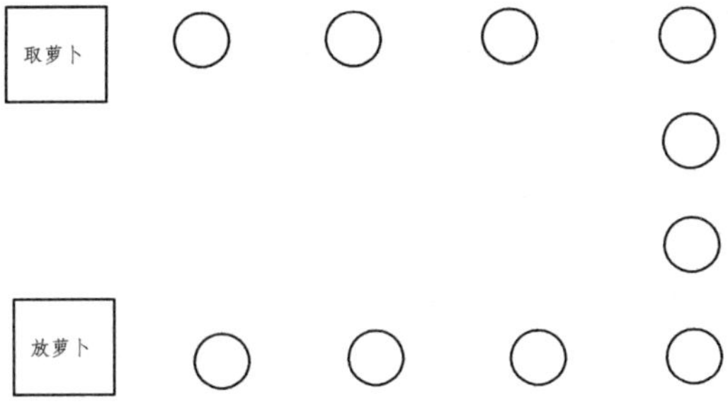

三、活动过程

（一）准备部分

准备活动：头部—上肢—下蹲甩臂—纵跳—连续兔跳—单脚跳—转圈跑跳—走步，重点活动下肢。

（二）基本部分

1.游戏：小火箭——练习起跳和落地：原地纵跳用力蹬地轻轻落地下蹲缓冲

（1）游戏玩法：教师引导幼儿听见口令后（老师吹口哨），就要像火箭一样快一点起跳，快一点离开危险的地方。

（2）老师示范："1、2、3，发射！轻轻着陆最安全"。熟悉动作后，请幼儿跟学口令，尝试自己边念口令边做动作。老师重点观察幼儿起跳和落地的动作。

2.游戏：过小河——尝试跳远，提醒幼儿落地时下蹲缓冲

（1）游戏玩法：请幼儿分4组用小火箭发射的方法过小河（长10米）。

（2）教师边念儿歌（小小火箭飞呀飞，我快下蹲准备飞，嗖—嗖—准备—发射，飞过云彩穿过天），边示范动作，提醒幼儿脚尖不踩线。

3.游戏：小兔拔萝卜游戏——梳理跳远经验，进一步熟悉跳远动作要领

（1）游戏玩法：根据拔萝卜的路线，跳进萝卜坑（呼啦圈）里，幼儿在游戏情境中自主练习跳远动作。

（2）教师示范玩法过程，指导要点：教师巡回，个别指导能力较弱幼儿（蹲下轻轻落地；双脚同时落地），鼓励幼儿大胆尝试不同难度。

（三）结束部分

（1）小结：老师总结幼儿的跳远动作，并表扬在活动中坚持跳远的幼儿。

（2）放松环节动作：四肢拉伸，重点放松膝盖和腿部。

（撰写：吴林虹）

中班立定跳远游戏：跳远比赛

一、活动目标

（1）巩固练习立定跳远动作，能用立定跳远的方法用力蹬地向前跳。（2）根据自己的跳远能力选择摆放不同远近的瓶子进行跳远。（3）在活动中坚持游戏，不断挑战。

二、活动准备

宽敞的操场、小瓶子人手2个、贴画、音乐

三、活动过程

（一）准备部分

（1）热身游戏：大风吹，小风吹。幼儿想象大风、小风、龙卷风中的情

景，根据自己的想象，用身体、动作、语言（声音）表现出来。教师变化口令，幼儿跟随练习。当教师喊“风停了”，幼儿做“站如松”，迅速站好。（反复几次）

（2）热身活动，重点活动腿部。

（二）基本部分

1.游戏：跳瓶子——自主练习立定跳远的动作

（1）游戏玩法：幼儿自己摆放不同位置的瓶子进行跳远练习。

（2）老师巡回引导，重点引导瓶子由近到远调节摆放及鼓励胆小幼儿能跳出第一步，引导瓶子放得远的幼儿示范，老师小结。

2.游戏：跳瓶子2——练习两脚用力蹬地起跳及练习动作的连贯性

（1）游戏玩法：幼儿自己再次摆放不同位置的瓶子进行跳远练习。

（2）老师表扬跳得远的幼儿，并引导幼儿两脚蹬地的时候一定要用力。

3.游戏：我比你跳得远——在比赛中强化立定跳远的动作

（1）游戏玩法：幼儿自己找同伴比赛，在起点线上一起立定跳远。每人一个小贴画，谁赢了就贴谁身上，最后看谁的身上小贴纸最多。

（2）教师鼓励幼儿不怕失败，多次进行立定跳远比赛。重点引导幼儿落地缓冲后的屈腿全蹲。

（三）结束部分

（1）小结：肯定幼儿在比赛中不怕输的精神，点评立定跳远的动作。

（2）放松活动：重点放松下肢。

（撰写：吴林虹）

中班立定跳远游戏：高高低低地跳

一、活动目标

（1）能用双手摆臂，双脚落地屈膝的动作进行向上跳和向下跳。（2）体验达成目标的成就感。（3）在活动中坚持游戏，不怕困难。

二、活动准备

场地胶（用场地胶标识出宽80厘米的草地），平衡木（高30厘米）3个，小红旗人手1个，大篮筐1个（营地），音乐。

游戏场地：

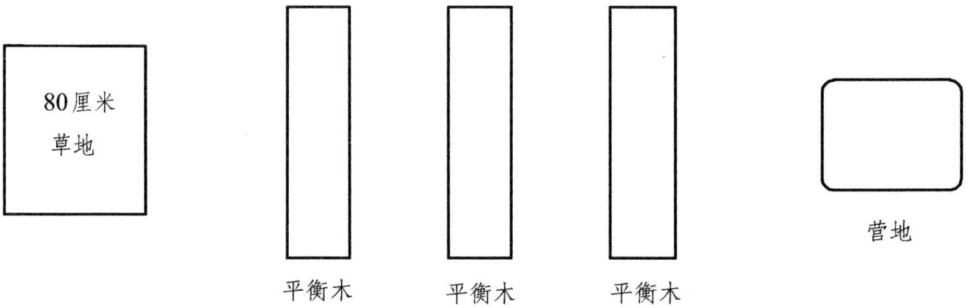

三、活动过程

（一）准备部分

准备活动：头部—上肢—下蹲甩臂—纵跳—连续兔跳—单脚跳—转圈跑跳—走步；重点活动下肢腿部力量。

（二）基本部分

1.游戏：跳过草地（宽80厘米左右)——巩固练习立定跳远的动作

（1）游戏玩法：幼儿一起听口令跳过宽80厘米的草地。

（2）老师请跳过的幼儿示范并梳理立定跳远的动作要领。

2.游戏：跳山坡（高30厘米左右的平衡木）——练习向上跳、向下跳

（1）游戏玩法：幼儿一起听口令从平面跳上平衡木，再听口令从平衡木向下跳回平面。（幼儿起跳和落地的地面需要铺上薄垫子。）

（2）老师鼓励幼儿大胆地向上跳、向下跳。

3.游戏：送小红旗——在游戏中强化跳上跳下的动作

（1）游戏玩法：幼儿手拿小红旗跳过草地，跳过山坡，将小红旗送到营地。

（2）老师强调游戏规则并表扬幼儿在游戏中的坚持和不怕困难。

（三）结束部分

（1）小结：总结向上跳和向下跳的动作要领和安全事项，肯定幼儿在游戏中的表现。

（2）放松活动：重点放松下肢。

（撰写：吴林虹）

大班立定跳远游戏：青蛙跳跳

一、活动目标

（1）能够通过手臂自然下摆、下蹲等连贯动作进行落地缓冲。（2）积极体验在立定跳远中下蹲缓冲的重要性。（3）知道在跳跃中保护自己的膝盖。

二、活动准备

挂着许多自制香蕉的杆子。

三、活动过程

（一）开始部分

跟随音乐做下蹲、向后甩臂、跑步、高抬腿等下肢活动。

（二）基本部分

1.游戏：猴子摘香蕉——探索下蹲、蹬地等连贯的下肢动作，落地屈膝缓冲

（1）游戏玩法：空中挂着自制香蕉，引导幼儿尝试向上跳着触摸香蕉。

（2）幼儿自主玩要，老师重点指导幼儿双脚蹬地向上起跳，轻轻落下，落下的时候弯曲膝盖缓冲。

（3）当幼儿经过多次尝试后都触摸不到，可以引导幼儿观察他人并对比自己的动作进行下蹲和用力蹬地。

2.游戏：放鸟蛋——能手臂自然下摆辅助跳高，落地屈膝缓冲

（1）游戏玩法：鸟妈妈的蛋宝宝从鸟窝掉出来了。幼儿用手臂自然下摆、辅助跳高将蛋宝宝放回鸟窝。

（2）幼儿玩要，老师观察指导幼儿是否手臂自然下摆，落地屈膝，并表扬幼儿不仅帮蛋宝宝都回到了鸟妈妈身边，还保护了自己。经过几次后可适当增加鸟窝的高度，引导幼儿向更高的目标挑战。

（三）结束部分

（1）小结：根据幼儿坚持参与活动挑战立定跳跃，并在过程中保护自己的表现进行总结评价。

（2）放松活动：幼儿跟随音乐做上肢和下肢的拉伸动作。

（撰写：胡风）

大班立定跳远游戏：超人救援

一、活动目标

（1）知道双脚用力蹬地，双臂用力摆动能跳远，能连贯协调地完成立定跳远动作。（2）愿意参加立定跳远游戏，体验通过努力达到跳得远的成就感。（3）遵守线后起跳的规则，能有序进行游戏。

二、活动准备

跳远标志线，多条小河（距离分别为 100 厘米、110 厘米、120 厘米），热身音乐，放松音乐。

三、活动过程

（一）准备部分

幼儿变身超人，幼儿跟随老师一起慢跑、快跑，玩高人踮脚走、矮人的屈膝走的游戏，重点活动下肢膝盖。

（二）基本部分

1.游戏：高人—矮人—超人——探索并练习立定跳远动作要领

（1）玩法：教师用儿歌的形式通过分解的动作让幼儿连续完整练习立定跳远动作：高人（双手举过头顶，双脚自然分开）—矮人（身体下蹲，双臂向后摆）—超人（双脚用力向后蹬，双手用力向前摆，落地注意屈膝），高人—矮人—超人，用儿歌反复连续完整探索练习。

（2）在游戏中，教师指导幼儿将分解练习的动作连贯运用到立定跳远中，做好准备姿势，双脚用力向后蹬，双手用力前摆，屈膝落地。

2.游戏：超人飞跃小河——练习立定跳远动作

（1）游戏玩法：场地四周有小河，超人立定跳远跳过小河，到达目的地。

（2）在游戏过程中，教师关注孩子立定跳远摆臂、蹬地的动作。

3.游戏：超人飞跃救援——挑战更远的距离

（1）游戏玩法：场地中间有 3 条远近不同，位于不同方向的小河（100 厘米、110 厘米、120 厘米），3 条小河对面有小兔、小猫、小狗等待救援，需要超人们用立定跳远的动作跳过三条河，营救小动物。

（2）在游戏过程中鼓励超人大胆挑战更宽的小河，营救被困的小动物。

（三）结束部分

（1）小结：表扬超人们助人为乐的行为，并给大胆尝试、勇于挑战的小超人点赞。

（2）放松活动：幼儿随音乐放松身体，重点放松下肢腿部和膝盖。

（撰写：张群羚 唐路林）

大班立定跳远游戏：超人救援 2

一、活动目标

（1）能用立定跳远的动作跳过障碍物。（2）愿意大胆尝试，跳过有挑战性的小河。（3）遵守线后起跳的规则，能有序进行游戏。

二、活动准备

跳远标志线、多条小河、有高度和宽度的软垫、热身音乐、放松音乐

三、活动过程

（一）准备部分

幼儿变身超人，跟随老师一起慢跑、快跑，玩高人踮脚走、矮人屈膝走的游戏，重点活动下肢膝盖。

（二）基本部分

1.游戏：超人飞跃小河——回忆上次飞跃小河的经验

（1）游戏玩法：幼儿选择三条远近不同、方向不同的小河（100 厘米、110 厘米、120 厘米），进行立定跳远。

（2）在游戏中观察孩子立定跳远的情况。

2.游戏：超人飞跃石坡路——练习跳远动作

（1）游戏玩法：由于长时间下雨，从山上冲下来一些石头，有些石头宽宽的，有些石头高高的，幼儿在跳的时候用力蹬地，跳得更远。幼儿自由选择路线尝试跳。

（2）在游戏过程中教师观察跳的动作，鼓励幼儿尝试不同的路线。可以请个别幼儿示范，其余幼儿观察。

3.游戏：超人救援——熟练运用立定跳远动作要领，进行挑战游戏

（1）游戏玩法：河对面有山羊伯伯的土豆、白菜、西兰花，需要超人们用立定跳远的方式跳过不同宽度并且有各种石头的小河。

（2）游戏过程中幼儿尝试跳过不同路线的小河，帮助山羊伯伯把蔬菜运回家。

三、结束部分

（1）小结：询问幼儿帮山羊伯伯运送了哪些蔬菜,表扬乐于助人的幼儿，并且为大胆尝试、勇于挑战的幼儿点赞。

（2）放松活动：幼儿随音乐放松身体，重点放松腿部和膝盖。

（撰写：张群羚 唐路林）

二、单脚跳运动游戏

【动作发展序列】左边为动作发展要领序列，右边为难度序列。

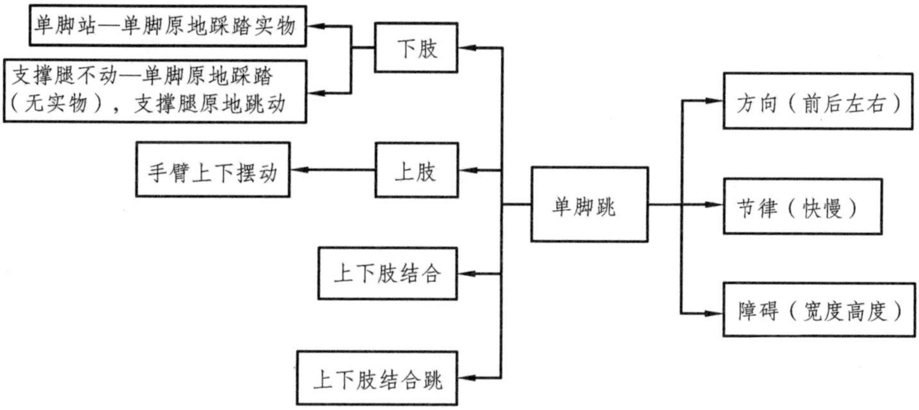

【年龄发展目标】

单脚跳	
摆动腿始终在起跳腿之后；摆动腿用力向前摆动；双臂弯曲朝前摆动，产生带动力	
小班	摆动腿在起跳腿之后；手臂自然摆动；能连续单脚跳 2 米左右
中班	摆动腿在起跳腿之后；手臂协调摆动产生带动力；能连续单脚跳 5 米左右
大班	摆动腿始终在起跳腿之后；摆动腿用力向前摆动；双臂弯曲朝前摆动，产生带动力；能连续单脚跳 8 米左右

小班单脚跳游戏：金鸡独立

一、活动目标

（1）能够单脚站立一段时间。（2）乐意参加单脚站立的体育游戏。（3）能在身体晃动的时候有自己调整重心坚持单脚站立的意识。

二、活动准备

宽敞的场地；音乐《小鸡出壳》《围个圆圈走走》《找朋友》。

三、活动过程

（一）开始部分

（1）跟随音乐《小鸡出壳》沿着场地跑步 200 米左右。
（2）跟随音乐《小鸡出壳》做四肢准备活动。

（二）基本部分

1.游戏：金鸡独立——体验重心转移保持单脚站立

（1）游戏玩法：幼儿站立在空旷的场地中央，老师和幼儿共同念儿歌指导单脚立的动作："大公鸡，喔喔啼，小小腿儿，往后踢。"

（2）幼儿尝试单脚站立，老师巡回指导：引导幼儿将移动重心放在站立腿上，有意识地将抬起来的腿放在站立腿的后面。

2.游戏：金鸡走走走——能够在行进间快速单脚站立并保持一定时间

（1）游戏玩法：幼儿随音乐《围个圆圈走走》围圆圈走步，音乐停止时，金鸡独立保持 5 秒钟以上。

（2）幼儿在反复游戏中，找到单脚立 5 秒以上的经验：身体稍加用力保持重心的稳定，抬腿的时候动作幅度较小。

3.游戏：金鸡找朋友——能够在干扰下保持单脚站立

（1）游戏玩法：幼儿随音乐《找朋友》四散走步，音乐一停找到一个小朋友面对面单脚站立后握手问好。

（2）老师及时表扬能够坚持单脚站立的幼儿，并鼓励其他幼儿坚持单脚站立。

（三）结束部分

（1）小结：根据幼儿自身调整重心坚持单脚站立的努力进行评价。
（2）放松活动：幼儿跟随音乐做身体放松活动。

（撰写：胡风）

小班单脚跳游戏：找朋友

一、活动目标

（1）能单脚连续向前跳跃 1 米左右。（2）体验努力保持单脚连续跳的成就感。（3）能在单脚跳过程中注意避让和保持与同伴间的距离。

二、活动准备

软而轻的玩具若干、音乐《加油呀》《找朋友》。

三、活动过程

（一）开始部分

跟随音乐《加油呀》做全身运动的准备活动。

（二）基本部分

1.游戏：找朋友——能够尝试单脚向前跳

（1）游戏玩法：听音乐《找朋友》尝试用单脚跳的方式向前移动，一句一停，音乐停，幼儿找一个朋友做抱一抱等友好动作。幼儿听音乐多次单脚跳。

（2）老师鼓励幼儿能够保持单脚站立并跳起来，并请个别幼儿示范单脚跳的重点：重心在站立腿上，屈膝蹬地。

2.游戏：收集礼物——尝试连续向前跳 1 米

（1）游戏玩法：幼儿分成 6 组，每一组按顺序依次出发，从起点出发连续单脚跳 1 米之后跑到 5 米远的地方捡一个玩具跑回起点放到篮子里。前一个幼儿跳过 1 米之后下一个幼儿接着出发。根据幼儿的跳跃情况循环游戏若干次。

（2）老师鼓励跳不动的幼儿单独成立一组，单脚站立后原地跳。

3.游戏：交换礼物——能够持物连续向前跳 1 米

（1）游戏玩法：听音乐《找朋友》，幼儿持礼物单脚相向连续跳，两句一停，跳着找到自己的好朋友互换礼物。根据幼儿的跳跃情况循环游戏若干次。

（2）老师鼓励幼儿能够保持单脚立的状态进行跳跃。

（三）结束部分

（1）小结：根据幼儿坚持单脚站立进行连续跳的情况进行评价。

（2）放松活动：幼儿跟随音乐做身体放松活动。

（撰写：胡凤）

小班单脚跳游戏：帮助小兔子

一、活动目标

（1）能够保持摆动腿始终在起跳腿后面进行单脚连续跳跃 2 米。（2）乐意并积极参与单脚跳游戏，体验连续跳跃远距离的成就感。（3）在单脚跳2米远比较困难时能坚持跳完障碍。

二、活动准备

有刻度的小路6条，宽10厘米和宽15厘米的小路格子若干，自制胡萝卜若干，音乐。

三、活动过程

（一）开始部分

准备活动：跟随音乐重点做活动下肢的准备活动。

（二）基本部分

1.游戏：小兔学本领——能够连续向前跳1米

（1）游戏玩法：幼儿扮小兔，在场地上从起点往前跳1米左右，跳到目的地，对身边的小伙伴做动作，又接着往前跳，可以换起跳腿起跳。如此循环5次左右。

（2）老师鼓励幼儿努力坚持，保持单脚立的状态进行跳跃。

2.游戏：小兔跳得远——能够单脚向前连续跳2米距离

（1）游戏玩法：单脚跳2米的距离后找一根胡萝卜，之后换起跳腿继续向前跳，如此循环边跳边找胡萝卜。

（2）根据幼儿的完成度，鼓励幼儿加大距离后继续坚持单脚站立并连续跳跃。

3.游戏：小兔回家——能保持摆动腿在起跳腿之后进行连续单脚跳2米

（1）游戏玩法：小兔要回家了，妈妈提出了更大的挑战：我们不仅要坚持一只脚站立，而且另一只脚还要放在起跳腿之后，保持这个姿势跳回家。

（2）老师鼓励幼儿坚持摆动腿在起跳腿之后，如果觉得动作不协调可以适当配合手臂的自然摆动。

（三）结束部分

（1）小结：表扬和鼓励能坚持单脚跳完2米、能保持摆动腿在起跳腿之后的幼儿表现。

（2）放松活动：幼儿跟随音乐做身体放松活动。

（撰写：胡凤）

中班单脚跳游戏：我是大公鸡

一、活动目标

（1）能单脚站立，并能在辅助器材的帮助下连续向前跳。（2）通过各种各样的游戏体验单脚站立、单脚跳的成就感。（3）遵守活动规则，有序练习。

二、活动准备

足够大的场地，在场地上摆放一些大公鸡的头饰、长条积木 6 根、圈 6 个、绳子 6 根、泡沫垫 6 块、沙袋 40 个。

三、活动过程

（一）准备部分

全体幼儿随教师在场地上围绕大圆跑步热身。幼儿跟随欢快的音乐跳热身操。

（二）基本部分

1.游戏：学习大公鸡——体验单脚站立的感觉，尝试找单脚站立时的平衡

（1）游戏玩法：根据儿歌《大公鸡》，模仿大公鸡单脚站立的姿势。

（2）教师一边讲一边示范单脚站立。

2.游戏：大公鸡跳——感受单脚跳的动作

（1）游戏玩法：模仿大公鸡单脚跳的动作，利用儿歌《大公鸡》帮助幼儿提高单脚跳的兴趣。

（2）教师给幼儿做示范，教师提醒幼儿下肢动作。

3.游戏：单脚跳取物——尝试单脚连续跳（每种辅助器材距离为 4 米左右）

（1）游戏玩法：利用各种辅助器材分组进行单脚连续跳。第一组：长条积木和沙袋；第二组：圈和沙袋；第三组：泡沫垫和沙袋；第四组：绳子和沙袋。每 5 个小朋友一组，找到朋友以后就可以选择其中 1 种材料和 6 个沙袋，练习单腿跳取物。

（2）教师鼓励幼儿选择不同的器材练习，并鼓励幼儿坚持练习单脚跳，在练习中指导幼儿单脚跳的动作。

（三）结束部分

（1）小结：教师总结今天所学的动作内容，表扬小朋友们根据自己的兴趣选择了不同器械来完成单脚跳的动作，在游戏中坚持！

（2）放松活动：重点放松下肢。

（撰写：吴林虹）

中班单脚跳游戏：我会连续单脚跳

一、活动目标

（1）会单脚连续跳 6 米。（2）在游戏中学会坚持，有参加体育活动的兴趣。（3）听懂并遵守游戏规则。

二、活动准备

宽敞的场地，凳子 4 个，适合运动的音乐

三、活动过程

（一）开始部分

（1）教师带领幼儿进行变速热身跑，然后随音乐做运动的“木头人”动作。

（2）做准备活动操：活动下蹲动作相关部位的关节和肌肉。

（二）基本部分

1.游戏：独脚乐园——引入连续单脚跳的动作

（1）游戏玩法：以独脚乐园的动画故事引入，幼儿进行左、右脚分别原地单脚跳、转圈跳、连续跳。

（2）教师鼓励幼儿坚持单脚跳，并及时表扬坚持运动的幼儿。

2.游戏：单脚交替跳跃接力——练习左右脚连续单脚跳 4 米长的距离，起点到终点（凳子）距离为 4 米

（1）游戏玩法：幼儿分 4 组在起点排队，场地终点处各组对应位置摆放一个凳子作为折返点；当教师发出开始口令后，各组幼儿一个接一个地用右脚跳向终点的凳子，当到达终点后马上换左脚单脚跳回到起点。

（2）教师鼓励幼儿在运动中坚持，并给予动作指导。

3.游戏：单脚跳跃接力——练习左右脚连续单脚跳 6 米长的距离，起点到终点（凳子）距离为 6 米。

（1）游戏玩法：幼儿分 4 组在起点排队，场地终点处各组对应位置摆放一个凳子作为折返点；当教师发出开始口令后，各组幼儿自己选择左脚单脚跳或右脚单脚跳，一个接一个地跳向终点的凳子，中途如果感觉累了可以换另外一只脚跳到终点；当到达终点后马上换脚单脚跳回到起点。

（2）教师鼓励幼儿在运动中坚持，并表扬主动换脚坚持跳的幼儿。

（三）结束部分

（1）小结：教师对活动进行总结后指导幼儿收拾好物品并退场。肯定孩子们在活动中的坚持。

（2）放松活动：教师带领幼儿在音乐声中进行身体放松活动：甩手臂、抖动双腿、拍打手臂、腿部、互相捶背、按摩手等。重点活动下肢。

（撰写：吴林虹）

中班单脚跳游戏：连续单脚快快跳

一、活动目标

（1）能够快速连续地单脚跳 6 米，并加入手臂自然摆动的动作。（2）在游戏中学会坚持，有参加体育活动的兴趣。（3）听懂并遵守游戏规则。

二、活动准备

宽敞的场地（至少有 6 米），呼啦圈每人 1 个，标志桶每人 1 个，凳子 4 个，适合运动的音乐。

三、活动过程

（一）开始部分

（1）教师带领幼儿进行变速热身跑，然后随音乐做运动的“木头人”动作。

（2）做准备活动操：活动下蹲动作相关部位的关节和肌肉。

（二）基本部分：

1.游戏：快快跳——在快速单脚跳中感受手臂的摆动助力

（1）游戏玩法：幼儿站在呼啦圈里，听音乐开始后一致从圈里单脚跳出来；音乐加快，单脚跳的动作加快；听老师口令后，单脚跳回圈里面，并随音乐的速度加快单脚跳的速度。

（2）教师进行巡回观察、指导，提示幼儿注意避让他人。小结怎样快速单脚跳，请跳得快的幼儿示范，总结在单脚跳中加入手臂的摆动可以让我们跳得更快。

2.游戏：我会快快跳——尝试加入手臂的摆动动作，让单脚跳得更快

（1）游戏玩法：幼儿用呼啦圈围成一个大圆，标志桶在大圆里面围成一个小圆，幼儿站在呼啦圈里，音乐开始后，幼儿快速从呼啦圈中单脚跳出来，跳出来

后将标志桶放倒，看谁最先将标志桶放倒，然后随结束的音乐再单脚跳回呼啦圈里。

（2）教师小结，并示范讲解手臂动作可以加快单脚跳的速度。同时表扬在活动中听音乐游戏的幼儿。

3.游戏：单脚跳比赛——在比赛中练习手臂摆动、左右脚连续单脚跳的动作（起点到终点的距离为 6 米）

（1）游戏玩法：幼儿分 4 组在起点排队，场地终点处对应各组摆放一个凳子作为折返点；当教师发出开始口令后，各组幼儿一个接一个用单脚跳的动作跳向终点的凳子，当到达终点后马上换另一只脚跳回起点。

（2）教师鼓励幼儿在比赛中坚持，引导其在单脚跳时手臂摆动，并告诉幼儿中途不能坚持可以换脚。

（三）结束部分

（1）小结：教师对活动进行总结后指导幼儿收拾好物品并退场。肯定孩子们在活动中的坚持。

（2）放松活动：教师带领幼儿在音乐声中进行身体放松活动：甩手臂、抖动双腿、拍打手臂、腿部、互相捶背、按摩手等。重点活动下肢。

（撰写：吴林虹）

中班单脚跳游戏：我会单脚跳障碍

一、活动目标

（1）能单脚跳过宽 5 厘米的平面障碍，尝试在跳障碍的过程中用摆动腿摆动助力。（2）在连续单脚跳中学会坚持，有参加体育活动的兴趣。（3）听懂并遵守游戏规则。

二、活动准备

宽敞的场地，呼啦圈每人 1 个，标志桶 4 个、单元砖（宽 5 厘米）若干，适合运动的音乐。

三、活动过程

（一）开始部分

教师带领幼儿做准备活动，重点活动下肢。

（二）基本部分

1. 游戏：我会快快跳——加入手臂的摆动动作，让单脚跳得更快

（1）游戏玩法：幼儿用呼啦圈围成一个大圆，幼儿站在呼啦圈里；音乐开始后，幼儿从呼啦圈中单脚跳出来，音乐加快，跳的速度随之加快；幼儿随结束的音乐再单脚跳回呼啦圈里。

（2）教师小结，并示范讲解手臂动作可以加快单脚跳的速度。同时表扬在活动中听音乐游戏的幼儿。

2.游戏：自由跳障碍——尝试在跳障碍的过程中用摆动腿摆动助力

（1）游戏玩法：将单元砖分散放在宽敞的场地中，幼儿自由尝试单脚跳过一个接一个的单元砖。

（2）教师小结如何单脚跳过单元砖：首先请能跳过单元砖的幼儿示范，教师小结，在跳的过程中，手臂摆动的同时摆动摆动腿，可以增加我们跳的力量。

3.游戏：跳障碍接力——在比赛中练习用摆动腿摆动助力

（1）游戏玩法：幼儿分为 4 组，在各组的起点和终点之间放置 5 块间隔一定距离的单元砖，当教师发出开始的信号后，各组幼儿依次采取右脚跳去、左脚跳回的方法进行连续跳单元砖的比赛。

（2）教师鼓励幼儿在比赛中坚持，告诉幼儿不能坚持的时候可以换脚。

（三）结束部分

（1）小结：告诉幼儿在跳障碍的过程中摆动腿摆动助力可以让我们跳得更轻松，同时肯定幼儿在接力中的坚持。

（2）放松活动：重点放松下肢和脚。

（撰写：吴林虹）

大班单脚跳游戏：金鸡比赛

一、活动目标

（1）能够探索摆动腿配合跳跃腿进行单脚跳的方法。（2）能够坚持摆动腿始终在跳跃腿之后。（3）乐意参加单脚跳的体育活动。

二、活动准备

用标志桶摆出6条跑道，起点和终点各放置个标志桶，并间隔10米；人手一根长1米左右的布条。

三、活动过程

（一）准备部分

（1）跟随音乐做单脚立、高抬腿、弓步等动作，重点活动下肢。

（2）情景导入：幼儿和老师一起学习金鸡单脚站立和单脚跳。

（二）基本部分

1.游戏：金鸡找朋友——练习单脚跳

（1）游戏玩法：幼儿随音乐在场地上自由单脚跳，当听到数字2时，两个小朋友单脚跳到一起；音乐响起时又自由单脚跳，听到数字几，几个小朋友单脚跳在一起。

（2）教师重点关注幼儿在单脚跳时摆动腿是否在起跳腿之后。

2.游戏：金鸡捉小虫——单脚跳6米

（1）游戏玩法：幼儿分成两组，背靠背站立，单脚跳到距自己3米远处捉小虫然后跳回原处。

（2）在幼儿比赛过程中，老师观察指导，引导幼儿单脚跳时摆动腿在起跳腿之后。

3.游戏：金鸡比赛——单脚快速跳6米

（1）游戏玩法：幼儿相对6米远的距离站立，中间是幼儿刚刚捉的小虫，游戏开始时幼儿单脚跳到中间拿小虫，拿到后跳回起始点，结束后分别数两组小虫数量。

（三）结束部分

（1）小结：表扬在游戏中坚持跳6米的幼儿，恭喜小虫多的一组，鼓励小虫少的组下次加油！

（2）放松活动：幼儿跟随音乐做身体放松活动。

（撰写：唐路林）

大班单脚跳游戏：我是一个跳跳糖

一、活动目标

（1）能用摆动腿用力向前摆动的方法单脚连续向前跳。（2）愿意大胆尝试，坚持跳更远的距离。（3）喜欢参加跳跳糖的活动，体验游戏的乐趣。

二、活动准备

纸袋贴纸（小圈）、罐子贴纸（大圈）。

三、活动过程

（一）准备部分

（1）准备活动：随着音乐转动，让身体部分转动起来。

（2）情景引入：幼儿边念咒语（噼里啪啦，噼里啪啦，变变变）边变身跳跳糖。

（二）基本部分

1.游戏：我是跳跳糖——体验摆动腿用力摆动

（1）游戏玩法：幼儿在糖罐里，当音乐响起时，跳跳糖们原地单脚跳；提醒跳跳糖们跳的时候单脚摆动。

（2）在游戏过程中可以根据孩子跳的情况调整音乐的长短。

2.游戏：快乐跳跳糖——单脚自由跳

（1）游戏玩法：幼儿随音乐自由在糖罐里跳着玩耍，主人（老师扮演）会随机在糖罐外抓糖果，幼儿用单脚跳的方式躲避主人。

（2）游戏中可将教师所扮演的主人增加为 2 人，以提高游戏的趣味性和挑战性。

3.游戏：跳跳糖回家——单脚连续跳的练习（远近不一）

（1）游戏玩法：在糖罐的四周有 5 个远近不一的小糖罐，小糖罐是跳跳糖的家。跳跳糖可以根据自己的需求单脚跳到远近不一的小糖罐里。

（2）可以根据孩子的情况多玩几次游戏，并鼓励跳跳糖们挑战更远的距离。

（三）结束部分

（1）小结：表扬在游戏中坚持跳的小朋友和愿意挑战自己、跳到更远距离的小朋友。

（2）放松活动：随音乐放松，重点放松下肢。

（撰写：唐路林）

大班单脚跳游戏：大灰狼来了

一、活动目标

（1）能在单脚跳的过程中快速灵活地转变方向，并尝试用摆动腿摆动的形式进行单脚跳。（2）有克服困难，坚持单脚跳完成游戏的意识。（3）会根据信号进行不同方位的单脚跳。

二、活动准备

木桩（梅花桩），大灰狼音乐。

三、活动过程

（一）准备部分

幼儿随着音乐活动四肢，可进行单脚小飞机、单脚原地转的动作训练。

（二）基本部分

1.游戏：大灰狼醒了——原地单脚跳

（1）游戏玩法：幼儿随教师到森林里去探险，当紧张的音乐响起时，就表示大灰狼（配班老师）醒了，幼儿站在木桩上。当欢快的音乐响起时幼儿继续单脚跳。

（2）在游戏中提醒幼儿，摆动腿摆动才能获得单脚跳的动力。

2.游戏：大灰狼睡觉了——不同方位看信号单脚跳

（1）游戏玩法：大灰狼（配班老师）在睡觉了，幼儿练习摆动腿摆动单脚跳的本领，并根据教师的手势方向进行不同方位的单脚跳。

（2）在游戏中提醒幼儿看信号的指示朝多个方位的单脚跳。

3.游戏：躲避大灰狼——快速灵活地单脚跳

（1）游戏玩法：大灰狼醒了，小朋友要根据大灰狼来的方向快速灵活地用单脚跳的方式转变方位，躲避大灰狼。

（2）在游戏中根据幼儿单脚跳的情况可将大灰狼数量设置为 2 名，增加游戏的挑战性和趣味性，并随时提醒幼儿摆动腿的摆动方法。

（三）结束部分

（1）小结：询问幼儿今天在游戏中的感受，表扬在游戏中能快速灵活转变方向，并能尝试用摆动腿摆动的形式进行单脚跳的幼儿。

（2）放松活动：随音乐离开森林，放松四肢。

（撰写：唐路林）

大班单脚跳游戏：运送食物

一、活动目标

（1）能单脚跳过高 6 厘米、宽 6 厘米的障碍物，并尝试在单脚跳时摆动腿摆动。（2）会自己选择单脚跳路线，体验帮助他人的快乐。（3）有遵守游戏规则的意识，不与他人碰撞。

二、活动准备

沙包、易拉罐等障碍若干，平坦、无障碍物的室外场地。

三、活动过程

（一）准备部分

随欢快的音乐活动四肢。

（二）基本部分

1.游戏：单脚运食物——练习单脚跳时摆动腿摆动

（1）游戏玩法：幼儿分成两组相对站立，教师用给小白兔送食物的情景请幼儿用单脚跳的方式将食物送到中间。

（2）游戏中，教师表扬幼儿能够帮助小白兔，并及时点名表扬能够用摆动腿摆动进行单脚跳的幼儿。

2.游戏：设置障碍——练习单脚跳障碍

（1）游戏玩法：大灰狼想破坏小朋友的计划，在道路中间设置了障碍，幼儿需要单脚跳过障碍，才能把食物送给小白兔。

（2）游戏中，幼儿首先尝试自由跳过障碍，再尝试手持食物单脚跳过障碍，为小白兔送食物。

（3）教师重点关注幼儿是否能坚持单脚跳过障碍，并提醒幼儿摆动腿摆动会为他们增加单脚跳的力量。

3．游戏：自由选择路线——增加单脚跳难度

（1）游戏玩法：大灰狼增加了障碍，有些路加宽了，有些路的障碍变高了，有些路的障碍变得又高又宽。幼儿可自由选择路线送食物。

（2）幼儿根据障碍物自由选择路线，尝试单脚跳过障碍。

（3）教师重点表扬能坚持单脚跳过障碍并且在单脚跳时能够做到摆动腿摆动的幼儿。

（三）结束部分

（1）小结：表扬在游戏中积极为小白兔送食物的乐于助人的幼儿，同时也为单脚跳过各种障碍物的幼儿点赞。

（2）放松活动：幼儿随音乐整理活动材料，放松四肢。

（撰写：唐路林）

三、蹦跳、跨跳、跳的综合运动游戏

蹦跳（跑跳步）、跨跳以及跳的综合均是在双脚跳和单脚跳的基础上进行的扩展和延伸。

蹦跳（跑跳步）运动游戏

小班蹦跳游戏：高人蹦蹦跳

一、活动目标

（1）能较平稳地单、双脚踮脚站立，练习定点单脚踮脚跳起用头顶触物。（2）愿意跟同伴一起蹦蹦跳跳玩一玩，体验踮脚蹦跳以及头顶触物的成就感。（3）遵守规则，主动地坚持蹦跳的练习与挑战。

二、活动准备

材料准备：悬挂高低错落的帽子（可用纸板粘贴悬挂球代替帽子）；幼儿左边裤脚贴红色标志、右边裤脚贴黄色标志；游戏音乐。

场地准备：悬挂球离地面 110 厘米~130 厘米的高度；场地中张贴与幼儿人数相等的脚印：左脚红色脚印、右脚黄色脚印。

三、活动过程

（一）准备部分

（1）准备活动：跟着音乐活动身体，重点活动下肢。

（2）情景激趣导入：高人走路。创设高人走路的游戏情景，激发幼儿兴趣，鼓励幼儿参与不同的模仿高人走路游戏。

（二）基本部分

1.游戏：高人走——行进中熟悉踮脚姿势：前脚掌着地、两脚交替前进

（1）游戏玩法：幼儿在场地中踮脚行走，双脚交替前进。

（2）教师重点指导幼儿移动中的踮脚姿势：前脚掌着地，身体保持稳定，两脚交替前进。教师及时表扬动作坚持得好的幼儿，激励其他幼儿模仿学习。

2.游戏：高人长高——原地练习踮脚姿势：脚后跟立起，身体保持稳定

（1）游戏玩法：幼儿找到场地内脚印，站好，贴红色标志的脚放在红脚印上，

贴黄色标志的脚放在黄脚印上。当老师说双脚时，幼儿的两只脚都要踮起来。当老师说红色时，幼儿红色标志的脚踮起，黄色标志的脚抬起来离地。当老师说黄色时，幼儿黄色标志的脚踮起，红色标志的脚抬起来离地。

（2）教师重点提示指导幼儿的单双脚踮脚姿势与听辨指令：踮脚时脚后跟要尽量立起向上；单脚踮脚时，另外一只脚要抬起离地；听辨指令，跟老师做一样的动作。（这个游戏幼儿可能会出现脚反应不过来的情况，所以老师要和幼儿一起游戏，给幼儿正确的动作示范，引导幼儿熟悉规则、坚持完成。）

3.游戏：高人戴帽子——巩固单脚踮脚姿势，并尝试单脚踮脚跳起用头顶触物，即前脚掌着地，踮脚向上跳起触物

（1）游戏玩法：音乐响起时幼儿在场地里学高人踮脚走，音乐停止，幼儿立马找一个帽子，单脚踮脚跳起戴帽子。

（2）教师重点指导幼儿单脚站立，身体直立向上踮脚跳起，身体保持稳定。教师鼓励反应快、会听辨指令的幼儿，用榜样示范法激励幼儿模仿正确的动作与指令。

（三）结束部分

（1）小结：重点从幼儿在游戏中的动作完成度进行小结点评。如：踮脚时脚后跟有没有离地、身体是否稳定、有没有成功戴到帽子、游戏中是否坚持等。鼓励在游戏中坚持完成的幼儿，以此激励幼儿更好地完成下一次游戏。

（2）放松活动：在音乐中放松身体，重点放松手臂、双腿。

（撰写：彭正延）

小班蹦跳游戏：高人摘果子

一、活动目标

（1）尝试双脚交替连续蹦跳前进，蹦跳时手臂自然摆动。（2）愿意跟同伴一起模仿高人玩游戏，体验蹦跳走路以及摸到目标的成就感。（3）遵守规则，游戏中坚持练习与挑战。

二、活动准备

材料准备：悬挂高低错落的球；游戏音乐。

场地准备：悬挂球离地面 120 厘米~140 厘米的高度。

三、活动过程

（一）准备部分

（1）准备活动：跟着音乐活动身体，重点活动下肢。

（2）情景激趣导入：高人摘果子。创设高人摘果子的游戏情景，引导幼儿大胆在游戏中巩固踮脚姿势、尝试蹦跳动作。

（二）基本部分

1.游戏：果子成熟了——巩固踮脚姿势

（1）游戏玩法：幼儿在场地中选一个果子，踮脚摸果子。

（2）教师重点指导幼儿原地踮脚的姿势：后跟尽量立起；身体保持平稳；手臂伸展触物。引导幼儿根据自己的身高选择果子，鼓励幼儿大胆尝试，摸更高的果子。

2.游戏：高人摘果子——尝试连续蹦跳姿势

（1）游戏玩法：幼儿尝试在场地中蹦跳走路，随机摘高度不同的果子。

（2）教师重点指导幼儿尝试连续蹦跳前进：双脚连续交替蹦跳；手臂跟身体自然摆动带力；手臂伸展触物。如果幼儿在此环节做不到连续蹦跳前进，教师可帮助幼儿在原地蹦跳，尝试手臂协调摆动来带动身体向上。

3.游戏：摘果子比赛——练习听辨音乐，连续蹦跳姿势

（1）游戏玩法：音乐响起时幼儿们在场地里蹦跳走路；停止时幼儿摘一颗果子。

（2）教师重点指导幼儿双脚连续交替蹦跳；手臂跟身体自然摆动带力；分辨音乐前进、停止；手臂伸展触物。教师引导幼儿尝试摘高低不同的果子，提示幼儿蹦跳前进，做不到的幼儿可以原地蹦跳，手臂带动身体向上。

（三）结束部分

（1）小结：教师重点点评幼儿在游戏中的动作完成。如：连续蹦跳有没有成功；手臂是否协调摆动带力；身体是否稳定等表扬坚持挑战的幼儿，增强幼儿自信心。

（2）放松活动：在音乐中放松身体，重点放松手臂、双腿。

（撰写：彭正延）

小班蹦跳游戏：小兔采蘑菇

一、活动目标

（1）能将蹦跳动作运用到游戏中，并能连续蹦跳一定距离。（2）愿意跟同伴一起玩小兔游戏，体验成功采到蘑菇、完成任务的成就感。（3）遵守规则，主动、坚持完成蹦跳动作练习与挑战。

二、活动准备

材料准备：自制蘑菇若干；蘑菇房子；大灰狼头饰；大灰狼叫声音乐；游戏音乐。

场地准备：平坦无障碍物的场地，内散点摆放蘑菇若干。

三、活动过程

（一）准备部分

（1）准备活动：跟着音乐活动身体，重点活动下肢

（2）情景激趣导入：小兔摘蘑菇。创设小兔摘蘑菇的游戏情景，引导幼儿运用连续蹦跳的动作蹦跳一定的距离。

（二）基本部分

1.游戏：大灰狼来啦——听辨指令，练习连续蹦跳即停即走

（1）游戏玩法：幼儿扮演小兔子在场地内蹦跳前进，教师随机播放大灰狼叫声。大灰狼叫声响起，幼儿原地保持不动；大灰狼走了，幼儿继续在场地内蹦跳前进。

（2）教师重点指导幼儿移动中的连续蹦跳姿势：前脚掌着地；双脚交替连续蹦跳。教师表扬蹦跳动作做得好，听辨音乐反应快的幼儿。

2.游戏：小兔采蘑菇——尝试用连续蹦跳动作完成任务：脚后跟立起，两脚交替蹦跳前进

（1）游戏玩法：幼儿扮演小兔子在场地中用蹦跳前进的动作采蘑菇，一次采一朵，采到的蘑菇放到场地两端的大篮子里。

（2）教师重点提示，指导幼儿在游戏中的蹦跳的正确姿势，表扬蹦跳动作做得好并且成功采到蘑菇的幼儿。

3.游戏：小兔回家啦——连续蹦跳一定距离

（1）游戏玩法：幼儿扮演小兔子从场地一端用双脚连续蹦跳前进的姿势回到另一端小兔的家（蘑菇房子）。

（2）教师重点指导幼儿在游戏中的蹦跳姿势，鼓励幼儿坚持完成一定的距离的蹦跳。

（三）结束部分

（1）小结：教师重点点评幼儿是否坚持用蹦跳的动作来完成各项任务。表扬动作标准、会听辨指令的幼儿，增强幼儿的自信心。

（2）放松活动：在音乐中放松身体，重点放松手臂、双腿。

（撰写：彭正延）

中班蹦跳游戏：小二郎

一、活动目标

（1）能进行连续地蹦跳。（2）能坚持用蹦跳进行游戏，体验到达目标的成就感。（3）能随音乐有序练习蹦跳。

二、活动准备

每个小朋友的书包、《小二郎》音乐、宽敞的场地（起点到终点距离 8 米）。

三、活动过程

（一）准备部分

跟随歌曲做全身活动的动作。

（二）基本部分

1.游戏：神气的小二郎——自由探索蹦跳

（1）游戏玩法：教师带领幼儿一起上幼儿园（从起点到终点，终点就是幼儿园），带领幼儿伸伸腰、压压腿，再一起放学（从终点回到起点）。此游戏可进行 1~2 次。

（2）鼓励幼儿观察老师上学和放学的动作，并学一学。

2.游戏：学学小二郎——体验蹦跳的动作

（1）游戏玩法：幼儿跟着音乐自由体验小二郎的动作，音乐停止，幼儿摆出自己喜爱的造型，音乐开始，再次学一学小二郎进行蹦跳。

（2）老师鼓励幼儿坚持学习小二郎蹦跳，及时表扬蹦跳方法最正确的孩子。

3.游戏：我们都是小二郎——用音乐带入情景，完整练习蹦跳

（1）游戏玩法：播放《小二郎》音乐，请幼儿背上小书包，像小二郎蹦跳一样去上学和放学。

（2）教师鼓励幼儿坚持用蹦跳的方法从起点到终点。

（三）结束部分

（1）小结：肯定在活动中坚持运动的小朋友。

（2）放松活动：带领幼儿做放松运动。

（撰写：吴林虹）

中班蹦跳游戏：蹦跳比赛

一、活动目标

（1）能进行连续、快速地蹦跳。（2）在游戏中学会坚持和协作，体验团队合作的成就感。（3）听懂并遵守游戏规则，有序练习。

二、活动准备

《找朋友》音乐、宽敞的场地（起点到终点距离 8 米）。

三、活动过程

（一）准备部分

跟随歌曲做全身活动的动作。

（二）基本部分

1.游戏：找朋友——在音乐声中练习蹦跳

（1）游戏玩法：在《找朋友》的音乐声中进行蹦跳，并跟随音乐和朋友“敬个礼，握握手”。

（2）老师重点观察幼儿是否都能正确进行蹦跳。

2.游戏：蹦跳比赛——在比赛中练习快速蹦跳

（1）游戏玩法：幼儿分成 4 组，看哪一组最快最连续跑步跳地达到终点。

（2）教师重点请 1~2 名获胜队幼儿示范如何快速蹦跳，请其他幼儿观察并小结。

3.游戏：蹦跳比赛2——在比赛中再次强化快速蹦跳

（1）游戏玩法：幼儿分4组，再次进行蹦跳比赛。

（2）老师重点鼓励幼儿快速蹦跳。

（三）结束部分

（1）小结：肯定动作连续或协同或能够快速蹦跳的小朋友，引导幼儿感受团队协作的力量。

（2）放松活动：重点放松下肢。

（撰写：吴林虹）

大班蹦跳游戏：去郊游

一、活动目标

（1）能连续蹦跳一段距离，双臂自然弯曲，协调摆臂。（2）能主动选择不同远近的垃圾桶挑战。（3）会将垃圾正确分类，体验做环保小卫士的自豪感。

二、活动准备

各种类型的垃圾桶，郊游物品包装袋

游戏场地：

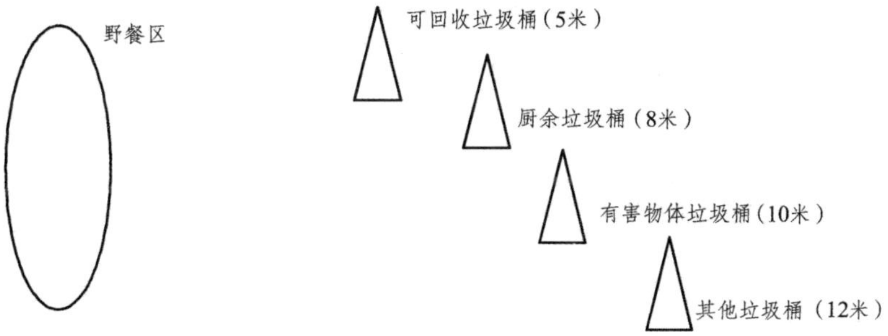

三、活动过程

（一）准备部分

随郊游音乐进入场地，活动四肢。

（二）基本部分

1.游戏：一起来拍照——熟悉手摆动方向与腿动作相反的蹦跳方法

（1）游戏玩法：幼儿随着欢快的音乐去郊游，当音乐停止后保持运动中的动作。

（2）游戏可多进行几次，让幼儿在自然欢快的音乐中练习动作。

2.游戏：一起去郊游——运用蹦跳方法游戏

（1）蹦跳取物品——固定距离蹦跳

游戏玩法：幼儿蹦跳 6 米距离拿物品，再蹦跳回来。一次只拿一种物品，幼儿可多次往返蹦跳取食物。教师着重观察幼儿是否采用蹦跳的方式。

（2）蹦跳丢垃圾——自选距离蹦跳

游戏玩法：幼儿根据包装袋，用蹦跳的形式将垃圾投入对应的垃圾桶。教师着重观察幼儿蹦跳的同时引导幼儿将垃圾投入正确的垃圾桶。

（三）结束部分

（1）小结：点赞环保小卫士，表扬在游戏中坚持用蹦跳的方式到很远地方丢垃圾的幼儿。

（2）放松活动：幼儿随音乐整理活动材料，放松四肢。

（撰写：唐路林）

跨跳运动游戏

中班跨跳游戏：跨越小河

一、活动目标

（1）能够根据自己的能力尝试用助跑跨跳的方式跳远。（2）积极参与游戏，体验在游戏中跨跳的乐趣。（3）自觉遵守游戏的规则。

二、活动准备

绳子若干、宽敞的场地、适合运动的音乐。

三、活动过程

（一）准备部分

带领幼儿绕操场进行热身跑，再活动头部、上肢、下肢、跑跳。重点活动下肢。

（二）基本部分

1.游戏：跳过小河——在自由探索中感受助跑跨跳

（1）游戏玩法：教师和幼儿一起设置小河，在活动场地上用绳子设置出一条条小河，小河可排列成圆形、曲线等。让幼儿自由探索，尝试不同的跳跃方法。

（2）请幼儿展示“你是怎么跳的”，教师小结助跑跨跳的动作要领（如：后脚掌落地，前一步的速度和后一步的速度要快且不能停），然后让幼儿自由练习跨跳。

2.游戏：跨越小河——熟悉路线和助跑跨跳的动作

（1）游戏玩法：将幼儿分成四组，在场地中自由练习助跑跨跳。

（2）教师重点讲解助跑跨跳的动作，鼓励幼儿用助跑跨跳的方式跨越小河。

3.游戏：跨越小河比赛——在比赛中再次强化助跑跨跳的动作

（1）游戏玩法：将幼儿分成 4 组比赛。要求：在比赛中哪一组最先用助跑跨跳的方式跨过这些小河，就算赢。

（2）教师引导幼儿用助跑跨跳的方法通过小河，鼓励幼儿要团结合作。

（三）结束部分

（1）小结：肯定动作到位的幼儿，并表扬团结合作的幼儿。

（2）放松活动：重点放松下肢。

（撰写：吴林虹）

中班跨跳游戏：勇敢的奥特曼

一、活动目标

（1）能助跑跨跳过 45 厘米的平行线并巩固钻、平衡等身体基本技能。（2）具有勇敢挑战精神，能积极完成任务。（3）遵守游戏规则并有序地练习。

二、活动准备

奥特曼贴纸若干、怪兽图片若干、平衡木（高 30 厘米、宽 10 厘米）2 个，山洞 2 个、粉笔、红旗、吸管若干。

游戏场地 1：

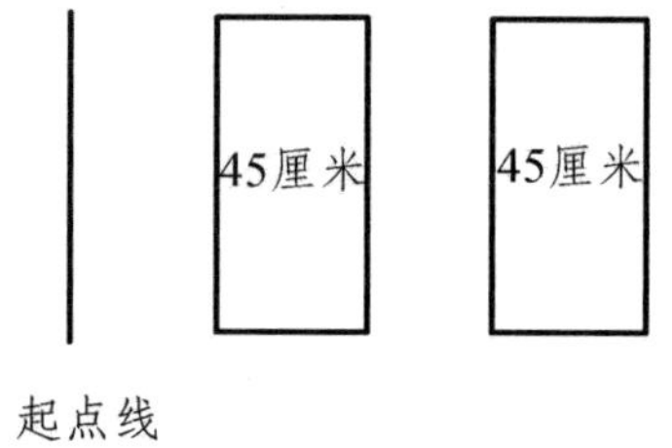

游戏场地 2：

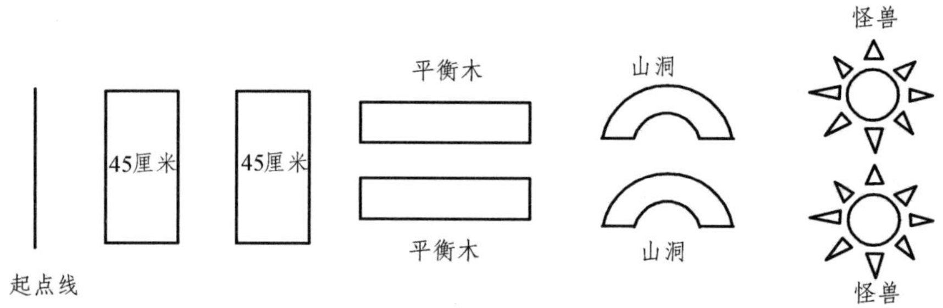

三、活动过程

（一）开始部分

（1）准备活动：进行队列练习并跑步热身，重点活动下肢。

（2）情景导入：教师手持红旗做指挥官，幼儿扮奥特曼。

（二）基本部分

1.游戏：跨过小河——练习助跑跨跳，巩固助跑跨跳的动作

（1）游戏玩法：用助跑跨跳的方法跨过小河。

（2）幼儿练习，教师鼓励幼儿“再跨一次”。

2.游戏：“打怪兽”——在综合游戏中练习跨跳的动作

（1）游戏玩法：在附近的草丛里发现一批怪兽，需要我们去打败。我们要用跨跳、走平衡木、钻山洞的方法到达目的地，将吸管戳在怪兽身上。

（2）教师根据路线带领幼儿巩固各种技能。

（三）结束部分

（1）小结：结合小朋友当天的表现总结并表扬小朋友们是勇敢的奥特曼，并颁发奥特曼贴纸（增强幼儿自信心）。

（2）放松活动：重点放松下肢。

（撰写：吴林虹）

大班跨跳游戏：勇敢的侦察兵

一、活动目标

（1）能用助跑跨跳的方式跳过宽 20 厘米，高 30 厘米的障碍物。（2）能主动选择不同难度的草地进行挑战，体验达成目标的成就感。（3）会主动站在两侧，为同伴加油。

二、活动准备

各种高度的草地、宽敞的场地。

三、活动过程

（一）准备部分

随着跑步音乐绕场跑 3 圈，活动四肢。

（二）助跑跨跳——跨跳宽宽高高的草地

1.游戏：跨过草地——感受跨的动作

（1）游戏玩法：在音乐声中，幼儿扮作侦察兵连续跨过 20 厘米高的障碍（小草）。

（2）在游戏中教师重点关注幼儿能否将腿抬高快速过障碍，请 2~3 名幼儿示范。

2.游戏：跨跳草地——从跨过到跨跳

（1）游戏玩法：在音乐声中，幼儿依次跨跳过草地。

（2）跨过草地后，站在两侧，为同伴加油。

3.游戏：我是勇敢的侦察兵——跨跳不同高度宽度的障碍物

（1）游戏玩法：在场地四周摆放不同宽度和高度的障碍物，幼儿可以根据自己的情况选择进行跨跳的物体。

（2）在游戏过程中鼓励幼儿挑战有难度的障碍物。

（三）放松活动

（1）小结：表扬在游戏中会主动为同伴加油的幼儿和主动跨跳过有挑战性障碍物的幼儿。

（2）放松活动：幼儿随音乐整理活动材料，放松四肢。

（撰写：唐路林）

跳的综合运动游戏

小班跳的综合游戏：勇敢的小猴

一、活动目标

（1）能快速灵敏地跑步通过障碍，跳时双脚起跳和落地。（2）愿意并积极参加跑跳游戏挑战，体验挑战游戏成功的快乐。（3）能遵守游戏规则，有序进行游戏。

二、活动准备

两条小路设置起点和终点、多个标志桶作障碍物、高 15 厘米和 25 厘米的平衡木、网布上吊多种水果、热身音乐、放松音乐。

三、活动过程

（一）准备部分

准备活动： 幼儿跟随音乐和老师一起活动全身，重点活动腿部。

（二）基本部分

1.游戏：小猴摘果子——练习快速跑和纵跳

（1）游戏玩法：设置起跑线和终点线，终点线后设置果子林（在有高度的网子上吊一些水果）。幼儿排成两列，依次从起跑线出发跑到终点处后，来到果子林用纵跳的方法摘下果子（教师讲解示范），每次只摘一个。

（2）幼儿游戏，老师指导幼儿遵守游戏规则，快速跑过小路，纵跳时知道原地下蹲再起跳，尽量往上跳。

2.游戏：小猴运果子——练习快速跑和在 15 厘米高的平衡木上从上往下跳

（1）游戏玩法：在设置了 3 个障碍的小路上，幼儿从起点出发绕过障碍跑，终点后设置高 15 厘米的小山丘，幼儿双脚从上往下跳过山丘，把果子送到仓库。幼儿分两列，依次排队通过。

（2）幼儿游戏，教师指导幼儿快速跑过有障碍的小路，动作灵敏，从上往下跳时，注意双脚落地，落地时屈膝，能保护自己。

3.游戏：小猴送果子——练习快速跑和从 25 厘米高的平衡木上往下跳

（1）游戏玩法：在设置了 3 个障碍的小路上，幼儿从起点出发快速绕过障碍跑，终点后设置 3 个高 25 厘米的小山丘，幼儿双脚从上往下跳过山丘，把果子送到猴妈妈家。幼儿分两列，依次排队通过。

（2）幼儿游戏，教师指导幼儿遵守游戏规则，快速跑过障碍小路，双脚跳过更高的小山丘，安全快速地通过。

三、结束部分

（1）小结：通过跑跳游戏让幼儿体验挑战成功的快乐，表扬积极完成任务的幼儿。

（2）放松活动：跟随音乐放松身体，重点放松下肢腿部，相互按摩。

（撰写：张群羚）

中班跳的综合游戏：动物聚会

一、活动目标

（1）能在游戏中练习、巩固双脚跳、单脚跳等多种跳的方法。（2）能根据自己跳的能力选择不同难度的路线。（3）遵守游戏规则，在游戏中学习与同伴合作。

二、活动准备

宽敞的场地，高 10 厘米、宽 20 厘米的障碍 4 个，小动物的图片（小兔、青蛙、小狗、公鸡），欢快的音乐。

游戏场地：

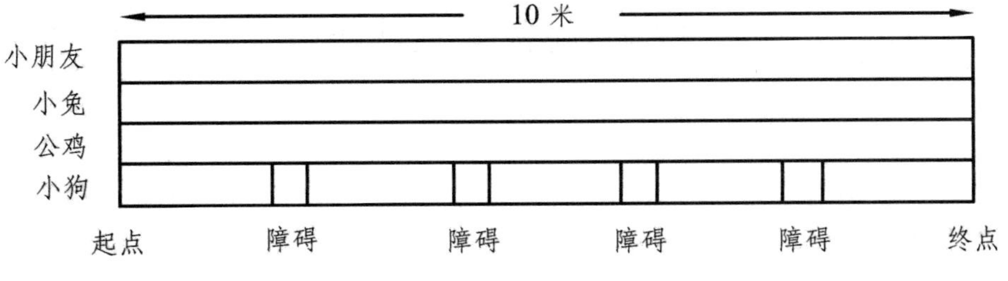

三、活动过程

（一）准备部分

带领幼儿进行热身变速跑，并重点做下肢运动的准备活动。

（二）基本部分

1.游戏：小动物聚会——回顾各种跳

（1）游戏玩法：幼儿扮演各种小动物进行跳的动作。小白兔——双脚跳、小青蛙——蹦跳、公鸡——单脚跳、小狗——跨跳。

（2）教师鼓励幼儿根据动物角色的变化而变化不同跳的方式。

2.游戏：小动物回家——在游戏中巩固各种跳

（1）游戏玩法：幼儿自己选一种动物根据路线跳着回家，与同伴交换动物角色再次根据路线跳着回家。

（2)教师重点观察跳的动作，提醒单脚跳的幼儿如果不能坚持中途可以换脚，并针对幼儿跳的情况进行小结。

3.游戏：小动物回家2——再次巩固练习各种跳

（1）游戏玩法：请幼儿自己找一个喜欢的动物，选到同样动物图片的小朋友为一组，一起回家。幼儿交换角色再次进行跳的比赛。

（2）在游戏中，教师鼓励幼儿坚持。

（三）结束部分

（1）小结：教师小结各种跳的动作，并表扬在游戏中坚持的小朋友。

（2）放松活动：教师带领幼儿做放松运动，重点放松下肢部分。

（撰写：吴林虹）

大班跳的综合游戏：跳房子

一、活动目标

（1）能运用跨跳、单脚跳等多种方式跳过房子。（2）能快速跳过格子，体验获得红旗的喜悦。（3）会遵守游戏规则，避开与他人的碰撞。

二、活动准备

画有四种不同形状格子房子的场地一块、录音机、磁带、小红旗一面。

三、活动过程

（一）准备部分

幼儿随音乐活动四肢。

（二）基本部分

1.游戏：快乐跳格子——尝试各种跳法

（1）游戏玩法：幼儿观察场地上画有格子的房子，幼儿尝试各种方式跳房子。

（2）游戏过程中教师观察幼儿跳的方式，请个别幼儿展示，其余幼儿观察学习。

2.游戏：跳房子小能手——运用多种方式跳

（1）游戏玩法：根据之前跳的经验，大家一起制定跳的路线和方法。比如从第一个房子起点开始，逐格单脚跳跃到终点。走到第二个房子起点，逐格双脚跳跃到终点。走到第三个房子起点，逐格跨跳到终点。走到第四个房子起点，逐格单双脚交替跳。跳跃时，要跳到格子中间，不能踩到边缘线。

（2）幼儿玩“跳房子”游戏，教师重点指导幼儿在连续跳的过程中不踩边缘线。

3.游戏：争夺红旗——增加跳的兴趣和速度

（1）游戏玩法：幼儿分成人数相等的四组跳房子，完成四种跳法，速度快的一组夺得红旗获胜。

（2）游戏过程中观察孩子跳的情况，表扬获胜的组，鼓励其他组再试一次。

（三）结束部分

（1）小结：询问幼儿今天的比赛情况，为获得胜利的组点赞，同时也鼓励其他组下次积极参与，获得胜利。

（2）放松活动：幼儿随音乐整理材料，放松四肢。

（撰写：唐路林）

四、跑的运动游戏

【动作发展序列】横向为动作发展要领序列，纵向为难度序列。

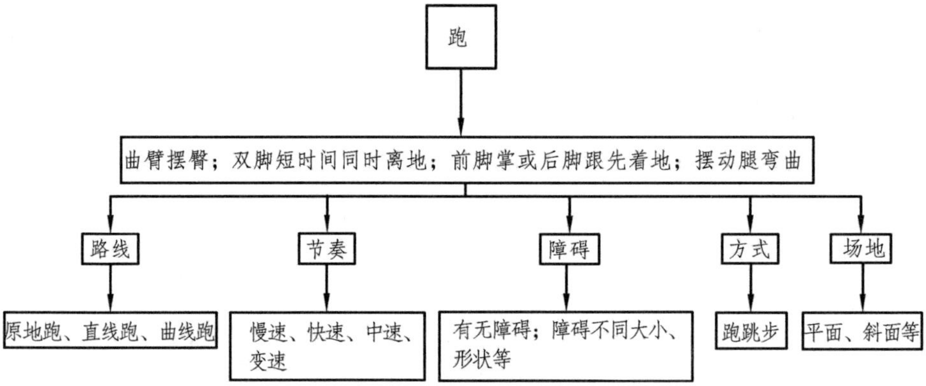

【年龄发展目标】

跑	
自然曲臂，手臂摆动方向与腿的动作相反；双脚短时间同时离地；前脚掌或后脚跟先着地；摆动腿弯曲	
小班	自然曲臂，手臂摆动方向与腿的动作相反；双脚短时间同时离地；前脚掌或后脚跟先着地；摆动腿弯曲
中班	自然曲臂，手臂摆动方向与腿的动作相反；双脚短时间同时离地；前脚掌或后脚跟先着地；摆动腿弯曲；跑步动作更加协调、灵活
大班	自然曲臂，手臂摆动方向与腿的动作相反；双脚短时间同时离地；前脚掌或后脚跟先着地；摆动腿弯曲；跑步动作更加协调、灵活；能够进行快速跑，并能尝试耐力跑

小班快速跑游戏：奔跑小能手

一、活动目标

（1）通过游戏能自然屈臂，快速向前跑动。（2）愿意参加游戏，在游戏中能体验到成就感。（3）遵守游戏规则，知道听老师的口令提示。

二、活动准备

检查场地安全，保证平坦无异物

三、活动过程

（一）准备部分

模仿小动物走路的样子，活动开身体的头、手、身体和四肢。

（二）基本部分

1.游戏：加速度——通过摆臂练习，让幼儿感知手臂在身体两侧自然摆动的方法

（1）游戏玩法：教师带领幼儿在口令“嘿哟嘿哟，加速度”提示下自然握拳摆动，教师有节奏地数数 1~10，速度由慢到快，游戏反复 3 次。

（2）教师注意观察幼儿摆臂和屈肘的动作。

2.游戏：跑起来——幼儿在跑道上分组快速跑

（1）游戏玩法：幼儿分成 4 组前后站立于起跑线，听到口令后自然屈臂，快速向前跑动，并在终点排队，跑过的小朋友依次排在队伍的最后面。

（2）教师鼓励幼儿快速向前直线跑，强调跑步时自然屈臂，感受这样能跑得更快。

（三）结束部分

（1）放松活动：跟着音乐进行放松活动，放松全身。重点放松四肢。

（2）教师评价：快速跑时自然屈臂，快速向前跑动；评价幼儿表现情况,鼓励幼儿大胆尝试和参与。

（撰写：陈川 杜鑫）

小班绕障碍跑游戏：绕来绕去

一、活动目标

（1）能自然屈臂，快速绕过障碍跑。（2）能从起点开始依次绕过场地上摆放的障碍，直至终点。（3）体验绕来绕去跑的快乐。

二、活动准备

梅花桩 16 个、矮木桩 16 个、标志杆 16 个。所有辅助材料相距 80~90 厘米排列：梅花桩——矮木桩——标志杆。

三、活动过程

（一）准备部分

带领幼儿在场地上慢跑，熟悉场地，活动开身体各个部位。

（二）基本部分

1.游戏：小鱼游——熟悉矩形场地上高矮不一的障碍

游戏玩法：从起点开始，幼儿依次迂回快走绕过矩形场地上排列不同的各种障碍。提醒幼儿注意绕过障碍，不要碰倒障碍。

2.游戏：绕来绕去——发展幼儿跑步的灵活性和协调性

游戏玩法：幼儿分成四组前后站立，在场地上放置 4 排 4 列辅助材料，幼儿听口令依次 S 形绕过标志杆、梅花桩和间隔的标志后，从两边绕回队伍的最后。教师注意提醒小朋友观察标志物，跑的过程中不碰标志物。

（三）结束部分

（1）小结：邀请跑步时动作协调、速度快的幼儿示范，教师点评动作。

（2）放松活动：跟着音乐进行放松活动，放松全身。重点放松四肢。

（撰写：杜鑫）

小班折返跑游戏：小蚂蚁搬粮食

一、活动目标

（1）知道折返跑时自然屈臂，快速向前跑动，在折返时能放慢速度，完成折返后快速向前跑动。（2）挑战不同游戏，体验成功的喜悦。（3）遵守游戏规则。

二、活动准备

标志杆 2~4 个、小动物头饰 4 个、布包若干、牛奶盒 4 个。

三、活动过程

（一）准备部分

师幼扮演小蚂蚁，通过生活模仿动作游戏活动开身体。

（二）基本部分

1.游戏：小蚂蚁找朋友——体验跑步的快乐

（1）游戏玩法：幼儿跟随老师一起，从起点出发，跑到标志杆（贴上动物头饰），和小动物打招呼，然后跑回起点。

（2）教师提醒幼儿一定要从起点出发，跑直线，然后再跑回来，手臂摆起来。

2.游戏：小蚂蚁找粮食——增加孩子的成就感，使其在往返跑中体验快乐

（1）游戏玩法：幼儿分两路纵队排好，从起点出发，跑到标志杆处，拿一个布包又跑回起点。

（2）教师提醒幼儿遵守游戏规则，一次拿一个布包，快速跑回来。

3.游戏：小蚂蚁搬粮食——增加游戏难度，指导幼儿快速往返跑

（1）游戏玩法：幼儿分成男女两路纵队排好，从起点出发，快跑躲避途中的障碍，去拿一个布包，再返回起点。游戏反复，直至把布包全部拿“回家”即胜利。

（2）教师鼓励孩子坚持完成任务，跑完一次后依次排在队伍后面准备下次游戏，直到布包拿完。

（三）结束部分

（1）小结：跑的时候快速直线向前，到达远端时逐渐减速，取得标志物后加快速度，靠近标志时需要放慢速度。总结幼儿遵守游戏规则的情况。鼓励幼儿尝试和参与。

（2）放松活动：跟着音乐进行放松活动，放松全身。

（撰写：杜鑫）

小班听信号跑游戏：小树叶回家

一、活动目标

（1）能听信号朝指定方向跑，在跑步时自然屈臂，双手在身体两侧交替摆动。（2）大胆地尝试各种游戏，感受到与小伙玩耍的快乐。（3）能听信号跑，有遵守规则的意识。

二、活动准备

场地上摆放 4 个标志杆代表光秃秃的树。检查场地安全。

三、活动过程

（一）准备部分

在场地上模仿小树叶，活动开身体和四肢。

（二）基本部分

1.游戏：吹风了——由四周向中间聚拢，初步感知分散和集中

（1）游戏玩法：标志杆放在场地的一侧边，幼儿模仿树叶围在标志杆处；老师发出信号“树叶被风吹落了”，小树叶跟随老师跑到场地中间蹲下；发出信号“风停了”，幼儿跑向标志杆处，围着标志杆表示树叶回家了。

（2）教师提醒孩子围着标志杆就不动了，表示小树叶回到树妈妈的怀抱。

2.游戏：树叶宝宝回家了——反复练习听信号四散跑

（1）游戏玩法：标志杆放置于场地四周，表示四个方向；老师发出信号“起风了”，幼儿从场地四周的标志杆跑向场地中间；发出信号“风停了，小树叶回家吧”，幼儿又跑回场地四周的标志杆。

（2）教师提醒幼儿听到发令后快速跑，不要去看旁边的小伙伴。提醒孩子手夹紧，摆臂屈肘。

（三）结束部分

（1）小结：一定要听清楚信号再游戏，跑步时手臂摆动起来。

（2）放松活动：跟着音乐进行放松活动，放松全身。

（撰写：杜鑫）

小班听信号跑障碍跑游戏：跑跑停停

一、活动目标

（1）在跑步时自然屈臂，双手在身体两侧交替摆动。（2）能根据老师的信号提示进行四散跑、绕障碍等跑的挑战，体验到跑带来的乐趣。（3）遵守游戏规则，听信号后再从起点出发到终点。

二、活动准备

软布包若干、标志杆 6 根、“粮食”若干。

三、活动过程

（一）准备部分

模仿小马在场地上活动身体：抬头、伸手臂、原地跳、甩尾巴、准备出发。

（二）基本部分

1.游戏：跑来跑去——通过跟随老师跑，幼儿体验快慢变速跑

（1）游戏玩法：幼儿一路纵队排好，在老师的带领下沿场地绕着圆形或方形跑。

（2）教师提醒孩子注意听信号提示，游戏 2 次，教师注意观察指导。

2.游戏：穿过石头阵——躲避低矮障碍，提高幼儿灵活性

（1）游戏玩法：幼儿分 3 排在起点处，地面撒上软布包代表石头阵，幼儿从起点出发，经过石头阵，跑到终点吃粮食。每一排出发时提醒孩子不要踩到石头。

（2）教师提醒幼儿听到发令后快速跑，不要去看旁边的小伙伴。提醒孩子动作要领：手夹紧，摆臂屈肘。

3.游戏：我们不怕大木桩——障碍增多增高，提高幼儿跑步绕障碍的灵活性

（1）游戏玩法：幼儿从起点出发，躲避地面障碍、躲避“木桩”（标志杆），跑到终点找妈妈。

（2）教师提醒幼儿跑步时注意力集中，绕过所有障碍到妈妈那里去抱抱。

（三）结束部分

（1）小结：小朋友们学会了慢跑、快跑、绕障碍跑，让自己跑得更加的协调，跑得很快乐。

（2）放松活动：跟着音乐进行放松活动，放松全身。

（撰写：杜鑫）

中班接力跑游戏：火炬传递

一、活动目标

（1）幼儿折返跑时自然屈臂，快速向前跑动，在折返时能放慢速度，完成折

返后快速向前跑动。（2）在游戏中幼儿愿意参加游戏，在游戏中找到成就感。

（3）能认真倾听，按要求进行游戏。

二、活动准备

4个标志桶、4个接力棒、音乐《听我说谢谢你》。

三、活动过程

（一）准备部分

准备活动：大字跳、听节奏由慢到快原地高抬腿。

（二）基本部分

1.游戏：火炬传递——折返跑练习

（1）游戏玩法：幼儿分成3~4组前后站立于起跑线，每组第一名幼儿手持接力棒（火炬），幼儿听到口令自然屈臂，快速向前跑动，跑向远处的标志桶将手持的接力棒（火炬）触碰一下标志桶，代表取回火种。迅速跑回将接力棒（火炬）交给下一个幼儿，每人3~4次。

（2）教师提醒幼儿分清自己的跑道，跑的时候后快速直线向前，到达远端时逐渐变慢速度，取回火种后加快速度跑回。

2.游戏：火炬传递比快——折返接力跑

（1）游戏玩法：游戏玩法同上，在同时出发的情况下，率先完成的队伍获胜。

（2）教师提醒幼儿要想获得胜利，跑的时候要快速直线向前，到达远端时逐渐变慢速度，取回火种后加快速度跑回。

（三）结束部分

（1）小结：表扬幼儿表现情况，鼓励幼儿大胆尝试和参与。

（2）放松活动：跟着音乐《听我说谢谢你》进行放松活动，放松全身。重点放松四肢。

（撰写：陈川）

中班快速跑游戏：狼和小羊

一、活动目标

（1）能自然摆臂，双脚交替蹬地，快速跑动。（2）积极参与游戏，感受快速跑的乐趣。（3）遵守游戏规则，注意奔跑中的安全。

二、活动准备

安全宽敞的活动场地、标志筒。

三、活动过程

（一）准备部分

热身活动：带领幼儿绕场地四周跑步，活动身体。

（二）基本部分

1.游戏：小羊学本领——学习跑步的基本动作

（1）师幼探讨：怎样跑速度才快？

（2）教师示范跑步动作：自然摆臂，双脚交替蹬地，快速跑动。

（3）分组练习：老师将幼儿分成 4 组，在起跑线处排列站好，幼儿听到老师的口哨便快速跑到对面绕过标志筒跑回来。老师注意观察幼儿跑步时动作是否正确。

2.趣味游戏：狼和小羊——在游戏中练习跑步的动作

（1）游戏玩法：老师扮老狼，幼儿扮小羊，小羊在老狼后面边走边拍手问：“老狼老狼几点钟？”老狼便从 1 点钟开始说，当老狼说：“天黑了”便开始抓小羊，小羊便往回跑回家，被抓的小羊则在“狼窝”里停止 1 次游戏。熟悉之后可请幼儿扮老狼继续游戏。

（2）提醒幼儿注意听，遵守游戏规则。

（三）结束部分

（1）小结：从幼儿跑步的动作、速度方面点评幼儿活动，给予鼓励。

（2）放松活动：跟随轻柔的音乐放松身体各部位，重点放松腿部。

（撰写：陈彦妮）

中班绕障碍跑游戏：我是小小兵

一、活动目标

（1）能绕过障碍快速跑，动作灵活协调。（2）喜欢跑步游戏，体验挑战成功的快乐。（3）会排队有序玩耍。

二、活动准备

标志筒、轮胎、小沙包若干。

三、活动过程

（一）准备部分

（1）热身活动：幼儿随音乐活动身体各部位。

（2）情境导入：以幼儿扮演小小兵去完成任务引入活动，激发幼儿活动的兴趣。

（二）基本部分

1.游戏：穿越丛林——练习绕障碍跑步

（1）在场地中央布置4条有障碍的小路，两条路摆放锥形筒，两条路摆放轮胎，幼儿一个接着一个绕过障碍呈S形跑步。老师巡回指导幼儿的摆臂动作。

（2）老师对成功穿越障碍跑的幼儿给予积极的肯定。

2 游戏：运沙袋——练习持物绕障碍跑步

（1）游戏玩法：幼儿分成4组分别站在4条障碍小路的起点，在对面放置4个篮子，里面装满了布袋沙包，幼儿排队依次绕过障碍跑到对面篮子处，手拿2个沙包跑回来放到起点处的篮子里，看看哪一队最先将沙袋运完。

（2）老师提醒幼儿每次只能拿2个沙袋，要绕过障碍跑，重点关注幼儿摆臂和蹬地的动作。幼儿熟悉游戏玩法之后，教师鼓励幼儿加快速度跑起来。

（三）结束部分

（1）小结：从幼儿跑步的动作、有序玩耍等方面小结点评。

（2）放松身体：重点放松腿部肌肉。

（撰写：陈彦妮）

中班综合跑游戏：跑一跑真好玩

一、活动目标

（1）能根据口令指示变换方式跑步，动作灵敏。（2）体验多种方式跑的乐趣。（3）能自觉遵守游戏规则。

二、活动准备

安全宽敞的活动场地。

三、活动过程

（一）准备部分

热身活动：幼儿跟随老师口令活动身体各部位。

（二）基本部分

1.幼儿听口令跑——练习变换速度跑步

教师变换口令：一二一的节奏，幼儿根据口令变换速度围绕场地四周跑。

2.幼儿看手势跑步——练习变换方向跑步

教师拍掌做手势，幼儿根据老师的手势变换方向跑。老师提醒幼儿仔细听掌声，用眼睛看老师手势所指的方向。

3.游戏：冰糕化了——在游戏中锻炼幼儿跑步动作以及反应力

（1）游戏玩法：一位幼儿扮太阳,其余的幼儿扮冰糕。游戏开始,太阳说：“冰糕化了”,冰糕开始四散跑,太阳追捉,被捉到的幼儿暂停游戏。幼儿在快被捉到时,可以说“冰糕”,并蹲下双手抱肩作冰糕状,“太阳”不能再追该幼儿,另寻目标。蹲着的幼儿等着别的幼儿来救（拍一下）后可再跑。

（2）组织幼儿游戏，提醒幼儿跑步的时候曲臂摆臂。

（三）结束部分

（1）小结：从幼儿跑步的动作和反应灵敏等方面小结幼儿活动情况。

（2）放松身体：重点放松手臂和腿部。

（撰写：陈彦妮）

中班综合跑游戏：小动物去郊游

一、活动目标

（1）能灵活用自然跑、马步跑等方式游戏。（2）体验集体游戏的乐趣。（3）遵守游戏规则。

二、活动准备

标志筒、跨栏、泡沫棒。

三、活动过程

（一）准备部分

热身活动：小动物模仿操。幼儿跟随音乐模仿各种小动物的动作。

（二）基本部分

1.幼儿听口令跑——练习变换速度跑步

（1）游戏玩法：老师说："小兔小兔快快跑"，幼儿则用自然摆臂的方式跑动；老师说："小马小马快快跑"，幼儿则用马步跑的方式跑动。

（2）提醒幼儿注意根据老师的口令变换方式跑动。

2.游戏：小动物去郊游——练习绕过障碍跑步

（1）老师在场地上设置 3 条小路，一条摆标志筒，一条摆放跨栏，一条起点处放置泡沫棒。幼儿排队沿着 3 条小路跑，用自然跑的方式绕过障碍跑，然后用马步跑的方式跑第 3 条小路。幼儿排队依次进行，老师巡回指导幼儿动作。

（2）提醒幼儿绕过障碍跑不要触碰障碍物，马步跑的时候脚一前一后跑动。

3.游戏：小动物来比赛——在游戏中练习绕过障碍自然跑、马步跑

（1）游戏规则：场地中间用锥形筒设置 3 条障碍，幼儿分成 3 组，分别在起点处排队站好。开始后，排在前面的幼儿就用自然跑的方式绕过障碍跑到对面，然后用马步跑的方式跑回来拍下一个幼儿的手，下一个幼儿则继续。速度最快的一组获胜。

（2）组织幼儿游戏，提醒幼儿遵守游戏规则。

（三）结束部分

（1）小结：点评幼儿自然跑、绕障碍跑、马步跑的动作，给予表扬。

（2）放松身体：随音乐放松身体肌肉。

（撰写：陈彦妮）

大班接力跑游戏：折返接力

一、活动目标

（1）知道跑步时自然屈臂快速向前跑动，初步尝试在折返时能放慢速度，完成折返后快速向前跑动。（2）愿意参加体育游戏，对折返跑有强烈的参与感。（3）能快速反应，参与活动并遵守活动规则。

二、活动准备

标志桶。

三、活动过程

（一）准备部分

（1）基本队列练习。集合、前后左右一臂距离。

（2）徒手操：头部、颈部、肩部、腰部、腹部、腿部、手臂徒手操，每个动作 2×8 拍。

（3）集合：向中看齐，散开队形后，向某一名幼儿靠拢，左右半臂距离。

（二）基本部分

1.游戏：折返接力跑——尝试并熟悉折返跑的方法，临近终点时放慢速度

（1）游戏玩法：幼儿分成 3~4 组前后站立于起跑线上，每组第一名幼儿听到口令自然屈臂，快速向前跑动，跑向远处的标志桶用手触碰一下标志桶，代表完成一次，并迅速跑回触碰另一个标志桶，循环 6 次。

（2）指导要点：教师注意提醒幼儿分清自己的跑道，跑的时候要快速直线向前，到达远端时逐渐变慢速度，触碰后加快速度跑回。

2.游戏：折返接力跑——再次熟悉和运用折返跑的方法，临近终点放慢速度

（1）游戏玩法：游戏玩法同上，在同时出发的情况下，率先完成者获胜，可积 1 分，盖一个章。鼓励幼儿在活动中努力完成 3 个积分的挑战。

（2）指导要点：教师提醒幼儿要想获得胜利，跑的时候要快速直线向前，到达远端时逐渐变慢速度，触碰标志桶后加快速度跑回。

（三）结束部分

（1）小结：表扬幼儿大胆尝试和参与。

（2）放松活动：跟着音乐进行放松活动，放松全身。重点放松四肢。

（撰写：陈川 何巧）

大班接力跑游戏：折返接力 2

一、活动目标

（1）知道跑步时自然屈臂快速向前跑动，能较熟练地在折返时放慢速度，完成折返后快速向前跑动。（2）愿意参加体育游戏，对折返跑有强烈的参与感。（3）能快速反应，参与活动并遵守活动规则。

二、活动准备

标志桶、标志盘若干。

三、活动过程

（一）准备部分

（1）基本队列练习。集合，前后左右一臂距离。

（2）徒手操：头部、颈部、肩部、腰部、腹部等徒手操，每个动作 2×8 拍。

（3）集合：向中看齐。散开队形后，向某一名幼儿靠拢，左右半臂距离。

（二）基本部分

1.游戏：折返接力跑比快——复习巩固折返跑的方法，提高临近终点放慢速度和加速返回的动作协调性

（1）游戏玩法：幼儿分成 3~4 组前后站立于起跑线上，每组第一名幼儿听到口令自然屈臂，快速向前跑动，跑向远处的标志桶用手触碰一下标志桶，并迅速跑回触碰另一个标志桶，循环 6 次。在同时出发的情况下，率先完成者获胜。

（2）指导要点：教师提醒幼儿要想获得胜利，跑的时候要快速直线向前，到达远端时逐渐变慢速度，触碰标志桶后加快速度跑回。

2.游戏：折返接力跑争夺赛——以争夺赛形式提高速度

（1）游戏玩法：两组小朋友对立而站，间隔 10 米，在中间摆放一排标志盘，两名幼儿从两边同时出发，先到达者拿到标志盘回到自己的队伍给标志桶带上帽子。

（2）指导要点：表扬获得胜利的幼儿，并引导他们体验比赛的成功感；鼓励未获得第一名的幼儿继续跑，不断尝试。

（三）结束部分

（1）小结：表扬幼儿的积极参与、大胆尝试。

（2）放松活动：跟着音乐进行放松活动，放松全身。重点放松四肢。

（撰写：陈川　何巧）

大班接力跑游戏：折返接力 3

一、活动目标

（1）跑步时自然屈臂快速向前跑动，能较熟练地在折返时放慢速度，完成折返后快速向前跑动。（2）愿意参加体育游戏，与同伴友好合作，对折返跑有强烈的参与感。（3）能快速反应，参与活动并遵守活动规则。

二、活动准备

3~4 个标志杆，3~4 个长度为 1 米左右的泡沫棒。

三、活动过程

（一）准备部分

徒手操：头部、颈部、肩部、腰部、腹部等徒手操，每个动作 2×8 拍。

（二）基本部分

1.游戏：双人合作持棒往返接力——复习巩固折返跑的基本方法，以两人合作的形式提高往返跑动作的协调性

（1）游戏玩法：幼儿找一个朋友成为一组，分成 3~4 队前后站立于起跑线上，每队第一组幼儿两人并排持泡沫棒，听到口令自然屈臂，快速向前跑动，跑向远处的标志杆，用泡沫棒触碰一下标志杆，再快速返回，将泡沫棒交接给各队下一组幼儿接力进行，哪个队伍最先完成则获胜。

（2）指导要点：引导幼儿在多人合作任务中能有效地观察学习同伴。对能力较弱的幼儿，鼓励其在同伴的主导作用下提高速度和动作的正确性，在此过程中激发能力较弱的幼儿，调整和进一步提高其动作规范程度。能力较强的幼儿也能在对比同伴的过程中强化自我效能感。

2.游戏：双人合作持棒绕障碍往返接力——临近终点放慢速度并加速返回

游戏玩法：同上，将用泡沫棒触碰标志杆改为绕过标志杆再返回。

（三）结束部分

（1）小结：评价幼儿表现情况，鼓励幼儿大胆尝试和参与。

（2）放松活动：跟着音乐进行放松活动，放松全身。重点放松四肢。

（撰写：何巧）

大班综合跑游戏：数字追逐赛

一、活动目标

（1）能在短距离内进行弧形跑，提高跑步中的快速反应能力。（2）愿意参加游戏，在游戏中找到成就感，对快速跑有强烈的参与感。（3）能够遵守游戏规则。

二、活动准备

报纸若干、标有数字的标志桶 2 套（每套包含 1~10 号）。

三、活动过程

（一）准备部分

幼儿跟随音乐进行准备活动，重点活动手臂和下肢。

（二）基本部分

1.游戏：吸纸直线跑——复习巩固直线跑的基本动作

（1）游戏玩法：幼儿自由探索多种快跑的方式，将放在胸前的报纸“吸”在身上。

（2）指导要点：教师提醒幼儿不要反方向跑，避免与他人撞到一起。

2.游戏：数字追逐赛——初步尝试短距离的弧形跑

游戏玩法：小朋友围成一圈，按 1~20 报数，牢牢记住自己的数字。在欢快的音乐声中，小朋友沿顺时针方向绕圈快速走。老师从 1~20 中随机喊出 3~5 个数字，对应数字的小朋友迅速跑到圆心，原地纵跳三次后归队（提高对数字的敏感度）,直到大部分小朋友都被喊到为止。

3.游戏：数字追逐赛 2——在比赛中培养短距离的弧形跑的能力

（1）游戏玩法：小朋友分成 2 组，将标有 1~10 数字的标志筒围成 2 个圆圈，小朋友依次站在标志筒的后方。老师 1~10 随机报数，对应标志筒上数字的小朋友要顺时针（或逆时针）奔跑一圈至原位，看哪个小组最先回来。

（2）指导要点：指导小朋友开动脑筋，想一想弧形跑时，双臂和双脚要怎么样用力才能让自己跑得既快又稳？

4.游戏：数字追逐赛3——培养短距离的弧形跑的能力，提高快速反应能力

（1）游戏玩法：老师1~10随机报数，对应数字的小朋友原地不动，但左右两边小朋友要立即起动，小数追大数，跑一圈后回到原来的位置。每位小朋友轮流游戏后，再换一种形式，大数追小数。

（2）指导要点：对反应慢的小朋友，老师可给予语言、手势提醒。鼓励幼儿记清楚自己的对应数字，并快速反应，参与游戏，提高自我效能感。

（三）结束部分

（1）小结：快速跑时自然屈臂，快速向前跑动。对课堂纪律和幼儿表现情况进行评价。鼓励幼儿大胆尝试和参与。

（2）放松活动：跟着音乐进行放松活动，放松全身。重点放松四肢。

（撰写：何巧）

大班综合跑游戏：合作持物跑

一、活动目标

（1）尝试在快跑中有节奏地呼吸，并能两两合作，持有一定重量的物品进行快速跑步，动作协调、齐头并进。（2）有合作的团队精神，体验团队完成任务，帮助他人的成就感。（3）遵守游戏规则，和同伴坚持完成任务，在奔跑过程中兼顾同伴的速度。

二、活动准备

篮子10个、沙包若干、轮胎10个。

三、活动过程

（一）准备部分

整队进行热身，教师进行了立正、稍息、向右看齐、向右转等基本队形整队后，请幼儿围着场地外圈喊着“一二”进行一路和两路纵队跑步。

（二）基本部分

1.探索活动：怎样做到两个人配合协调跑步抬东西

幼儿两两结伴，自由探索合作抬篮子快速协调跑步的方法。教师小结动作要领：合作的两个人需要站在同一直线上并列跑，身体都朝向正前方。这样跑起来才能保证合作的两个小朋友抬东西既省力又不会因同伴太慢或太快而被拉摔倒。

2.游戏：两人合作抬篮子——尝试练习合作持大而轻的物品跑

游戏玩法：小朋友两两合作抬着篮子排队，听口令跑到对面去。

3.游戏：两人合作抬粮食——以比赛形式提高合作持重物快速跑的速度

（1）游戏玩法：幼儿分成3~4队，小朋友两两一组，合作抬粮食运到对面，以接力形式比赛哪个队伍最先完成。

（2）指导要点：指导幼儿自我检查在跑的时候是否关注到同伴跑步的速度，表扬齐头并进、配合协调的小组。

4.游戏：两人合作铺小桥——巩固合作持重物快速跑

（1）游戏玩法：幼儿分成3~4队，两两一组合作，用轮胎一个接一个铺起来成为一座小桥，走过小桥的每一组返回到最后合作运轮胎到队伍最前面，依次进行，哪个小队最先完成获胜。

（三）结束部分

（1）小结：表扬两人合作配合默契，能关注同伴速度。

（2）放松活动：跟着音乐进行放松活动，放松全身。重点放松四肢。

（撰写：胡风 何巧）

大班综合跑游戏：躲闪跑

一、活动目标

（1）练习追逐跑和躲闪跑，提高幼儿对信号迅速作出反应的能力。（2）愿意参与体育游戏，体验在游戏中奔跑、追逐的乐趣。（3）能根据指令做相应的动作，按照规则完成游戏。

二、活动准备

尾巴道具、布包、泡沫球。

三、活动过程

（一）准备部分

幼儿跟随音乐进行准备活动，尝试多种跑步形式，如圆形跑、蛇形跑、螺旋跑。

（二）基本部分

1.游戏：抓尾巴——角色游戏中练习追逐跑和躲闪跑动作

（1）游戏玩法：幼儿分成两组，一组装上尾巴扮演小动物，一组当猎人抓尾巴。在限定地面区域和限定时间内进行游戏，可交换角色。

2.游戏：快速躲过大轰炸——在高密度迎面投掷中增加躲闪跑的练习强度

（1）游戏玩法：幼儿分成两组，一组站在 10 米距离外向前方终点处前进，过程中需注意观察躲避对面小组迎面投掷过来的沙包。挑战是否能够躲过大轰炸。

（2）指导要点：鼓励幼儿在游戏中体验自我效能感，大胆挑战。

3.游戏：欢乐躲避球——在高密度的全方位投掷中增加躲闪跑的观察力和快速反应能力

（1）游戏玩法：幼儿分成两组，一组幼儿站在正方形或圆形线上，向中间区域的一组幼儿投掷泡沫球，中间的幼儿快速躲闪跑，被投中的幼儿出局到边线上加入投掷，没有被打中的幼儿可继续游戏。计时 5 分钟左右，视幼儿掌握玩法情况而定。幼儿熟悉玩法后增加泡沫球的数量至 2~3 个。

（2）指导要点：教师以裁判角色组织游戏，引导幼儿自觉遵守规则，并提炼游戏要领：眼睛快速寻找到球，当球掷出时身体快速反应躲避。

（三）结束部分

（1）小结：表扬幼儿能快速躲闪，保持身体平衡协调。

（2）放松活动：跟着音乐进行放松活动，放松全身。重点放松四肢。

（撰写：何巧）

五、马步跑、侧滑步运动游戏

马步跑（前滑步）、侧滑步均是在走、跑基础上的拓展和延伸。

马步跑游戏

小班马步跑游戏：快乐小马

一、活动目标

（1）能自然屈臂，朝前摆动，前脚向前迈后脚跟随向前跑。（2）愿意扮演角色模仿动作向前跑，体验马步跑的乐趣。（3）不怕困难，坚持反复练习，获得成功而自豪。

二、活动准备

标志杆 3 个、布包若干、幼儿一只脚贴上红色标志贴。

三、活动过程

（一）准备部分

做生活模仿动作，如起床、穿衣、刷牙等动作，活动开身体。

（二）基本部分

1.游戏：单脚跳——幼儿通过单脚跳练习，掌握主力腿发力的方式

（1）游戏玩法：幼儿从起点出发，单脚跳（贴有红色标签先作为主力腿）连续跳到对面的终点位置（根据孩子的单脚跳能力适时调整距离）。

（2）幼儿在跳的时候要鼓励孩子坚持跳到终点，坚持完成任务。

2.游戏：马步跑——幼儿通过观察老师的示范动作，后腿靠前腿，掌握前脚迈后脚跟随并不超过前脚，双脚短暂离地

（1）游戏玩法：幼儿分 3 组，一组一组轮流出发，跟着老师一起跑。

（2）教师示范时，孩子正面观察，教师侧面示范，在脚的动作上重点提示“前脚踏后脚跟”，速度由慢到快，让幼儿观察到主力腿（红色标签）的动作。提示幼儿先慢慢地走，练习前脚迈后脚跟随，然后再加快速度跑起来。

3.游戏：马儿跑——重点观察孩子手脚的配合，巩固前脚向前迈后脚跟随

（1）游戏玩法：幼儿分4队排好，从起点开始跑到标志杆处拿布包。

（2）教师提醒幼儿要加快速度跑起来，观察双脚是否短暂离地。

（三）结束部分

（1）小结：再次看老师的示范动作，观察腿的动作。

（2）放松活动：跟着音乐进行放松活动，放松全身。

（3）整队集合带回。

（撰写：杜鑫）

小班马步跑游戏：小马去玩耍

一、活动目标

（1）能自然屈臂，朝前摆动，前脚向前迈，后脚跟随向前跑。（2）能愉快地游戏，体验马步跑的快乐。（3）能遵守游戏规则，按要求游戏。

二、活动准备

幼儿一只脚贴上红色标志贴、标志杆2个、布包若干。

三、活动过程

（一）准备部分

教师带领幼儿在场地上模仿小马的动作，走走、跑跑、停停，重点活动开腿。

（二）基本部分

1.游戏：小马快乐跑——幼儿通过儿歌提示，重点练习前脚迈后脚跟随，双脚短暂同时离地，协调脚的配合

（1）游戏玩法：幼儿和老师一起来念儿歌“一脚向前迈，后脚跟着走，嘿哟嘿哟走起来；一脚向前迈，后脚跟着跑，嘿哟嘿哟跑起来”，提示幼儿从走开始注意脚的配合，逐渐加快速度马步跑。

（2）幼儿在游戏时，教师鼓励幼儿哼着儿歌给自己加油。教师提示幼儿有红色标志的腿一直在前。

2.游戏：小马运粮食——通过游戏调动幼儿跑步的兴趣，增强自信心

（1）游戏玩法：幼儿分 2 队排好，从起点开始马步跑跑向对面标志杆处，拿好“粮食”布包，返回到起点。

（2）提示幼儿观察教师的玩法示范，提示幼儿手脚的配合，鼓励幼儿拿到粮食。

游戏时教师提醒幼儿红色标志贴的脚始终在前面，手臂要从下往上摆动。

（三）结束部分

（1）小结：表扬遵守规则能按照提示排队游戏的幼儿。

（2）放松活动：跟着音乐进行放松活动，放松全身。

（3）整队集合带回。

（撰写：杜鑫）

小班马步跑游戏：小马去郊游

一、活动目标

（1）会马步跑，自然摆臂，前脚向前迈，后脚跟随向前跑。（2）积极参与游戏，能在快跑、绕障碍中提高身体协调性。（3）依次友好玩耍，和小伙伴一起体验跑的快乐。

二、活动准备

标志杆 8 个、布包若干。

三、活动过程

（一）准备部分

教师带领幼儿在场地上跑跑停停，练习马步跑。

（二）基本部分

1.游戏：小马过河——引导幼儿朝同一方向马步跑，观察幼儿的动作

（1）游戏玩法：幼儿在起点出发，朝终点马步跑，在终点休息。

（2）在游戏时，教师鼓励幼儿哼着儿歌给自己加油。

2.游戏：小马过障碍——发展幼儿身体的协调性，增强幼儿的自豪感

（1）游戏玩法：幼儿分 4 队依次出发，从起点开始马步跑绕过场地中间的标志杆，然后跑向终点。

（2）教师示范一次，提示幼儿观察老师的玩法示范，提示幼儿手脚的配合。游戏时教师待第一组幼儿出发绕障碍时再请第二组幼儿出发，直到全部幼儿到达终点。

3.游戏：小马去郊游——引导幼儿躲避多个障碍，提高马步跑的兴趣

游戏玩法：幼儿一路纵队从起点出发，绕场地四周马步跑，并依次跑过场地四周的所有障碍。

（三）结束部分

（1）小结：表扬幼儿坚持完成任务。

（2）放松活动：跟着音乐进行放松活动，放松全身。

（3）整队集合带回。

（撰写：杜鑫）

中班马步跑游戏：欢乐的小马

一、活动目标

（1）练习马步跑，并能在游戏中灵活运用。（2）乐于模仿小马游戏，体验成功的乐趣。（3）尝试与同伴合作游戏。

二、活动准备

尾巴道具 2 人一根、音乐。

三、活动过程

（一）准备部分

热身活动：小动物走路。幼儿跟随音乐模仿动物走路的动作，活动身体。

（二）基本部分

1.游戏：小马跑步——练习马步跑的动作

（1）幼儿成纵队依次绕操场进行马步跑练习。

（2）小结：跑时手臂朝前摆动，脚一前一后，双脚有一瞬间同时离地腾空。

2.游戏：小马奔腾——练习根据音乐节奏调整马步跑的速度

（1）情景带入：幼儿扮小马来到草原奔跑，草原上面有风，吹大风的时候我们就快快跑，吹小风的时候我们就慢慢跑，请看老师示范。

（2）老师提醒幼儿跑的时候脚一前一后跑，反复练习。

3.游戏：小马捉尾巴——在游戏中运用马步跑

（1）游戏玩法：幼儿2人一组，一个幼儿将尾巴放在裤子里面，用马步跑的方式跑，另外一个幼儿则用马步跑的方式去捉他的尾巴，如果捉到则两人交换角色玩。

（2）老师强调游戏中要用马步跑的方式跑动，脚要一前一后跑动起来。

（三）结束部分

（1）放松活动：幼儿跟随轻柔的音乐放松身体，老师肯定幼儿的表现。

（撰写：陈彦妮）

中班马步跑游戏：小马去郊游

一、活动目标

（1）能根据口令指示进行马步跑，动作灵活。（2）喜欢玩马步跑的游戏。（3）遵守游戏规则，按要求进行游戏。

二、活动准备

宽敞安全的活动场地。

三、活动过程

（一）准备部分

热身活动：幼儿跟随音乐进行头部、上肢、下肢、腰及全身活动。

（二）基本部分

1.听音乐进行马步跑——练习变换速度进行马步跑

（1）游戏玩法：当音乐节奏很快的时候，幼儿就用马步跑的方式快快地跑动，当音乐节奏慢的时候，幼儿则用马步跑的方式慢慢跑动。

（2）提醒幼儿注意根据老师的音乐变换跑动的速度。

2.看手势进行马步跑——练习变换方向进行马步跑

（1）游戏玩法：教师拍掌做手势，幼儿根据老师的手势变换方向进行马步跑。

（2）老师提醒幼儿仔细听掌声，用眼睛看老师手势的方向。

3.游戏：小马去郊游——在游戏中灵活运用马步跑

（1）游戏玩法：老师扮老狼，幼儿扮小马，小马在老狼后面边走边拍手问："老狼老狼几点钟？"老狼便从 1 点钟开始说，当老狼说："天黑了。"便开始抓小马，小马便往回跑回家，被抓的小马则在狼窝里暂停 1 次游戏。游戏熟悉之后可请幼儿扮老狼进行游戏。

（2）提醒幼儿注意听，遵守游戏规则，用马步跑的方式跑动。

（三）结束部分

（1）小结：从幼儿马步跑的动作和反应灵敏度方面评价幼儿活动。

（2）放松身体：重点放松手臂、腿部。

（撰写：陈彦妮）

大班马步跑游戏：小马运粮

一、活动目标

（1）复习巩固马步跑动作，前脚向前迈出一步，后脚紧随着向前迈一步至前脚脚边或脚后。（2）体验在游戏中运动学习的快乐并坚持游戏。（3）能按教师动作要领进行游戏，遵守规则。

二、活动准备

宽阔的场地、泡沫棒、草原场景。

三、活动过程

（一）准备部分

（1）小马来了——激发参与兴趣，活跃情绪：教师以小马情景导入，教师示范动作，带领幼儿围绕场地进行马步跑练习。

（2）小马草原奔跑——热身运动：幼儿扮演小马在草原里四散跑，活动身体。

（二）基本部分

1.游戏：和大马一起出发——练习马步跑动作

教师示范马步跑动作要领：自然曲臂，双脚前后连续向前跑至少四次。小马昂首奔腾，马不停蹄，让我们学马儿怒吼（曲臂），准备奔腾（双脚前后站立），马不停蹄（连续四次跑）。

2.游戏：小马合作运粮——巩固马步跑动作的协调性

（1）游戏玩法：两人一组分散练习，两个好朋友一起手举泡沫棒，向前奔腾，如果两个人同步则会更快。

（2）指导要点：鼓励幼儿在同伴协作中向同伴学习，培养自我效能感。教师引导幼儿在“得儿驾，得儿驾”的口号中，找到同步奔腾的节奏，同时纠正小朋友不正确的动作。

3.游戏：小马比赛运粮食——进行快速马步跑

游戏玩法：全班分两组，以接力比赛的形式运粮，边运边喊口号“得儿驾，得儿驾”，看哪一组最先运完所有粮食。通过比赛的形式激发幼儿努力完成任务的意识，提高幼儿自我效能感。

（三）结束部分

（1）小马河边洗脚——放松腿部练习。

（2）输了的队伍给赢了的队伍按摩放松。

（撰写：杜鑫 何巧）

大班马步跑游戏：赛马会

一、活动目标

（1）基本掌握马步跑动作要领，动作灵活协调。（2）体验在游戏中运动学习的快乐并坚持游戏。（3）能按动作要领进行游戏，遵守规则。

二、活动准备

宽阔的场地、泡沫棒、草原场景。

三、活动过程

（一）准备部分

幼儿扮演小马在草原里四散跑，活动身体。

（二）基本部分

1.游戏：牧马人选马——巩固马步跑的正确性和协调性

（1）游戏玩法：幼儿分成多组，一组扮演马，用马步跑动作自由奔腾，其余小组扮演牧马人，仔细观察并投票马步跑跑得最好的幼儿。

（2）指导要点：引导幼儿在观察同伴动作过程中进一步规范自身动作，帮助幼儿提升自我效能感。

2.游戏：牧马人牧马——巩固和运用马步跑动作

游戏玩法：教师扮演牧马人，挥舞泡沫棒指挥小马随情景做动作。如：马步跑 20 步去左边草地；有沙尘暴，小马原地小圈马步跑等。熟悉后幼儿两两结伴，一人扮演牧马人，一人扮演小马，并互换角色。

3.游戏：赛马会——快速马步跑

游戏玩法：全班分 4 组，以接力比赛的形式马步跑 15~20 米距离，最快完成的小组获胜。

（三）结束部分

（1）小结：表扬牧马人和小马的积极参与和精彩表现，表扬幼儿在游戏中坚持使用马步跑。

（2）放松活动：小马河边洗脚——放松腿部练习。

（撰写：何巧）

侧滑步游戏

小班侧滑步游戏：小螃蟹走路

一、活动目标

（1）在游戏中练习横着走，并尝试用侧滑步进行游戏。（2）乐于模仿螃蟹游戏，感受游戏的乐趣。（3）在活动中遵守游戏规则，能坚持用横着走的形式进行游戏。

二、活动准备

大篮子若干，小布包、小玩具等充当螃蟹的“食物”，音乐。

三、活动过程

（一）准备部分

（1）准备活动：在音乐声中模仿不同的小动物走路，重点活动下肢。

（2）情境导入：老师和幼儿在游戏中变成小螃蟹，像小螃蟹一样横着走。

（二）基本部分

1.游戏：小螃蟹走路——练习侧身慢速横着走

（1）游戏玩法：老师带领幼儿像螃蟹一样慢慢地横着走。

（2）游戏中，老师着重引导幼儿侧着身体慢慢地横着走，并及时表扬能够一直坚持跟着老师“横着走”的幼儿。

2.游戏：小螃蟹找家——练习较快地横着走

（1）游戏玩法：老师寻找一个有边界线的地方作为小螃蟹的家，并告知小螃蟹。小螃蟹在音乐声和妈妈一起散步，当音乐停止时，小螃蟹和妈妈要快快地回到自己的家。

（2）在游戏中，老师引导游戏中的小螃蟹跑起来，自然就变成了侧滑步，老师重点引导：当小螃蟹快快地跑起来时螃蟹走路的姿势也不能变。

3.游戏：小螃蟹找食物——尝试用侧滑步进行游戏

（1）游戏玩法：小螃蟹快快地去“海滩”上寻找食物，每次寻找食物，找到了食物的小螃蟹要快快地回到家，把食物放到家里的篮子里后又出去寻找食物。（老师在告知幼儿游戏玩法时，幼儿配班老师将小布包、小玩具等撒在离小螃蟹家 3 米左右的地方。）

（2）老师着重引导小螃蟹在快速跑的时候依然坚持螃蟹走路姿势（侧滑步）。如果中途发现小螃蟹侧滑步姿势改变，则停下来强调螃蟹如何走、如何跑。

（三）结束部分

（1）小结：表扬幼儿在游戏中能够坚持横着走，并告诉幼儿本次活动他们学习到的新本领叫“侧滑步”，就是像小螃蟹一样横着走、横着跑。

（2）放松活动：小螃蟹坐在“海滩”上，拍拍腿进行放松。

（撰写：周莹）

小班侧滑步游戏：小螃蟹快快跑

一、活动目标

（1）用侧滑步的方式进行游戏，并尝试进行往返侧滑步。（2）喜欢侧滑步的方式，并能在游戏中感受到侧滑步的乐趣。（3）在活动中遵守游戏规则，能坚持用横着走的形式进行游戏。

二、活动准备

方形场地，大篮子若干，小布包、小玩具等充当螃蟹的“食物”，海浪的音效，较快速的音乐。

三、活动过程

（一）准备部分

（1）准备活动：在音乐声中模仿不同的小动物走路，重点活动下肢。

（2）情境导入：老师和幼儿都是小螃蟹，与之前不同的是，今天的小螃蟹会快快地跑起来，而且还会往不同的方向跑。

（二）基本部分

1.游戏：小螃蟹快快跑——练习从侧身横着走变成侧身横着跑

（1）游戏玩法：螃蟹妈妈（老师），带领小螃蟹（幼儿）从螃蟹家里侧身横着走到海滩（场地中间）散步，当海浪的音效响的时候，老师用“海浪来了，小螃蟹们，快回家”的语言，引导幼儿横着跑（侧滑步）回到家。

（2）在游戏中重点引导幼儿在“螃蟹快速跑”时保持侧滑步的姿态。

2.游戏：小螃蟹跑跑停停——侧滑步游戏

（1）游戏玩法：老师随着音乐带领幼儿在方形场地侧滑步，音乐停止则老师和幼儿停止不动；音乐响起，老师和幼儿则再次开始随音乐进行侧滑步。

（2）在游戏中，老师重点引导当小螃蟹快快地跑起来时螃蟹走路的姿势也不能变，并表扬幼儿的侧滑步动作，鼓励幼儿坚持侧滑步。

3.游戏：小螃蟹找食物——尝试往返侧滑步

小螃蟹快快地跑去海滩上寻找食物，每次寻找到一个食物，找到了食物的小螃蟹要快快地跑回家，把食物放到的篮子里后又出去寻找食物。老师在告知幼儿游戏玩法时，幼儿配班老师将小布包、小玩具等撒在离小螃蟹家 3 米左右的地方。

老师着重引导小螃蟹在快速跑的时候依然坚持螃蟹的姿势（侧滑步）。如果中途发现小螃蟹侧滑步姿势改变，则停下来强调螃蟹如何快快跑。

（三）结束部分

（1）小结：表扬幼儿能够并坚持使用侧滑步进行游戏。

（2）放松运动：重点放松下肢。

（撰写：周莹）

小班侧滑步游戏：小螃蟹快快跑 2

一、活动目标

（1）能用往返侧滑步的方式进行游戏。（2）积极参与侧滑步游戏，愿意在游戏中坚持用侧滑步的方式进行游戏。（3）在活动中遵守游戏规则，能坚持用侧滑步的形式进行游戏。

二、活动准备

方形场地，大篮子若干，小布包、小玩具等充当螃蟹的“食物”，较快速的音乐。

三、活动过程

（一）准备部分

准备活动：在音乐声中模仿不同的小动物走路，重点活动下肢。

（二）基本部分

1.游戏：捕鱼人来了——用往返侧滑步进行游戏

（1）游戏玩法：场地中间用场地胶围一个大圈作为螃蟹的家，老师带领幼儿围圈而站，并用侧滑步的形式走出圈外3米左右的地方寻找食物；配班老师扮演捕鱼人，拿着渔网围绕场地慢走，当捕鱼人快走到时，幼儿必须用侧滑步的形式重新回到家；待捕鱼人离开后，幼儿再次出圈。

（2）在游戏中，老师强调幼儿身体所面对的方向不变，这样才能保证幼儿是往返侧滑步；同时，重点观察幼儿在往返侧滑步时动作有无走样。

2.游戏：捕鱼人来了2——在游戏中强化往返侧滑步

（1）游戏玩法：同前。

（2）老师及时表扬能够往返侧滑步的幼儿，并对个别幼儿进行单独的引导，强调让他们观察其他同伴的动作，引导他们多练习。

3.游戏：小螃蟹找食物——能进行快速地往返侧滑步

（1）游戏玩法：老师和幼儿扮演小螃蟹快快地跑去海滩上寻找食物，每次寻找到一个食物，找到了食物的小螃蟹要快快地跑回到家，把食物放到家里的篮子里后又出去寻找食物。（老师在告知幼儿游戏玩法时，配班老师将小布包、小玩具等撒在离小螃蟹家4米左右的地方。）

（2）老师着重引导小螃蟹在快速跑的时候依然坚持螃蟹的姿势（侧滑步）。如果中途发现小螃蟹侧滑步姿势改变，则停下来强调螃蟹如何快快跑。

（三）结束部分

（1）小结：表扬幼儿今天学会了新的本领（往返侧滑步），同时看别表扬一直坚持往返侧滑步的幼儿和从动作不协调到逐渐协调的幼儿。

（2）放松运动：老师带领幼儿坐在地上，在音乐声中拍拍腿进行放松。

（撰写：周莹）

中班侧滑步游戏：能干的小螃蟹

一、活动目标

（1）能用侧滑步的方式左右移动，摸到指定物体。（2）喜欢玩侧滑步，体验成功的快乐。（3）敢于大胆尝试，挑战自己。

二、活动准备

平衡木、标志桶 8 个、飞碟 8 个、圈 8 个、篮球 16 个。

三、活动过程

（一）准备部分

热身活动：模仿各种小动物走走、跑跑、跳跳。

（二）基本部分

1.游戏：螃蟹学本领——练习侧身滑行

（1）介绍玩法：幼儿扮螃蟹到沙滩玩耍。每位幼儿找到一个标志筒作为起点，用侧滑步的方式滑到与它对应的标志筒那边，然后再滑回来，反复练习。

（2）小结：恭喜我们的小螃蟹们都学会了新本领，给你们点赞，现在我们一起去沙滩上玩吧。

2.游戏：听口令看指挥滑行——练习用侧滑步变换方向滑行

（1）游戏玩法：小螃蟹随音乐在场地自由滑行，老师吹响口哨，小螃蟹就根据老师指挥的方向滑行，老师的口令速度随着幼儿滑行的熟悉度不断加快。

（2）小结：小螃蟹们改变方向的时候注意身体也要跟着转身，侧身滑行。

3.游戏：反应快速的小螃蟹——在游戏中用侧滑步完成一系列任务，锻炼幼儿的反应力

（1）游戏玩法：幼儿两人一组摆材料，面对面站，根据老师口令完成相应游戏任务。

站位图：

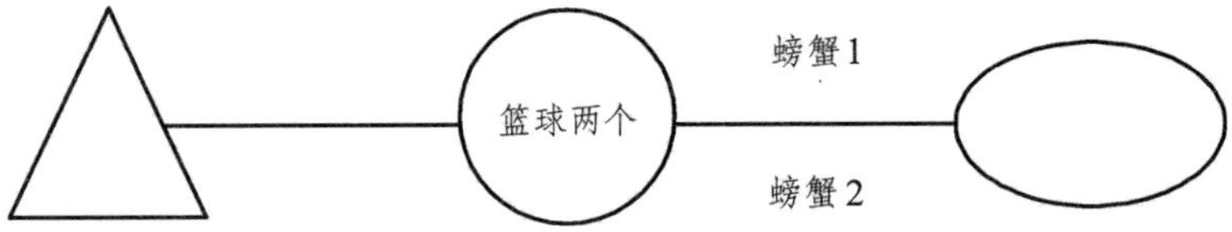

任务一：请幼儿听口令，像螃蟹一样去触摸一下标志物。

任务二：请幼儿听口令，像螃蟹一样抱球走到指定标志物旁，并原地拍球五下。

任务三：请幼儿听口令，像螃蟹一样将球运到指定标志物旁站定。

（2）提醒幼儿快快滑起来，双脚有一瞬间同时离地。

（三）结束部分

（1）小结：今天小螃蟹们能够大胆尝试，用侧滑步的方式完成了各种任务，真棒！

（2）放松身体：随音乐放松身体各部位。

（撰写：陈彦妮）

中班侧滑步游戏：快乐的小螃蟹

一、活动目标

（1）会用侧滑步灵活滑行，并在游戏中运用。（2）体验模仿螃蟹游戏的快乐。（3）乐于与同伴一起游戏，遵守游戏规则。

二、活动准备

丝巾 8 条、呼啦圈若干、音乐。

三、活动过程

（一）准备部分

热身活动：小动物走路。老师带领幼儿跟随欢快的音乐模仿动物走路，活动身体。

（二）基本部分

1.练习侧滑步

（1）幼儿沿着线条练习侧滑步——掌握动作要领：侧身滑行。

小结：螃蟹是横着走路的，跟我们学过的侧滑步一样，都是横着的。侧滑步的速度要快一点，一只脚往旁边滑，另一只脚迅速跟进，双脚有一瞬间同时离地。现在请小螃蟹们沿着四周的线滑一滑，快速滑起来，注意要侧身滑行。

（2）幼儿练习变换方向滑行——掌握动作要领：变换方向的时候转身。

小结：小螃蟹要改变滑行方向就要转身，身体一转，滑行的方向就跟着转过去了，这样小螃蟹就可以往任何方向滑，但是要注意一点，在变换滑行方向的时候，一定要同时变换身体的方向。

2.游戏：捉螃蟹——在游戏中灵活运用侧滑步

（1）游戏玩法：场地中摆放若干呼啦圈，音乐开始，幼儿在场地中滑行，当音乐停止，老师说：“捉螃蟹了！”便开始捉，幼儿进呼啦圈躲起来，被抓到的螃蟹则来捉其他螃蟹。

（2）小结：小螃蟹要侧身滑行，注意变换滑行方向的时候，身体也要跟着转变方向，滑行的时候要避开呼啦圈。对在游戏中坚持侧身滑行，成功躲过追捕的幼儿，给予积极的肯定和表扬。

3.游戏：螃蟹抓丝巾——与同伴合作玩耍，能用侧滑步转身变换方向

（1）游戏玩法：幼儿2人一组面对面站好，其中一名幼儿将丝巾放进衣服里，音乐响起，两人都用侧滑步滑行，没有丝巾的幼儿去抓对方的丝巾，有丝巾的幼儿则要保护自己的丝巾不被对方抓到，如果抓到丝巾则交换角色，继续游戏。

（2）小结：小螃蟹要尝试改变滑行的方向才能抓到丝巾，注意要侧身滑行，看看谁的动作更灵敏。

（三）结束部分

（1）小结：积极肯定幼儿在游戏中的表现。

（2）放松活动：老师带领幼儿跟随轻柔的音乐放松身体。

（撰写：陈彦妮）

中班侧滑步游戏：螃蟹大作战

一、活动目标

（1）能用惯用脚滑步，非惯用脚迅速跟进，双脚瞬间同时离地行进侧滑步。（2）体验用侧滑步游戏的乐趣。（3）能够在活动中遵守游戏规则。

二、活动准备

平衡木、标志桶8个、飞碟8个、圈8个、篮球16个。

三、活动过程

（一）准备部分

热身活动：螃蟹操、螃蟹跑。

（二）基本部分

1.游戏：小螃蟹照相——练习侧滑步的动作

（1）游戏玩法：幼儿扮小螃蟹，音乐响起，小螃蟹跟随音乐的速度在场地里行走，当音乐停下，就原地摆姿势，螃蟹妈妈就给小螃蟹们照好看的照片。

（2）小结：小螃蟹们是夹子放在身体两侧，双脚分开行走的。

2.游戏：我们都是好朋友——在游戏中运用侧滑步，锻炼幼儿反应力

（1）游戏玩法：音乐响起，小螃蟹在场地里自由行走，当音乐停止，螃蟹妈妈说一个数字，请螃蟹们对应数目抱在一起。

（2）小结：横着快速行走时，小螃蟹们的大钳子（手）要放在身体的两侧。

3.游戏：小螃蟹运球——练习用侧滑步的方式运球

（1）游戏玩法：请小螃蟹手持球站在起点位置，螃蟹妈妈站在小螃蟹的对面，当螃蟹妈妈说“123 油炒豆腐干”时，小螃蟹们侧滑步运球，当螃蟹妈妈转过头时，小螃蟹就不能动持球站好，当螃蟹妈妈说：“开饭啦！”小螃蟹就要抱球侧滑步回家。如果被抓到，被抓到的小朋友就要把球给抓小螃蟹的人。

（2）提醒幼儿遵守规则，鼓励其坚持用侧滑步游戏。

（三）结束部分

（1）小结：肯定表扬幼儿活动中的表现。

（2）放松活动：带领幼儿放松身体并收拾整理器械。

（撰写：张艺凡）

大班侧滑步游戏：侧滑摸桩

一、活动目标

（1）知道侧滑步时需要身体在同一直线上，并且一只脚快速跟上另一只脚。（2）在游戏中愿意接受失败，并克服内心的挫败感坚持练习直至成功。（3）能遵守游戏规则进行各个方位的侧滑步游戏挑战。

二、活动准备

幼儿经验准备：基本掌握侧滑步动作。

物品准备：带数字（1~10）标志桶十个两套、未带数字标志桶若干、飞盘若干。

三、活动过程

（一）准备部分

幼儿跟随音乐进行准备活动，重点活动下肢。

（二）基本部分

1.游戏：*左右侧滑摸桩——熟练运用侧滑步*

（1）游戏玩法：请幼儿一人拿两个标志桶放置在自己位置的左右两边，教师将标志桶距离调控在2米左右，请幼儿站在右边的标志桶处，教师发“左”或“右”，或“左右”“右左”等指令，幼儿根据指令快速侧滑靠近标志桶用手触摸。

2.游戏：方位变换侧滑摸桩——随意变换方位，提高动作的一致性和协调性

（1）游戏玩法：教师将带数字的标志桶随意地放在场地内，再将幼儿分成两组，排队依次按照数字1~10的顺序进行摸桩游戏。

（2）指导要点：教师注意在过程中提示幼儿身体始终相对行进目标保持侧身，侧身滑步行进。

3.游戏：看谁捡得多——以捡飞盘的任务提高侧滑步动作的速度和协调性

（1）游戏玩法：教师将飞盘撒在场地，请幼儿分组比赛，看谁捡飞盘数量多。

（2）指导要点：教师重点观察幼儿在活动中能否正确运用侧滑步动作，侧滑步始终保持侧身行进，一只脚紧跟另一只脚。

（三）结束部分

跟着音乐进行放松活动，重点放松四肢。

（撰写：张艺凡 何巧）

大班侧滑步游戏：侧滑步运球

一、活动目标

（1）知道侧滑步时需要身体在同一直线上，并且一只脚快速跟上另一只脚。尝试并运用侧滑步进行篮球活动中的运球的防守。（2）在游戏中愿意接受失败，并克服内心的挫败感坚持练习直至（3）能遵守游戏规则进行各个方位的侧滑步游

戏挑战。

二、活动准备

幼儿经验准备：基本掌握侧滑步动作。物品准备：圈、标志桶、篮球若干。

三、活动过程

（一）准备部分

幼儿跟随音乐进行准备活动，重点活动下肢。

（二）基本部分

1.游戏：侧滑步行进运桶——能灵活侧滑步

游戏玩法：两组圈相对 5 米错落摆放，幼儿从一端开始拿起圈中的标志桶侧滑步移动到斜对侧的圈中，再反复行进直至结束。

2.游戏：侧滑步沿地滚球——初步尝试侧滑步运球

游戏玩法：一边侧滑步一边用手指手腕控制球与侧滑步同一方向移动。

3.游戏：侧滑步行进运球——初步尝试运用侧滑步动作经验进行防守

（1）游戏玩法：材料摆放同之前，两组圈相对 5 米错落摆放，幼儿从一端侧滑步运球到斜对侧的圈中，再反复行进直至经过所有的圈。

（2）指导要点：鼓励幼儿自我检查是否掉球，侧滑步动作是否灵活协调，培养幼儿自我效能感。

4.游戏：8 字形侧滑步运球——8 字形运球增加侧滑动作在篮球运球活动中的灵活性

游戏玩法：每名幼儿在两个间隔 2 米左右的标志桶间呈 8 字形侧滑步运球。

（三）结束部分

（1）小结：表扬幼儿侧滑步时始终保持侧身行进，一只脚紧跟另一只脚，并鼓励幼儿继续大胆尝试和参与。

（2）放松活动：跟着音乐进行放松活动，放松全身。重点放松四肢。

（撰写：何巧）

六、钻的运动游戏

【动作发展序列】横向为动作发展要领序列，纵向为难度序列。

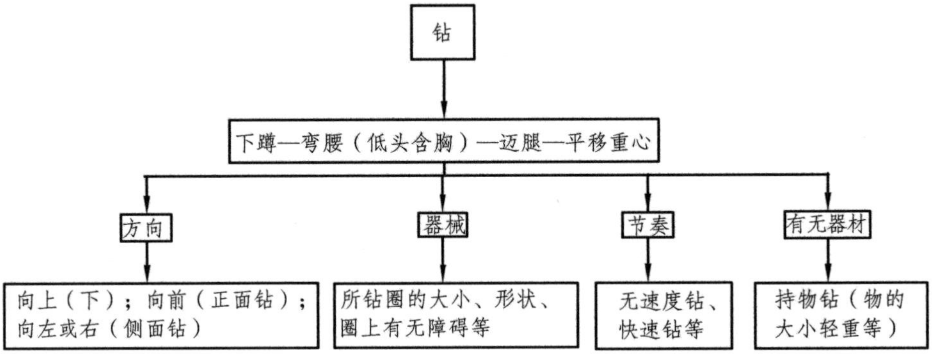

【年龄发展目标】

对于不同年龄段的幼儿其钻的动作技能是一致的，只是年龄段越大动作应越协调、快速，所钻的材料应更具挑战性。

小班正面钻游戏：猫和老鼠

一、活动目标

（1）掌握正面（猫腰）钻的动作要领。（2）愿意大胆地反复尝试正面猫腰钻。（3）能关注自己正面钻的动作的规范程度并及时调整。

二、活动准备

高 75 厘米的绳子、门洞、老鼠若干，高人矮人走的音乐。

三、活动过程

（一）准备部分

听音乐，高人走矮人走（幼儿站起来直立行走，听到“矮人走”时老师指示低头弯腰屈腿行走，学小猫）。

（二）基本部分

1.游戏：小猫钻山洞——探索钻山洞的各种方法

（1）游戏玩法：请男、女小朋友分别两两拉手站立，组成山洞若干交替玩钻山洞的游戏，要求只能钻不能爬过山洞。

（2）老师鼓励孩子探索多种钻法（正、侧、后退猫腰钻），重点进行正面（猫腰）钻动作示范：低头团身弯腰迈腿钻过山洞。当孩子掌握后可引导幼儿尝试后退猫腰钻增加趣味性（但不作为活动重点）。

2.游戏：小猫钻绳子——学习正面猫腰钻的基本动作技能，有规范自己钻的动作尽量不碰到铃铛的意识

（1）游戏玩法：让小朋友尝试用正面猫腰钻的方式反复穿过横在操场上高75厘米挂有铃铛的绳子而且不碰到绳子。

（2）重点指导钻过绳子时铃铛发出声音的小朋友低头、猫腰团身把自己的身体尽量变小变矮等动作要点并鼓励其反复尝试。

3.游戏：小猫学本领——巩固掌握正面猫腰钻的技能

（1）游戏玩法：在操场的内外框上摆上75厘米高挂有铃铛的拱门若干（可以一个或2个摆在一起）把幼儿分成两组随线路鱼贯练习。

（2）教师个别指导幼儿在游戏中当前面幼儿还没钻过门洞时要耐心等待。强调幼儿在钻过组合拱门时要保持低头猫腰的动作直至身体全部钻出拱门。

4.游戏：小猫抓老鼠——能熟练地运用猫腰钻的方法

（1）游戏玩法：幼儿分两组按线路正面猫腰钻过1个或2个组合的挂有铃铛的门洞到老鼠的家门口捉一只老鼠返回，返回时要后退猫腰钻过高75厘米的绳子回到起点，鱼贯练习。教师重点鼓励幼儿大胆尝试后退猫腰钻。

（三）结束部分

放松活动：在音乐的伴奏下相互拍打肩、腰、背部，自己拍打腿部肌肉放松。

（撰写：夏姗）

小班正面钻游戏：老鼠笼

一、活动目标

（1）能灵活运用手脚着地爬和猫腰钻前进和后退的技能。（2）感受到一边听儿歌一边快速钻爬运粮的紧张和快乐。（3）能听儿歌按要求游戏。

二、活动准备

不同高矮的山洞 60~75 厘米（每个山洞挂有铃铛）。

三、活动过程：

（一）准备活动

随音乐模仿猫和老鼠的动作。模仿猫时：站直身体，踮脚，手臂向上伸展，尽力向上拉伸身体。模仿小老鼠时：弯腰屈腿，曲身曲腿向前进。

两个动作随音乐交替进行，活动全身。

（二）基本部分

1.游戏：钻洞小能手——尝试钻高矮、宽窄不同的山洞（山洞上有铃铛），学会根据山洞的特点选择适合的钻洞方法

（1）游戏玩法：场地上摆放高矮、宽窄不同的各种山洞让幼儿四散练习，教师强调钻山洞的过程中不能触碰铃铛的游戏规则，并提示幼儿观察山洞，根据山洞的特点选择适当的钻法（如低矮的山洞可手脚着地向前或侧面、后退钻爬通过，又高又窄的山洞可以猫腰前进或后退通过等），让幼儿反复练习并且尝试钻不同的山洞。

（2）教师重点指导，请小朋友体验不同山洞的不同钻法，特别引导幼儿尝试用后退的方式钻山洞，反复尝试。

2.游戏：老鼠笼——灵活运用手脚着地爬和猫腰钻前进和后退的技能

（1）游戏玩法：（儿歌：老鼠老鼠坏东西，偷吃粮食偷吃米，我们搭个老鼠笼，咔嚓一声关住你。）让幼儿分两组，一组幼儿站立手拉手围成圆圈搭成老鼠笼，另一组幼儿扮老鼠，当儿歌念起时老鼠用猫腰钻的方式进入老鼠笼，运一袋粮食，再用猫腰后退钻的方式钻出老鼠笼，将粮食放在篮子里，再返回老鼠笼继续运粮。直至儿歌唱到“咔嚓一声关住你”时，扮老鼠笼的幼儿下蹲表示关门了，被关在老鼠笼的小朋友停止游戏一次。游戏反复进行。多次玩耍后升级为搭老鼠

笼的幼儿双腿跪地，让老鼠笼的洞变矮，让幼儿手脚着地向前钻爬和向后钻爬进行运粮游戏。

（2）教师重点指导小老鼠在游戏中用猫腰后退钻和手脚着地后退钻爬的方式钻出老鼠笼，游戏中会听儿歌进行游戏。鼓励小老鼠在运粮时动作要快才能运得多。

（三）结束活动

放松动作：拍腿拍腰背放松。

（撰写：刘熙）

中班侧身钻游戏：穿越封锁线

一、活动目标

（1）掌握侧身钻的动作技能，提高幼儿身体的自控能力。（2）能迅速、灵活、协调地侧身钻过山洞，体验成功的快乐。（3）能有序进行侧身钻，并遵守游戏的规则。

二、活动准备

细绳 2 条，铃铛若干、布包（粮食）若干、热身及放松音乐；事先检查场地及幼儿着装。

三、活动过程

（一）准备部分

（1）准备活动：随音乐进行准备活动，重点活动全身。

（2）情境导入：麦田丰收了，小勇士要穿越敌人的封锁线到对面将粮食运回，我们要先学习怎样穿越封锁线。

（二）基本部分

1.游戏：学过封锁线——感知侧身钻的动作：侧身屈膝下蹲，降低重心——一只脚从线下伸过—低头团身、弯腰、蹬腿，移动身体重心从线下钻过—直身收脚

（1）游戏玩法：在活动场地分别悬挂 2 根高 80 厘米的细绳，教师先进行侧

身钻动作示范，然后幼儿任意找一位置进行左右侧身钻的练习，在侧身钻的过程中头部不碰到封锁线。

（2）教师引导幼儿加强身体的自控能力练习，学会低头团身和移动身体的重心进行左右侧身钻，通过反复练习巩固侧身钻的技能，增强侧身钻时身体的灵活性。

2.游戏：穿越封锁线——增加难度，幼儿巩固侧身钻动作技能，提高对身体的控制能力和侧身钻时身体的灵活性

（1）游戏玩法：保育老师在细绳上悬挂铃铛（此时高度为 70-75 厘米），幼儿分成 2 组，同时从起点依次用侧身钻的方法穿过封锁线到达对面将粮食运回。穿越封锁线时不能碰到铃铛，铃铛响敌人会出现。

（2）教师重点关注幼儿在侧身钻时要控制身体降低重心侧身钻过悬挂铃铛的封锁线，引导幼儿屈膝、团身钻过。及时表扬没有碰到铃铛的幼儿。

（三）结束部分

（1）小结：表扬幼儿通过不断练习熟练掌握了侧身钻的动作技能，为自己的表现感到自豪。

（2）放松活动：幼儿跟随音乐进行放松活动，从四肢开始向全身逐渐放松。

（撰写：徐文婷）

中班侧身钻游戏：小小探险家

一、活动目标

（1）巩固练习侧身钻的动作技能，能控制身体重心迅速地侧身钻过山洞。（2）通过团队协作游戏培养幼儿的集体荣誉感。（3）侧身钻山洞时动作灵活，并遵守游戏的规则。

二、活动准备

高 80 厘米、宽 50 厘米左右的山洞 6~8 个，音乐。

三、活动过程

（一）准备部分

准备活动：随音乐进行准备活动，重点活动四肢。

（二）基本部分

1.游戏：探险家学本领——复习和巩固侧身钻的动作。

（1）情景引入：幼儿要看看山的另一边是什么样的，山洞阻挡了去路，大家要学习过山洞。

（2）游戏玩法：场地摆放一排山洞，教师以探险的游戏口吻引入学习钻山洞的本领，回忆侧身钻的动作要领（身体侧向山洞，屈膝下蹲，一只脚从山洞下伸过，低头团身移动身体重心钻过山洞，收脚起身）。播放音乐，幼儿依次进行练习。

（3）老师重点引导巩固侧身钻的动作技能，掌握控制身体重心移动的技巧，鼓励幼儿反复练习，表扬动作灵活的幼儿。

2.游戏：小小探险家——提高侧身钻的速度和对身体的控制能力。

（1）游戏玩法：幼儿分成 4 组进行探险比赛。听到指令后每组首发幼儿迅速侧身钻过连续的 3~4 个山洞，然后从木桩后两边分别跑回，与同组队员击掌后到队伍最后排队，同组幼儿出发循环进行游戏，直到最后一名幼儿完成游戏则结束。根据幼儿的兴趣状态，可重复进行游戏，增加比赛环节，培养幼儿的团队荣誉感。

（2）教师重点鼓励幼儿在侧身钻动作正确的基础上加快钻的速度。

（三）结束部分

（1）小结：根据幼儿在活动中的表现进行针对性的表扬（速度、动作技能等方面）。

（2）放松活动：幼儿跟随音乐进行放松活动，重点放松四肢。

（撰写：徐文婷）

中班正面障碍钻游戏：灵活的小猴子

一、活动目标

（1）能正面钻跨过底部高 8~10 厘米的门洞，掌握正面障碍钻的动作技能。（2）能全程坚持用正面钻的动作进行游戏，有团队精神。（3）游戏活动时能够听懂信号并遵守游戏的规则。

二、活动准备

底部无障碍的山洞 6~8 个，底部高 8~10 厘米的山洞（环形）6-8 个、场地线 2 根、口哨、音乐。

三、活动过程

（一）准备部分

（1）准备活动：随音乐进行准备活动，重点活动四肢。

（2）情境导入：小猴子们今天又要跟着猴妈妈玩游戏啦。

（二）基本部分

1.游戏：钻山洞——复习和巩固正面钻的动作：面向山洞，屈膝下蹲，低头弯腰团身，两脚交替前移，从障碍物下钻过

（1）游戏玩法：播放音乐，幼儿分成 2 组，听教师口哨指令，在场地上依次鱼贯进行正面钻山洞练习。

（2）老师重点引导巩固正面钻的动作技能，尤其是低头团身，降低重心前移的正面钻动作。表扬和鼓励动作正确的幼儿。

2.游戏：钻环形山洞——学习正面钻跨动作：面向山洞（环形）屈膝下蹲，一只脚先跨过平面障碍物，低头弯腰团身，移动身体重心钻过山洞，收回后腿

（2）游戏玩法：幼儿分成 2 组听口哨指令鱼贯练习正面钻跨的动作。熟悉后播放音乐，幼儿一次进行正面钻跨山洞的练习。

（3）教师重点指导幼儿屈膝伸腿，低头团身，移动重心正面钻过，最后收腿的正面钻跨动作，引导幼儿熟练练习。

3.游戏：灵活的小猴子——练习和巩固正面障碍钻的动作技能

（1）游戏玩法：幼儿用正面钻跨的动作钻过底部高 8~10 厘米的山洞。保育老师更换器械，教师组织幼儿排成 2 队进行游戏，幼儿听教师指令鱼贯出发，用正面钻跨的方式连续钻过山洞。

（2）教师重点指导钻山洞时迈腿跨过底部的障碍，动作灵活地正面钻过障碍物，表扬成功通过的幼儿。

（三）结束部分

（1）小结：总结正面钻跨的动作要领，表扬幼儿坚持完成正面障碍钻。

（2）放松活动：幼儿跟随音乐进行放松活动，重点放松上肢。

（撰写：徐文婷）

大班正面钻游戏：猴王争霸

一、活动目标

（1）能动作连贯灵敏地正面钻过山洞。（2）有主动为同伴加油鼓掌的意识。（3）会遵守游戏规则，依次排队钻。

二、活动准备

大圈 6 个、小圈 6 个，电视剧《西游记》音乐。

三、活动过程

（一）准备部分

猴子出山，幼儿随《西游记》音乐做热身的活动。

（二）基本部分

1.游戏：学我 72 变——重点练习钻的团身、移重心动作

游戏规则：教师与幼儿变身孙悟空，一起做 72 变动作，重点可以做跨步、低头、团身、移动重心动作。

2.游戏：小猴练本领——自由练习正面钻

（1）游戏玩法：猴子们可以尝试钻过不同的环形山洞（鼓励用多种方式钻）。

（2）游戏中，教师及时表扬能快速快过圈且不碰到圈的幼儿。

3.游戏：猴王争霸——动作连贯灵活

（1）游戏玩法：场地分四组每组摆放圈四个，猴子分为四组，四组猴子依次进行钻的比赛，每组最先返回的第一名可进行下一轮的比赛。胜出的四名幼儿再进行比赛，最后获胜的一名是猴王。比赛中鼓励小猴为同伴加油，结束后请猴王分享示范连续钻圈的有益经验，根据幼儿的兴趣也可以鼓励小猴挑战猴王再次游戏。

（三）结束部分

（1）小结：表扬在游戏中快速灵活通过山洞的小猴，并且表扬为同伴鼓掌加油的小猴。

（2）放松活动：幼儿随西游记结束音乐放松四肢。

（撰写：唐路林）

大班侧身钻游戏：逃离盘丝洞

一、活动目标

（1）能侧面钻过环形障碍物，动作连贯灵活。（2）有营救同伴帮助他人的意识。（3）会遵守游戏规则，排队时不推挤。

二、教学准备

万能工匠门洞10个、电视剧《西游记》音乐。

三、活动过程

（一）准备部分：猴子出山

幼儿随《西游记》音乐做热身的活动。

（二）基本部分

1.游戏：学我72变——重点练习跨步、低头、移重心动作。

游戏玩法：教师与幼儿变身孙悟空，一起做72变动作，重点可以做跨步、低头、团身、移动重心的动作。

2.游戏：侧身钻练习——练习侧面钻环形的山洞

（1）游戏玩法：在场地上摆两组环形山洞，幼儿分两组循环钻侧身钻山洞。

（2）教师重点指导幼儿钻过山洞时能迅速移动重心，顺利钻出山洞。

3.游戏：逃离盘丝洞——快速灵敏地侧身钻过连续的山洞

（1）游戏玩法：以孙悟空救师傅的游戏情节引入游戏“逃离盘丝洞”，让幼儿尝试钻出弯弯曲曲而且很窄的连续的洞（万能工匠），并进行分组比赛。

（2）教师重点观察小猴侧面钻的情况，重点指导幼儿学会连续跨步团身侧身钻过盘丝洞。

（三）结束部分

（1）小结：恭喜小猴逃离盘丝洞，表扬在游戏中能快速钻过山洞的小猴与在游戏中有进步的小猴。

（2）放松活动：随西游记结束音乐放松四肢。

（撰写：唐路林）

大班钻的综合游戏：猫捉老鼠

一、活动目标

（1）能在行进间用各种方式钻过山洞，动作灵活敏捷。（2）能在被猫抓住后愿意再次尝试，不气馁。（3）会遵守猫捉老鼠的规则，不超过一定的范围。

二、活动准备

高低不同的山洞、宽窄不一的山洞、场地上画一个大圆圈

三、活动过程

（一）准备部分

情景设置：小朋友变身小老鼠，和妈妈一起外出游玩。幼儿随音乐活动四肢。

（二）基本部分

1.游戏：快乐的小老鼠——尝试自由钻

（1）游戏玩法：小老鼠根据场地上的器械，尝试自由钻过器械。

教师关注幼儿钻的方式，鼓励幼儿多种方式钻过器械。

（2）教师重点指导幼儿遇到低矮的山洞要低头团身，窄窄的山洞要迈过下面的棍子，侧身钻。遇到长长的山洞要保持低头团身快速通过。

2.游戏：猫捉老鼠——快速灵活钻

（1）游戏玩法：请一名小朋友扮演猫，猫可以自由在场地上奔跑抓老鼠，老鼠快速灵活钻过障碍物，猫和老鼠不能超出圈外。

（2）教师重点关注幼儿钻的情况，并请个别幼儿说一说、做一做钻的动作。

（3）幼儿再次进行游戏，教师重点鼓励幼儿快速转圈，躲避猫的抓捕。

（三）结束部分

（1）小结：教师请没被猫抓住的幼儿举手，表扬他们，并为他们点赞。同时告诉被抓住的幼儿不要气馁，下次再试一试。

（2）放松活动：幼儿随舒缓的音乐放松四肢。

（撰写：唐路林）

七、爬、攀类运动游戏

【动作发展序列】“攀”作为“爬”的分支，呈现在不同方向爬的纵向序列当中。

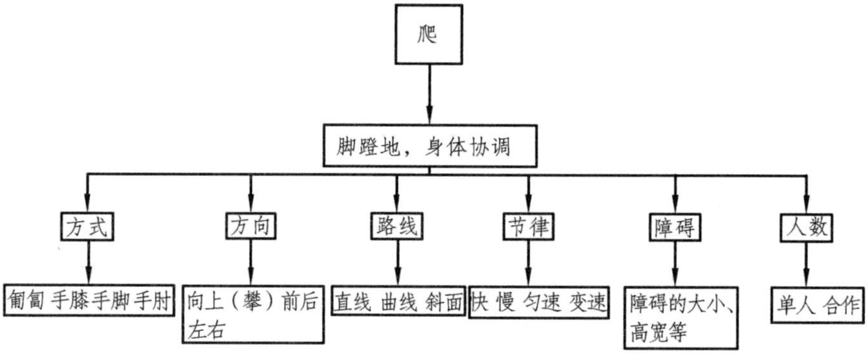

【年龄发展目标】

不同年龄段的幼儿在爬、攀的动作上，其动作要领是一致的，不同的在于动作的快慢、灵活和协调，以及所使用器材，爬、攀器材的难度。

爬的运动游戏

小班手膝着地爬游戏：小蚂蚁运果子

一、活动目标

（1）能够手膝着地协调地向前爬。（2）体验手膝着地爬的乐趣，愿意积极参与到活动中。（3）遵守一次只运一个粮食的游戏规则。

二、活动准备

果子若干、音乐（歌曲《小宝宝爬爬爬》）、场地四周布置出幼儿爬的小路。

三、活动过程

（一）准备部分

随音乐做小蚂蚁模仿动作，活动开四肢及全身,增加动作的协调性。

（二）基本部分

1.游戏：爬爬乐——学习手膝着地爬的方法

（1）游戏玩法：听音乐跟着老师练习向前爬行。

（2）老师重点观察每一个幼儿的爬行动作：左（右）手和右（左）膝协调配合，用力向前爬行，给予个别指导。鼓励每个幼儿积极参加。

2.游戏：直线爬——练习直线爬行，加强动作的协调性

（1）游戏玩法：老师带领幼儿一边念儿歌（小手撑着身体爬爬爬、小脚跟着节奏爬爬爬，身体保持平衡爬爬爬，看谁又快又稳爬爬爬，加油呀。）一边顺着小路（地面的直线）向前爬。

（2）老师重点指导幼儿按次序向前爬，让幼儿感受到和同伴一起游戏的快乐。

3.游戏：小蚂蚁运果子——引导幼儿向指定方向爬

（1）游戏玩法：小蚂蚁从一个点到另一个点往返爬行运果子（一次只运一个），将运回来的果子放进指定篮子里，鱼贯进行。

（2）老师重点指导幼儿遵守每次只运一个果子的游戏规则。

（三）结束部分

（1）小结：小蚂蚁们今天真棒！靠自己的努力运了那么多果子！表扬一下自己。

（2）放松活动：随音乐放松身体与四肢，也可以和小伙伴相互按摩一下身体。

（撰写：夏姗）

小班手膝着地爬游戏：乌龟与狐狸

一、活动目标

（1）能够根据音乐快慢节奏调整爬行的快慢与节奏，能熟练运用爬行技能快速躲避追赶。（2）体验动作契合音乐节奏的快乐，并为自己快速灵活地躲避追赶感到自豪。（3）遵守根据音乐节奏运动及快速爬行躲避追赶的规则。

二、活动准备

爬行用的垫子若干、音乐《小乌龟上山坡》快版与慢版、狐狸头饰。

三、活动过程

（一）活动准备

跟着小乌龟爬的音乐模仿小乌龟的动作，如：伸展四肢，伸伸头，上肢学爬的动作左右来回走动，由下向上手部爬行（腰部活动）。着重活动开全身和四肢。

（二）基本部分

1.游戏：小乌龟爬爬爬——利用节奏慢的音乐引导幼儿练习手膝着地爬行

（1）游戏玩法：小乌龟在指定区域鱼贯爬行，播放音乐《小乌龟上山坡》慢版。幼儿听音乐，随音乐节奏慢慢爬行。

（2）教师重点指导幼儿感受慢的音乐并根据音乐节奏慢慢地爬行。

2.游戏：小乌龟快快爬——用快版音乐引导孩子练习快速爬行。

（1）游戏玩法：小乌龟在指定区域鱼贯爬行，播放音乐《小乌龟上山坡》快版。幼儿听音乐，随音乐节奏快快爬行。

（2）教师重点指导幼儿感受快的音乐并根据音乐节奏快速爬行。

3.游戏：变速爬，躲开坏狐狸——根据音乐练习变速爬行，增加狐狸咬屁股的情节增加游戏趣味性，并鼓励孩子加快速度向前爬行

（1）游戏玩法：老师随机播放快慢两种音乐，幼儿跟随音乐节奏的变化变换爬行的速度。音乐变换几次以后，在播放快速音乐幼儿快速爬行时，加入狐狸咬屁股的环节，被狐狸追到的幼儿就要暂停游戏。

（2）教师重点指导幼儿在游戏中根据音乐的快慢进行变速手膝着地爬行。

（三）结束活动

（1）总结：小乌龟们真棒！爬得快快的，动作也灵活！成功地躲避开了狐狸的追赶。

（2）放松动作坐在爬行垫子上拍拍手臂拍拍腿，放松上下肢肌肉。

（撰写：夏姗）

小班手膝着地爬游戏：小汽车叭叭叭

一、活动目标

（1）能够根据信号手膝着地前进后退爬。（2）体验完成看信号前进倒退爬

行后的喜悦。（3）遵守根据信号行动的游戏规则。

二、活动准备

音频“倒车请注意”、汽车喇叭音频（“嘀嘀”声）、红绿灯、音乐《小汽车》、布置出马路车道场景。

三、活动过程

（一）准备部分

（1）老师带领幼儿随音乐《小汽车》模仿开车动作跑动，进行热身。

（2）随音乐活动开四肢。

（二）基本部分

1. 游戏：小汽车出发咯！——练习手膝着地爬，能根据简单的信号变化控制自己的动作变化

（1）游戏玩法： 幼儿鱼贯在“大马路”上根据箭头指示爬行，老师用红绿灯指示交通，当信号灯变成红色时，小汽车要马上停止，变成绿色才能继续开车。

（2）老师重点观察幼儿的爬行动作以及是否能根据红绿灯指示活动。

2. 游戏：“倒车请注意”——能听声音信号倒退爬

（1）游戏玩法：幼儿在自己的车道倒爬。放音频“倒车请注意”。

（2）老师重点观察幼儿倒退爬时是否遵守倒退爬的动作要领，是否在自己的轨道上爬行，是否根据声音信号倒退爬行及停止。

3. 游戏：小汽车叭叭叭——根据各种不同类型信号指示做出前进倒退爬

（1）游戏玩法：老师切换三种信号指挥幼儿开车（“嘀嘀”汽车喇叭声）、停止（出示红色信号灯）、倒车（“倒车请注意”）。幼儿仔细观察和倾听不同的信号开车。

（2）老师重点关注并指导幼儿是否根据信号行动，倒退爬时是否遵守规则。

（三）结束部分

（1）小结：我们每一个小朋友都是合格的小司机，能够根据不同的信号变换开车。并且我们今天还学会了倒车！

（2）放松活动：随音乐拍打四肢，和其他小朋友抱一抱。

（撰写：夏姗）

小班手膝着地爬游戏：小乌龟回家

一、活动目标

（1）在爬行时能根据障碍调整手掌和膝盖的高度，动作有力协调。（2）有爱家的情感，体验经历困难后回到家的喜悦。（3）不怕困难，遵守游戏规则。

二、活动准备

红色场地贴、牛奶盒组成的长条形障碍物作小板凳、圆形大梅花桩组成的障碍作小石头、大老虎头饰、果子若干

三、活动过程

（一）准备部分

随音乐做小乌龟模仿动作活动开身体。着重活动四肢。

（二）基本部分

1. 游戏：小乌龟摘果子——练习爬过绳子障碍

（1）游戏玩法：小乌龟出去摘果子，遇到“小板凳”就要调整手掌和膝盖的高度爬过去，不能压着牛奶盒子。

（2）老师重点观察幼儿是否在遇到障碍时及时调整了手掌与膝盖的高度。对进行起来比较吃力的幼儿进行个别动作指导或协助他们完成。

2. 游戏：小乌龟回家——练习爬过更高更宽的梅花桩组成的障碍

（1）游戏玩法：设置更高更大的障碍物（“小石头”），引导幼儿爬过去。

（2）老师重点观察幼儿动作是否协调有力以及对待困难的态度。

（三）结束部分

（1）小结：小乌龟们克服了困难摘到了果子，完成了储存水果的任务。给我们自己点个赞！（幼儿互相拥抱）（自我效能感提升）

（2）放松活动：幼儿两两一组，先是面对面站立，轮流用手掌根部拍打对方的肩膀、手臂、腿部；然后一方转过身来，另一方轻轻拍打其肩膀、背部；两方轮换，继续拍打。

（撰写：夏姗）

小班手膝着地爬游戏：小乌龟去探险

一、活动目标

（1）能够动作较灵活地爬过障碍物。（2）体验爬过难度较大障碍物后的成就感。（3）不惧怕危险，能耐心等待前边小朋友爬过标志后再上桥，遵守这个游戏规则。

二、活动准备

弯曲平衡木两个、在红色长桥平衡木上用牛奶盒设置障碍三个、最窄平衡木两座、小乌龟爬的音乐、小红旗。

三、活动过程

（一）准备活动

老师带领幼儿随音乐活动开四肢，绕绕脖子伸伸臂等。

（二）基本部分

1. 游戏：小乌龟去郊游——平衡木障碍爬行练习

（1）游戏玩法：小乌龟按线路爬过小桥、爬过平地，进行爬行练习。

（2）老师重点鼓励每个幼儿参与游戏。

2. 游戏：小桥公园去探险——平衡木障碍组合练习爬行

（1）游戏玩法：幼儿根据自己的能力自由选择高低、宽窄不同的桥进行爬行练习。体验游戏的快乐。

（2）教师重点关注在窄的平衡木上爬行的幼儿，注意他们的安全以及幼儿爬行时动作是否协调有力。

3. 游戏：小乌龟快爬——引导幼儿动作协调灵活克服障碍爬行

（1）游戏玩法：将牛奶盒摆在场地的小桥上增加难度，以要躲过桥下大鳄鱼的口吻引入游戏，引导幼儿克服障碍爬过小桥到达终点取一面小红旗。

（2）老师重点引导幼儿快速灵活地爬过障碍物。

（三）结束部分

（1）小结：小朋友们努力爬过了小桥，跨越了大鳄鱼给我们设置的障碍，克服了重重困难，我们终于夺得了小红旗！我们是不怕困难的小乌龟！

（2）放松活动：小朋友们可以坐到小桥上去放松自己的身体，拍拍胳膊小腿，最后回家啦。

（撰写：夏姗）

中班俯身爬游戏：毛毛虫爬

一、活动目标

（1）掌握毛毛虫爬的要领，协调向前爬，增强幼儿手臂力量。（2）愿意与同伴比赛并体验快乐。（3）能坚持用毛毛虫的方式游戏，不怕困难。

二、活动准备

地垫若干。

三、活动过程

（一）准备部分

（1）准备活动：带领幼儿在音乐中模仿各种小动物，活动身体。

（2）情境导入：所有小朋友都变成了毛毛虫。

（二）基本部分

1. 游戏：毛毛虫——感受毛毛虫爬的特点

（1）游戏玩法："变变变"游戏变成毛毛虫，让幼儿自由模仿毛毛虫爬的动作。

（2）在游戏中老师重点引导幼儿运用身体的不同部位学毛毛虫爬行的动作，感受毛毛虫爬行的特点。

2. 游戏：我是一只毛毛虫—— 学习俯身毛毛虫爬的动作要领

（1）游戏玩法：教师示范讲解俯身毛毛虫爬的动作要领。跪坐，两手臂贴地向前滑动至全身贴于地面，手臂用力贴地，身体腿部配合，将腿部收叠于腹下，继续两手臂贴地向前行进。

（2）教师指导幼儿掌握两手臂贴地向前滑动至全身贴于地面收腿前进的动作要领。

3. 游戏：爬爬比赛——能坚持用毛毛虫的方式游戏，感受比赛的快乐

（1）游戏玩法：全体幼儿并列跪坐在起点上，听信号出发，毛毛虫爬至终点，比比看谁爬得快。根据幼儿的兴趣和体力，游戏进行 2~3 次。

（2）游戏中教师鼓励幼儿坚持，不怕困难。

（三）结束部分

（1）小结：表扬在游戏中能坚持毛毛虫爬的小朋友。

（2）放松活动：幼儿跟随音乐进行放松活动，重点放松全身。

（撰写：刘熙）

中班手脚着地爬游戏：小蚂蚁学本领

一、活动目标

（1）能用手掌和脚尖着地的动作进行爬行，动作灵活。（2）能坚持用手脚着地的动作进行连续爬行，体验成功爬行的快乐。（3）能够听懂指令变换爬行方向，并遵守游戏的规则。

二、活动准备

高 20 厘米长 1.5 米的木板 8 块，场地线 2 根，热身及放松音乐，事先检查场地及幼儿着装。

三、活动过程

（一）准备部分

（1）准备活动：师幼随音乐进行准备活动，重点活动四肢。

（2）情境导入：幼儿当小蚂蚁，跟着妈妈学习新的爬行本领。

（二）基本部分

1.游戏：小蚂蚁学本领——学习手脚着地爬的动作

（1）游戏玩法：幼儿在场地上进行手脚着地爬行练习，教师鼓励幼儿沿着场地线向前爬行，练习手脚爬行动作，巩固手脚爬行技能。

（2）在幼儿练习手脚爬行的过程中，老师重点引导幼儿膝盖悬空，腿部弯曲移动，手掌撑地沿着场地线两边进行爬行。

2.游戏：小蚂蚁做游戏——提高爬行的灵活度

（1）游戏玩法：教师在场地四周设置 4 个小动物家，幼儿在场地中间统一面朝一个方向，教师发出指令，如：“去小兔家（左）。”幼儿向左平移爬行到小兔家。幼儿听指令进行向前、向后、向左、向右手脚着地爬。

3.游戏：躲避穿山甲——练习组合方向的手脚爬行动作

（1）游戏玩法：幼儿跟随妈妈来到田地找食物，保育老师当穿山甲，慢慢出现在场地中，幼儿通过组合式的变换方位的爬行躲避穿山甲，安全爬回家中。

（2）老师重点引导幼儿根据穿山甲的方位进行躲避爬行，利用前后左右不同的组合爬行方位，安全避过穿山甲，体验成功回家的快乐！

（三）结束部分

（1）小结：表扬幼儿坚持用手脚着地进行爬行，幼儿通过不断练习成功躲避穿山甲，安全回到家中，感受游戏成功的快乐。

（2）放松活动：幼儿跟随音乐进行放松活动，重点放松四肢。

（撰写：徐文婷）

中班爬的综合游戏：学做解放军

一、活动目标

（1）在钻爬过程中快速移动身体的同时保持身体的平衡和动作的协调。（2）学习解放军不怕困难的精神，与同伴合作完成游戏。（3）能听懂信号进行游戏并遵守游戏的规则。

二、活动准备

2块长2米的体操垫和4个高60厘米的钻圈为一套，准备3~4套；布包若干；音乐。

三、活动过程

（一）准备部分

（1）准备活动：随音乐进行准备活动，重点活动全身。

（2）情境导入：幼儿和老师一起学做解放军。

（二）基本部分

1.游戏：解放军练本领——巩固幼儿快速钻和仰面爬的动作

（1）游戏玩法：以学做解放军游戏引入游戏，幼儿分2组，一组在软垫上进行肘膝着地爬行的动作练习，另一组幼儿在山洞前进行正面钻和侧面钻的动作练习。

（2）老师重点引导幼儿提高钻爬动作的速度，鼓励幼儿手肘和膝盖着地进行快速爬行，表扬动作灵活的幼儿，然后 2 组幼儿交换进行练习。

2.游戏：解放军上战场——在钻爬的过程中快速移动，保持平衡，动作协调

（1）游戏玩法：（场地布置：将 2 块软垫和 4 个钻圈组合在一条路上，布置 3~4 条路。）幼儿分成 3~4 组，用肘膝着地爬的方式爬过“地雷区”（体操垫），然后自由选择正面钻或侧面钻的方式钻过“山洞”（钻圈），来到基地，用手榴弹（布包）打跑敌人。一轮游戏后可以进行分组竞赛，看哪组动作最快，完成最好。

（2）教师重点鼓励幼儿用正确的动作进行钻、爬。

（三）结束部分

（1）小结：表扬幼儿动作迅速，完成了任务，打跑了敌人，是勇敢的小解放军，引导幼儿感受游戏成功的快乐。

（2）放松活动：幼儿跟随音乐进行放松活动，重点放松全身。

（撰写：徐文婷）

大班侧身匍匐爬游戏：小小兵学本领

一、活动目标

（1）运用身体一侧手臂支撑身体，同侧膝盖弯曲，另一侧脚用力蹬地使身体向前移动。（2）积极参与侧身匍匐爬的游戏，体验身体移动的成就感。（3）能遵守侧身着地的游戏规则。

二、活动准备

运动音乐、场地铺上泡沫地板、大泡沫板、玩具做的手榴弹、用线和铃铛拉的“警戒线”。

三、活动过程

（一）准备部分

（1）幼儿扮演小小兵绕场地跑步练习。

（2）幼儿听节奏明快的音乐两人一组用身体的各个部位变山洞。

（二）基本部分

1.游戏：小小兵学卧倒——身体一侧着地，同侧小臂着地，大臂向前支撑身体

（1）游戏玩法：幼儿学做小小兵，听到“卧倒”口令，迅速身体一侧着地，同时同侧小臂着地，大臂向前支撑身体。听到“立正”口令，迅速立正站好。

（2）循环玩几次后，可以提供“手榴弹”让幼儿用异侧手将手榴弹从头上方移动到膝盖附近，来提高幼儿大臂长时间支撑身体的兴趣。

2.游戏：小小兵向前进——一侧大臂支撑身体，同侧膝盖弯曲，另一侧脚用力蹬地使身体向前移动

（1）游戏玩法：小小兵身体一侧着地，同时同侧小臂着地，大臂向前支撑身体，同侧膝盖弯曲，另一侧脚用力蹬地使身体向前移动，爬过警戒线。

（2）老师用警戒线上的铃铛是否发出声音引导幼儿自我检查身体是否贴近地面。

（3）当幼儿移动缓慢时，老师引导幼儿自我检查蹬地的脚是否用力。

3.游戏：小小兵运弹药——持物快速进行侧身匍匐爬

（1）游戏玩法：小小兵用侧身匍匐爬的方式用异侧手将“手榴弹”送到练兵场。

（2）老师引导幼儿在移动的时候在异侧脚用地蹬地的同时，着地腿膝盖快速向前移动，实现动作的协调和灵活。

（三）结束部分

（1）小结：根据幼儿快速移动和坚持侧身匍匐爬的情况进行总结评价。

（2）放松活动：拉伸上肢和下肢，并做放松韵律操，重点放松手臂和腿部。

（撰写：胡凤 杨婷婷）

大班仰面手脚爬游戏：会移动的小板凳

一、活动目标

（1）能仰面手脚着地协调地移动。（2）体验和同伴合作玩耍的快乐和挑战高难度游戏的成就感。（3）能坚持手脚用力支撑身体，不怕困难。

二、活动准备

音乐、沙包若干。

三、活动过程

（一）准备部分

幼儿听节奏明快的音乐，两人一组用身体的各个部位变各种造型

（二）基本部分

1.游戏：变成小板凳——能够仰面手脚支撑身体

（1）游戏玩法：幼儿用身体做小板凳的造型，同时身体仰躺，手脚支撑身体，身体呈平直状态。

（2）老师可以用去做小板凳的情景激发幼儿保持身体平直状态的积极性。

2.游戏：小板凳趣味多——增加支撑的高度和时长

（1）游戏玩法：幼儿两两组合，一人变成平直的小板凳，另一幼儿用各种爬的动作从板凳下面钻过。然后两人交换角色进行玩要。

（2）老师引导幼儿要坚持保持小板凳造型，体验与同伴合作的成就感。

3.游戏：小板凳会移动——能够支撑身体较长时间

（1）游戏玩法：5 名幼儿一组，四名幼儿用仰面支撑的方法挨着做小凳子造型，一名幼儿从一头钻爬到另一头搭小凳子造型，开头的幼儿依次爬过循环做接龙游戏，让小板凳移动起来。

（2）老师引导幼儿要坚持支撑，提高四肢的力量和耐力。

（三）结束部分

（1）小结：根据幼儿合作和支撑的坚持情况进行总结评价。

（2）放松活动：拉伸上肢和下肢，并做放松韵律操，重点放松手臂和腿部。

（撰写：胡凤）

大班仰面支撑爬游戏：蜘蛛人

一、活动目标

（1）掌握手脚着地仰面爬行的动作技能，提高四肢力量。（2）积极参加游戏，勇于挑战。（3）能关注自己和他人的安全，遵守游戏规则。

二、活动准备

热身音乐《加油鸭》，放松音乐《睡吧小宝贝》，沙包、软垫若干，事先检查场地及幼儿着装。

三、活动过程

（一）准备部分

准备活动：教师带领幼儿随着音乐先绕场地跑步，做热身运律动，重点活动四肢。

（二）基本部分

1.游戏一：蜘蛛学走路——学习手脚着地仰面爬行的动作技能

（1）游戏玩法：请幼儿示范仰面手脚爬行动作并讲解要领（手掌脚掌着地，四肢仰面支撑身体进行爬行移动。听指令进行前、后、左、右不同方位的变换爬行动作练习，坚持四肢支撑、身体悬空的移动身体动作），幼儿学小蜘蛛在软垫上练习。

（2）教师重点指导幼儿学会四肢支撑，身体悬空的动作要领。

2.游戏二：蜘蛛运沙袋——掌握手脚着地仰面爬行的动作技能，提高幼儿四肢力量，增强耐力

（1）游戏玩法：操场跑道终点处四散摆放沙袋若干，幼儿分成 4 组听指令向从起点出发一个接一个手脚仰面爬行至终点，取一个沙包放在自己的肚子上运回起点，鱼贯进行至沙袋运完。

（2）教师重点指导在游戏中要注意自己和他人的安全，并且鼓励幼儿坚持。

2.游戏三：蜘蛛人大混战——能积极参加游戏，勇于挑战

游戏玩法：幼儿每次 10 人进行游戏，场地中间放沙包若干，场地四周放沙包的空篮子；游戏开始，10 人当蜘蛛人仰面爬，在场地外四散随着音乐自由移动，音乐停止，蜘蛛人迅速靠近场地中间，拿一个沙包放在自己肚子上然后运送到场地任意指定放置处，直到将场地中间布包运送完为止，沙袋的运得最多的幼儿取胜。分组轮流重复进行游戏。

（三）结束部分

（1）小结：表扬幼儿能够在爬行当中坚持，引导幼儿感受挑战成功的喜悦。

（2）放松活动：从四肢开始放松，直到全身放松。

（撰写：徐文婷）

攀的运动游戏

小班攀的游戏：小猴摘香蕉

一、活动目标

（1）能掌握双手双脚交替向上向下攀爬的动作要领。（2）克服恐惧心理，积极参与攀爬活动。（3）有耐心等待的安全意识。

二、活动准备

（1）经验准备：有爬斜坡的经验。

（2）材料准备：坡度小于60度的充气三角岩2个（坡面有适合小班幼儿攀爬的拉带）、斜坡下铺有软垫，香蕉若干，快乐的音乐。

三、活动过程

（一）准备部分

（1）准备活动：教师带领幼儿在音乐中活动身体，主要活动四肢。

（2）情境导入：老师是猴妈妈，带领猴宝宝一起攀岩。

（二）基本部分

1.游戏：攀三角岩——探索双手双脚向上向下攀爬的方法

（1）游戏玩法：猴妈妈带小猴分组用双手双脚自由探索从三角岩底部到顶部上下攀爬的方法。

（2）重点指导幼儿掌握双手依次抓握稳攀爬带，双脚依次踩稳攀爬带，循环手脚交替向上攀的方法。同时，指导幼儿下来时先分别移动双脚，后移动双手向下手脚交替的方法。过程中教师强调活动的安全，攀爬过程中一定手要抓稳攀爬带，小脚蹬在攀爬带的中间不会滑，在移动脚时还要注意防止绳子勾住脚带来安全隐患。让幼儿反复练习，特别关注引导胆小幼儿克服恐惧心理大胆尝试。

2.游戏：小猴摘香蕉——掌握双手双脚交替向上向下攀爬的动作要领

（1）游戏玩法：将幼儿分两组，音乐响起幼儿依次出发攀爬到斜坡顶摘一个香蕉从三角岩另一面返回起点再出发，鱼贯而行，音乐停游戏结束，老师和小朋友一起数香蕉分享喜悦。

（2）教师重点指导幼儿手脚交替上下三角岩的方法，鼓励勇敢坚持的小朋友。指导幼儿游戏中注意安全，耐心等待前面的小朋友完成任务后再出发，不拥挤推拉。

（三）结束部分

（1）小结：表扬活动中小朋友勇敢坚持，让幼儿喜欢攀爬活动。

（2）放松活动：教师带领幼儿在音乐中放松手臂和双腿。

（撰写：张义容）

小班攀的游戏：小老鼠攀梯子

一、活动目标

（1）能够交替使用双手双脚爬上 60 度单梯。（2）愿意积极参加攀爬梯子的游戏。（3）能不怕困难坚持游戏。

二、活动准备

（1）经验准备：有爬楼梯的经验。

（2）自备材料：单梯 3 个、轮胎 9 个、软垫 3 张，小老鼠头饰若干

游戏场地（轮胎个数可根据幼儿实际情况增加）：

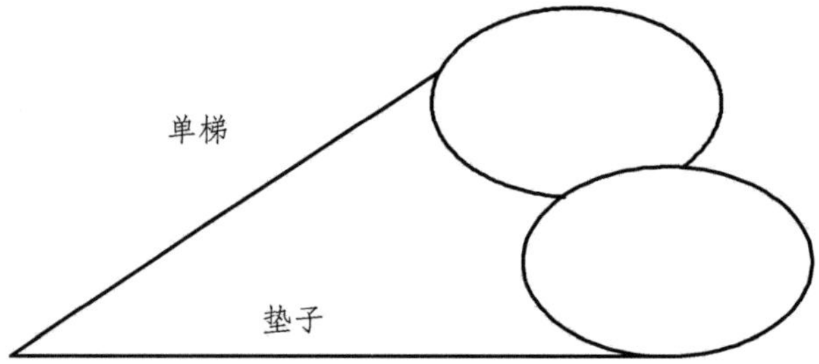

三、活动过程

（一）准备部分

教师带领幼儿边念儿歌边做准备运动，重点活动手臂和腿部。

手腕摇一摇，颈部转一转；肩膀耸一耸，手臂来伸展；手肘抬一抬，臀部撅一撅；小腿踢一踢，腰部扭一扭；膝盖弯一弯，脚踝转一转。

（二）基本部分

1.游戏：自由攀——攀梯子体验，减轻幼儿对爬梯子的恐惧心理，自由探索向上攀梯子的方法

（1）游戏玩法：幼儿分成三个组，到指定场地开始自由往上爬梯子（一个轮

胎的坡度），等所有幼儿尝试之后，将轮胎加至两个，幼儿继续自由探索。提问幼儿：你们是怎样爬上梯子的？让幼儿总结爬梯子的动作要领。

（2）教师重点指导：攀爬梯子时，身体正对梯子，双手抓住同一根横杠，双脚先后登上一根横杠，再伸手抓上面一根横杠，脚交替往上爬。鼓励并保护害怕的幼儿大胆尝试。

2.游戏：小老鼠攀梯子——练习双手双脚交替攀爬梯子的动作要领

（1）游戏玩法：以小老鼠爬梯子的口吻将幼儿分成两组，排队依次练习攀爬60度的梯子。

（2）教师重点指导幼儿有意识地交替使用脚和手，掌握手脚交替攀的正确节奏。教师观察幼儿活动情况，可调整梯子的长度和坡度来加强攀的难度，也可以根据幼儿的能力分难度层次不同进行。

（三）结束部分

（1）小结：为每一位参与游戏的幼儿点赞，对他们的勇敢进行肯定，表扬一直在努力往梯子高处爬的幼儿。

（2）放松活动：教师带领幼儿做放松运动，重点放松手臂和双腿。

（撰写：张义容）

中班攀的游戏：小猴攀岩

一、活动目标

（1）能手脚协调地攀爬上距地面 2.5 米高度的攀爬墙，提高上肢臂力。（2）面对攀爬墙有不怕困难、勇于挑战的精神。（3）活动中注意自我保护，并遵守游戏的规则。

二、活动准备

高 2.5 米的攀爬墙，软垫若干，无纺布自制的椰子若干，音乐。

三、活动过程

（一）准备部分

（1）准备活动：随音乐进行准备活动，重点活动四肢。

（2）情境导入：小猴子要跟随妈妈学习新本领了。

（二）基本部分

1.游戏：小猴学爬高——学习向上攀岩的动作：面朝攀爬墙，双手指交替紧扣凸起处，双脚内侧贴墙横向踩在凸起处，交替踩稳蹬脚移动身体向上攀爬

（1）游戏玩法：幼儿分散于攀爬墙处进行攀爬练习，墙下设置软垫，幼儿在攀爬过程中注意手脚协调并用，交替向上攀爬。

（2）在幼儿练习攀爬的过程中，教师重点引导幼儿双手抓稳支撑身体重心，双脚内侧靠墙横向踩稳，借助蹬力带动身体向上攀爬。老师提醒幼儿下来时注意安全。表扬和鼓励幼儿大胆地反复练习攀爬。

2.游戏：小猴摘椰子——巩固攀爬动作技能

（1）游戏玩法：攀爬墙不同高度位置放置自制椰子道具。幼儿沿着攀爬墙向上攀爬摘椰子，摘到后丢到地上，然后下来将椰子捡回篮子里，每个小猴子只能摘一次。

（3）教师重点指导幼儿在攀爬中注意身体的支撑和四肢协调移动。脚踩凸起处时尽量横踩，增加脚掌与支撑点的接触面，稳定住身体。

3.游戏：小猴摘椰子 2——在上下攀爬中尝试练习横向移动

（1）游戏玩法：幼儿分成 2 组，每次 2~3 个幼儿同时进行游戏。音乐响起，幼儿沿着攀爬墙向上攀爬摘椰子，摘到后丢到地上，可挑战继续再摘一个椰子然后再下来，下一名幼儿接力向上攀摘椰子，循环进行，音乐停止，比比哪组果子摘得多。

（2）游戏中，老师鼓励幼儿摘下一个后，横向移动摘其他位置的椰子，重点引导幼儿在移动中注意控制四肢协调，保持身体支撑的稳定性。

（三）结束部分

（1）小结：表扬幼儿坚持完成任务和挑战，感受攀爬游戏成功的快乐。

（2）放松活动+：幼儿跟随音乐进行放松活动，重点放松四肢。

（撰写：徐文婷）

中班攀爬游戏：攀过小山

一、活动目标

（1）能手脚协调地攀过高 1.5 米的攀爬网，提高四肢的灵活性、协调性和平衡感。（2）能控制自己的身体进行攀爬活动，体验成功攀爬的快乐。（3）活动

中注意自我保护，并遵守游戏的规则。

二、活动准备

长宽高均为1.5米的“人”字攀爬梯网2个，软垫4块，音乐。

三、活动过程

（一）准备部分

（1）准备活动：随音乐进行准备活动，重点活动四肢。

（2）保育老师进行器械准备：2个梯网分别架在场地中间，梯网前后铺设软垫。

（二）基本部分

1.游戏：攀登小山——学习在绳梯上攀爬的动作技能

（1）游戏玩法：幼儿分成2组在攀爬网前有序进行自由攀爬。

（2）教师重点引导幼儿掌握双手交替抓握绳网支撑身体重心，双脚交替踩绳网格底部蹬绳，移动身体向上攀爬，在绳网轻微晃动时能够稳定身体持续向上攀爬。表扬和鼓励幼儿大胆进行攀爬。

2.游戏：攀过小山——巩固攀爬动作技能，在熟练的基础上增加攀爬难度

（1）游戏玩法：幼儿攀爬上“人”字梯网顶端后翻过顶端，从梯网另一面爬下。

（2）教师鼓励幼儿在攀爬中大胆翻过梯网，控制身体，灵活平稳地上下梯网，大胆翻越梯网。表扬幼儿坚持完成攀爬和不怕攀爬困难的精神。

（三）结束部分

（1）小结：表扬幼儿坚持完成任务和攀爬挑战，感受攀爬游戏成功的快乐。

（2）放松活动：幼儿跟随音乐进行放松活动，重点放松四肢。

（撰写：徐文婷）

中班攀爬游戏：助跑攀登

一、活动目标

（1）用助跑的方式攀登上高1米的软垫以及软垫搭建的斜坡，体验攀登的快乐。（2）提高攀登的勇气和自信心，增强运动能力。（3）活动中注意自我保护，

并遵守游戏的规则。

二、活动准备

长1.5米、宽1米、厚20厘米的软垫10块、音乐、平衡木、攀爬认知网。

三、活动过程

（一）准备部分

（1）准备活动：随音乐进行准备活动，重点活动四肢。

（2）保育老师进行器械准备：将4块软垫重叠高，叠2处；另外2块软垫备用。

（二）基本部分

1.游戏：攀登小能手——学习攀越一定高度（60厘米）的障碍物

（1）游戏玩法：幼儿分成2组进行攀登软垫的练习，教师和保育老师一人指导一组，并固定住软垫，关注幼儿的安全。

（2）教师重点指导幼儿攀软垫的方法：一只脚先搭在软垫上，手臂用力支撑身体登上软垫。鼓励手臂力量小的幼儿连贯攀登动作，一鼓作气爬上去。

2.游戏：助跑攀登——巩固攀登技能，初步掌握助跑攀登的方法

（1）游戏玩法：教师示范助跑攀的动作要领：助跑，利用助跑的冲劲双手撑软垫，起跳抬腿攀登上软垫，然后从另一面轻轻滑下。循环练习。让幼儿分组循环练习，教师做好保护。

（2）教师重点引导幼儿利用助跑的冲劲进行连贯的攀登动作练习，鼓励幼儿大胆地进行攀登练习并给予表扬。

3.游戏：翻山越岭—— 巩固助跑翻过软垫的技能，加强动作的灵活性

（1）游戏玩法：幼儿接力取小旗。从起点出发助跑攀过软垫，走过平衡桥，爬到人字攀爬网上取一面小红旗返回起点，第二名小朋友接力出发。直至全部人完成任务。

（2）教师引导幼儿利用冲刺的惯性登高，表扬不怕困难完成攀登动作的幼儿。

（三）结束部分

（1）小结：表扬幼儿坚持完成任务和攀登挑战，感受攀登游戏成功的快乐。

（2）放松活动：幼儿跟随音乐进行放松活动，重点放松四肢。

（撰写：徐文婷）

大班攀的游戏：探险之旅

一、活动目标

（1）熟练掌握攀的技能，提高身体的灵活性。（2）有爱家乡的情感并进一步认识探险活动。（3）攀爬游戏中能大胆尝试，不怕困难，挑战自我。

二、活动准备

4米长竹梯、软垫若干、平衡木、塑料瓶做的拱门，场地上铺软垫。

三、活动过程

（一）准备部分

教师带领幼儿随音乐活动身体的各个关节，为游戏做准备。

（二）基本部分

1.游戏：爬长梯——练习攀爬能力，手脚协调、克服对高度的恐惧心理

（1）游戏玩法：将长梯一头放在高低不同的软垫上，让幼儿自由鱼贯练习爬竹梯，鼓励幼儿大胆尝试,尽量爬到高梯的顶部。

（2）重点指导：爬梯子时手脚要协调，同一方向的手先上、握牢，脚跟着上、踩稳，上完以后再换另一方向的手和脚。

2.游戏：探险之旅——游戏中提升攀爬能力

（1）游戏玩法：经过独木桥（平衡木）——钻山洞（过拱门）——爬高山（爬竹梯）——坐滑道下来（滑梯）

（2）重点指导幼儿的动作，帮助有需要的幼儿，鼓励幼儿大胆参与游戏，强调安全，不能推、拉、撞别人；不能争先恐后，要排队一个跟一个进行游戏。

3.游戏：探险比赛——竞赛中巩固攀爬能力

规则：在终点插上一面旗子，两组小朋友比赛，先到达终点夺下旗子者为胜。

（三）结束部分

（1）小结：“今天的探险活动就要结束了，小朋友玩得高兴吗？爬山可好玩了，有空和爸爸、妈妈一起也去爬爬山吧！”

（2）放松活动：听音乐做放松活动，游戏结束。

（撰写：杨婷婷）

八、平衡类运动游戏

【动作发展序列】“平衡”是一种运动能力，没有具体的要领与姿态，所以，我们拟出的是动作发展难度序列，包括“单脚站立”“闭目行走”“窄道移动”“旋转”这几个方面。

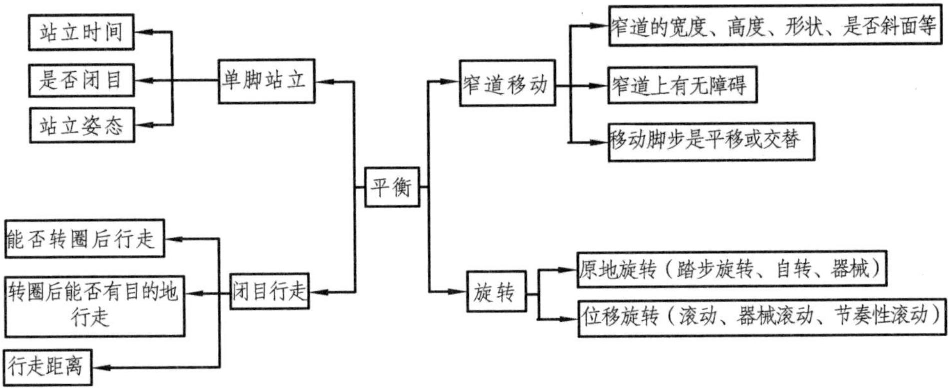

小班平衡游戏：走小路

一、活动目标

（1）能打开双臂保持平衡，平视前方两脚交替沿着直线协调走路。

（2）喜欢参与体育游戏，体验安全走过小路的快乐。

（3）能遵守规则，一个接着一个走。

二、活动准备

宽 10~15 厘米的笔直的小路，小红帽送蛋糕的音乐，圆形玩具。

三、活动过程

（一）准备部分

幼儿随教师一起做热身活动：请你跟我这样做，活动全身。

（二）基本部分

1.游戏：尝试走过小路——初步了解打开双手辅助平衡，平稳走过小路的方法

（1）游戏玩法：个别幼儿示范走的方法。教师示范：打开双手，平视前方，两脚前后交替，走过小路。幼儿再次练习。

（2）重点观察：幼儿是否打开双臂，平视前方，两脚前后交替。

2.游戏：不要踩到大蟒蛇——熟练地双手侧平举，两脚交替行走在小路上

（1）游戏玩法：分组再次练习，教师观察，个别指导，鼓励幼儿打开双臂，两脚前后交替。

（2）重点观察：是否两脚交替向前并打开双臂保持平衡,鼓励胆小害怕的幼儿。

3.游戏：送蛋糕——持物走，在干扰下能平稳走过

（1）游戏玩法：分两组多次反复游戏，提醒幼儿一手拿玩具，打开双臂，平视前方，两脚交替平稳走过小路。

（2）重点观察：幼儿是否都能打开双臂保持平衡，眼睛看着前方，两脚前后交替，安全地走过小路完成任务。

（三）结束部分：放松活动

（1）小结：表扬幼儿在不同的情况下都能保持平衡，平稳地走过小路。

（2）放松活动：幼儿与教师跟随音乐在游戏情境中进行放松运动。

（撰写：易洪红）

小班平衡游戏：过小桥

一、活动目标

（1）能在游戏中保持身体平衡，稳稳向前走过一定高度的平衡木。（2）积极参加游戏，体验稳稳走过小桥带来的成就感。（3）能有序地参与游戏，会一个接着一个走。

二、活动准备

10~15 厘米的直线小路，高约 20 厘米、宽约 20 厘米的平衡木，布袋沙包若干。

三、活动过程

（一）准备部分

幼儿跟随音乐做准备活动，活动全身，重点活动手臂以及下肢。

（二）基本部分

1.游戏：走小路——两脚交替走直线小路

（1）游戏玩法：幼儿依次走过宽为10~15厘米的小路。教师提醒幼儿动作要领：双脚前后交替，眼睛看着前方，双臂可打开或叉腰。

（2）重点观察：幼儿能否两脚交替平稳走过小路。及时表扬稳稳走过的幼儿。

2.游戏：走过小桥——练习打开双臂，两脚前后交替，稳稳走在平衡木上

（1）游戏玩法：请个别幼儿示范。教师小结动作要领：张开双臂，眼睛看前方，两脚前后交替才能稳稳走过。幼儿排好队依次练习，鼓励幼儿大胆尝试走过小桥。

（2）重点指导：幼儿能平稳走过小桥，个别指导不敢上桥和不会前后脚交替往前走的幼儿。

3.游戏：持物走过小桥——保持平稳走过小桥。

（1）游戏玩法：分两组多次反复游戏，教师提醒幼儿拿到布包后，打开双臂，眼睛看前面，两脚前后交替走过小桥。

（2）重点观察：幼儿是否有序排队并保持平衡过小桥,表扬成功过小桥的幼儿。

（三）结束部分

师幼在音乐游戏情境中进行放松运动，教师表扬克服害怕情绪、坚持完成的幼儿。

（撰写：易洪红）

小班平衡游戏：安全过小桥

一、活动目标

（1）能在一定高度的平衡木上跨过高度不一的障碍物并保持身体平衡，顺利通过。（2）积极参与游戏，感受挑战成功带来的成就感。（3）愿意大胆尝试、勇敢完成。

二、活动准备

高约 25 厘米的平衡木、牛奶盒子若干、玩具一篮。

三、活动过程

（一）准备部分

幼儿跟随音乐做准备活动，活动全身。

（二）基本部分

1.游戏：平稳过小桥——练习平稳过小桥的办法

（1）游戏玩法：幼儿练习走小桥——两脚交替向前。教师引导幼儿一起观察：谁用了什么办法平稳安全过小桥？

（2）重点指导幼儿平稳过小桥的办法：打开双臂或叉腰、两眼平视前方，两脚交替过小桥。

2.游戏：安全过小桥——练习跨过障碍物，平稳走过平衡木

（1）游戏玩法：桥上设置障碍，引导幼儿探讨：我们不能碰到它，应该怎么过去？请个别幼儿示范并小结后再次练习。

（2）重点指导：幼儿是否依次排队，提醒他们两脚前后交替，遇到障碍抬腿迈过去。个别指导不敢抬腿迈过障碍的幼儿，鼓励其大胆尝试。

3.游戏：持物走过小桥——练习在多重干扰下平稳走过平衡木

（1）游戏玩法：幼儿一手持玩具，走过有障碍的小桥，将玩具送到目的地后再返回，循环直至篮子里的玩具全部送完。

（2）重点观察：幼儿手持玩具迈过障碍后能否保持身体平衡继续向前双脚交替走过小桥。及时表扬成功完成的幼儿。

（三）结束部分

（1）小结：表扬勇敢完成任务的幼儿。

（2）放松活动：幼儿与教师跟随音乐在游戏情境中进行放松运动。

（撰写：易洪红）

小班平衡游戏：寻找宝藏

一、活动目标

（1）能双脚交替跨过障碍保持平衡，安全走过弯弯的小桥。（2）感受勇敢挑战、克服困难的成功感。（3）能等待前一个幼儿走到指定位置后再跟上，有序完成游戏。

二、活动准备

（1）物质准备：音乐，宽约 20 厘米的蛇形平衡木 2 条，宽约 15 厘米的之字形平衡木两组，高矮不一的障碍物。

（2）经验准备：能平稳走过平衡木。

三、活动过程

（一）准备部分

教师带领幼儿跟着音乐做准备活动。

（二）基本部分

1.游戏：跨越障碍 1——练习在障碍干扰下走蛇形平衡木

（1）师幼讨论：小桥上设置了障碍，我们应该怎么过去呢？幼儿尝试自己去走一走。教师小结方法后再次练习。

（2）重点观察幼儿走的时候遇到哪些困难，是否能双脚前后交替抬腿迈过障碍，并提醒幼儿等待前一幼儿走到指定位置后再上桥。

2.游戏：跨越障碍 2——练习在障碍干扰下走较窄的之字形平衡木

（1）游戏玩法：引导幼儿观察之字形小桥的特点。讨论这样的小桥应怎样过去。幼儿尝试走过之字形小桥，小结后再次尝试。

（2）观察幼儿在走的过程中抬腿迈过障碍的高度以及能否保持住身体的平衡继续双脚交替往前走。提醒幼儿小桥很窄，排队待前一幼儿走到指定位置后再上桥。

3.游戏：找到宝藏回家啦——再次练习平稳走过多重障碍平衡木

（1）游戏玩法：幼儿每人取一个宝藏，沿着刚才来的路，安全、有序回到家。

（2）重点观察：幼儿是否排队、有序、安全过小桥，及时表扬遵守秩序且平稳过障碍的幼儿。

（三）结束部分

随音乐做放松活动。表扬幼儿遵守规则，有序完成任务。

（撰写：易洪红）

中班平衡游戏：小兔过桥

一、活动目标

（1）能灵活地走过不同高度、宽度的平衡木，尝试走设有障碍的平衡木并保持身体的平衡。（2）积极参与体育游戏，大胆参与情景游戏。（3）知道一个一个依次玩，有自我保护意识。

二、活动准备

物质准备：宽约10厘米高约20厘米的木质平衡木两面（一面光，一面贴有小花儿朵）若干条；宽约15厘米高约20厘米的塑料平衡木2个；自制胡萝卜若干；自制房子、小猫胸饰一张；花的图片若干；自制蘑菇若干；大灰狼与小兔、小猫的胸饰各一。

经验准备：幼儿熟悉平衡木。

三、活动过程

（一）准备部分

随音乐做热身操，重点活动下肢。

（二）基本部分

1.游戏：过小桥——正面走过15厘米高、宽的平衡木

（1）游戏玩法：老师示范走过小桥，并念儿歌：“小兔小兔要过桥，张开双臂走过桥，心不慌，身不摇，一步一步走过桥。”从原路返回小兔的家，如果桥上还有小兔没走过来就等一等再上桥。

（2）重点指导：幼儿依次张开双臂走过平衡木，拔2个最喜欢的胡萝卜放回家中的篮子里，老师及时表扬遵守规则的小朋友。

2.游戏：蹲走过小桥——正面蹲走过 10 厘米高、宽的平衡木

（1）游戏玩法：老师轻轻地蹲走过没有设置障碍物的平衡木，边走边念儿歌：“小兔小兔要过桥，抱一抱，心不慌，身不摇，一步一步走过桥。”并拔 3 个胡萝卜放回小兔家的篮子。

（2）重点指导：幼儿抱住膝盖蹲走过小桥，只能拔 3 个胡萝卜回家。大灰狼在宝宝们第一次过桥快要拔完萝卜时醒来。老师赞扬幼儿过平衡木时的灵敏与勇敢。

3.游戏：走小路——走设有平面障碍的路面

（1）游戏玩法：老师扮兔妈妈带着小兔去看小猫，兔宝宝跟在兔妈妈身后一个跟着一个走过又窄又长小小路，老师指导幼儿观察并不要踩路上开的小花儿（平面障碍）。

（2）重点指导：观察幼儿是否能在“路变窄啦！路上有小花”的地方跨走过去，及时鼓励幼儿保持平稳跨走。

4.游戏：走过有障碍物的小桥——跨走有一定高度障碍的窄平衡木

（1）游戏玩法：小桥上设置了许多“毒蘑菇”（有约 5 厘米的高度），幼儿需跨过去保持好身体平衡前行，到河对岸去拔萝卜。

（2）重点指导：指导幼儿站稳后抬高脚迈过障碍，一个一个过桥拔萝卜后从小河边绕回来放入篮中，表扬遵守规则的幼儿，表扬他们勇敢战胜了大灰狼。

（三）放松部分

（1）小结：表扬幼儿掌握了本领，能够稳稳地跨过障碍，走过桥。

（2）放松活动：随音乐做放松活动。

（撰写：李婷婷）

中班平衡游戏：搭桥小能手

一、活动目标

（1）提高身体的平衡性和稳定性，平稳攀爬过综合材料路线。（2）体验成功搭建桥路、保持平稳的成就感与喜悦。（3）能协同合作、互帮互助，共同在游

戏中进行策划和动手搭桥。

二、活动准备

材料准备：红色平衡木 2 个、平衡板 20 块、四分之一圆四幅、大龙球一个、音响 1 个、音乐《快乐 Gogogo》。

三、活动过程

（一）准备部分

随音乐做热身活动，活动头部、上肢、身体、下肢，重点活动四肢。

（二）基本部分

1.游戏：搭建桥梁——合作搬运组建桥梁

（1）游戏玩法：幼儿用平衡板进行拼接，看看能搭出几种桥，小朋友互相帮助，一起通过这些桥。小朋友分四组，每组 5 人，各有一副平衡木或者 5 块平衡板、四分之一幅圆。用小组内所有的材料搭建一座桥。

（2）重点指导：幼儿是否能与同伴共同友好商量、合作，将材料组建成一座桥。

2.游戏：齐心过桥——分组翻越桥梁

（1）游戏玩法：表扬幼儿完成了自己的桥梁，鼓励幼儿试一试自己的桥梁怎么样。幼儿依次走过搭建的小桥，保持身体的平衡。各组小朋友交换场地尝试以不同的动作通过不同的桥。

（2）重点指导：观察幼儿在过桥时的动作和身体平衡，注意关注幼儿的安全，表扬坚持通过的孩子。

（三）放松部分

（1）小结：表扬能够自始至终保持平衡的幼儿，并引导幼儿感受合作成功的喜悦。

（2）放松活动：随音乐做放松活动。

（撰写：李婷婷）

中班平衡游戏：好玩的椅子

一、活动目标

（1）能从平地向一定高度平衡过渡，在高20厘米凳子上变换身体动作，保持身体平衡。（2）有良好的反应能力和同伴合作能力，体验集体游戏的快乐。（3）有自我安全保护意识，知道通过控制肢体和躯干保持平衡。

二、活动准备

幼儿每人一把椅子、宽敞的场地、音乐。

三、活动过程

（一）准备部分

准备活动：头部、上肢、下蹲甩臂、纵跳、原地转圈。

（二）基本部分

1.游戏：会听信号的小小兵——椅下听口令做动作

（1）游戏玩法：幼儿分两组，坐到小椅子上面，踏步走。听老师口令做相应的动作。

当老师喊 1——幼儿从椅子上站起来　　当老师喊 4——幼儿在小椅子右面

当老师喊 2——幼儿要坐到小椅子上　　当老师喊 5——幼儿围着小椅子转圈

当老师喊 3——幼儿在小椅子左边　　当老师喊 6——两个幼儿交换位置

（2）重点指导：老师一次说两到三个数（比如 2、6 或 1、5），让幼儿迅速准确地做出动作。

2.游戏：勇敢的小小兵——椅上单个转体动作（此环节可以在后续平衡活动中继续开展）

（1）游戏玩法：老师和幼儿一起站到小椅子上，把两只胳膊伸直，用两只胳膊做向前、向后、向左、向右、向上、向下看齐的动作。幼儿再次站到小椅子上，放音乐，老师分别拍拍小朋友的背、胸，再摇摇小朋友，看一看谁能保持身体的平衡。

（2）重点观察：幼儿是否能认真听清老师的口令并完成相应的动作，是否能在摇晃中努力保持身体的平衡。老师表扬坚持和注意力集中的孩子。

（三）结束部分

在放松音乐中进行身体的放松。

（撰写：李婷婷）

中班平衡游戏：好玩的椅子 2

一、活动目标

（1）能从平地向一定高度平衡过渡，在高 20 厘米凳子上变换身体动作和持物位移时，保持身体平衡。（2）有良好的反应能力和同伴合作能力，体验集体游戏的快乐。（3）有自我安全保护意识，知道通过控制肢体和躯干保持平衡。

二、活动准备

幼儿每人一把椅子、宽敞的场地、音乐。

三、活动过程

（一）准备部分

随音乐做热身活动，重点活动下肢部位。

（二）基本部分

1.游戏：小小兵运货物——平地持物疾走单脚站立

（1）游戏玩法：老师和幼儿手持椅子，在平地上进行运货物游戏，跟着音乐信号快走，当听到音乐停止时，停止动作并单脚站立。

（2）重点指导：当音乐停止时，还可以变换口令，如站在椅子上、站在椅子左边、围着椅子转圈、和朋友交换椅子等。表扬反应灵敏的幼儿。

2.游戏：团结的小小兵——小组合作椅上传椅子

（1）老师分别给两队第一个小朋友一把小椅子，幼儿听音乐传椅子，直到传给最后一名幼儿，摆好椅子后，幼儿向前移动一个椅子的位置，接着传递第一把空余的椅子。以此类推，看哪一队幼儿先到达终点。

（2）重点指导：老师可以调整终点椅子的位置，让孩子连续传递。表扬孩子团结合作的游戏精神。

（三）结束部分

（1）小结：评价小小兵在椅子上勇敢、团结、并且注意保持身体平衡让自己安全的品质。

（2）放松活动：在放松音乐中进行身体放松。

（撰写：李婷婷）

大班平衡游戏：小马运粮食

一、活动目标

（1）能头顶沙包平稳地走过高 20 厘米左右的轮胎，尽量保持沙包不掉落。（2）喜欢参加小马运粮食的游戏，体验帮助别人的乐趣，在游戏中找到成就感。（3）遵守游戏规则，按要求依次走过小河。

二、活动准备

平衡木、梅花桩 12 个（两梅花桩间距建议是 20 厘米或 25 厘米）、轮胎 12 个、粮食（约 50 克的沙包）

三、活动过程

（一）准备部分

在“小马起床”情境中充分活动四肢，设置情景为小兔子和小猫送粮食。

（二）基本部分

1.游戏：走过平衡木——尝试并掌握头顶沙包走平衡的方法

（1）游戏玩法：幼儿依次头顶沙包走过平衡木，尽量保持身体平衡不让沙包掉落。注意小手不能扶住沙包。

（2）重点指导：教师提示小朋友眼睛向前下方看，两手侧平举，慢慢向前走。及时表扬有进步的幼儿，培养幼儿自我效能感。

2.游戏：走过梅花桩小路——练习头顶沙包走平衡的技能

（1）游戏玩法：幼儿依次头顶沙包走过有高度的梅花桩小路。

（2）重点指导：两梅花桩之间的间距建议是 20 厘米和 25 厘米。教师注意引导幼儿大胆挑战迈步，过程中注意保持身体平衡。

3.游戏：穿越轮胎——巩固头顶沙包走平衡的技能。

（1）游戏玩法：幼儿依次头顶沙包走过稳定性较差的轮胎小路。

（2）指导要点：教师注意观察幼儿走过轮胎的方式并进行交流分享，鼓励幼儿自主探索思考平稳的方式。

4.游戏：不一样的小路——练习巩固平衡技能

（1）游戏玩法：幼儿自由选择不同小路以头顶沙包的方式通过。

（2）指导要点：鼓励幼儿挑战不同难度，提升幼儿自我效能感。

（三）结束部分

（1）小结：表扬在活动遵守规则的幼儿，提升幼儿自我效能感。

（2）放松活动：幼儿随着音乐放松四肢。

（撰写：唐路林 何巧）

大班平衡游戏：自转走小桥

一、活动目标

（1）能按要求原地自转5圈后在地面直线及平衡木上较平稳地行走，掌握保持身体平衡的方法。（2）积极参加游戏，有一定团队荣誉感。（3）能遵守游戏规则，有秩序地进行竞赛游戏。

二、活动准备

3个小动物家的图示、呼啦圈做自转点、平衡木、音乐

三、活动过程

（一）准备部分

幼儿随音乐充分活动四肢。

（二）基本部分

1.游戏：大家一起转转转——初次尝试原地自转，对旋转有一定感性经验

游戏玩法：请幼儿认清前后左右4个方向的“标志物”——3个小动物的家。然后师请小朋友原地自转。师发口令：“小鸡家！”幼儿停止转动，停下时面对小鸡家为胜利！重复游戏，师改变幼儿转动停止的方向。

2.游戏：自转走地面小路——增加任务，原地自转后走地面直线和身体平衡能力

（1）游戏玩法：幼儿分成两队，依次从起点出发，自转点自转5圈后沿着地上的直线走，到达终点，保持身体平衡。幼儿分组依次走，直到所有幼儿走完。

（2）重点指导：教师重点观察和保护个别幼儿，防止旋转后眩晕，注意提示幼儿转速不用过快。

3.游戏：自转走有高度的平衡桥——在游戏2的基础上增加高度和难度

（1）游戏玩法：幼儿排成队伍，依次分组由起点走到自转点，在自转点自转5圈后沿平衡木走向终点，保持身体平衡，完成则为胜利。

（2）重点观察：观察幼儿的活动情况，转圈数视幼儿情况做适当调整。

（三）结束部分

（1）小结：表扬能合作完成任务的小组，提升幼儿自我效能感。

（2）放松活动：师幼一起听着音乐放松全身。

（撰写：徐文婷 何巧）

大班平衡游戏：蒙眼走路

一、活动目标

（1）能在椅子上蒙眼行走，有一定的身体控制能力和平衡能力。（2）乐于参与蒙眼行走游戏，愿意为同伴提供帮助，体验成功的快乐。（3）能努力克服心理恐惧，在蒙眼状态下坚持完成挑战。

二、活动准备

眼罩、口哨、椅子、小球、彩旗。

三、活动过程

（一）准备部分

（1）听口令做动作，请全体宝贝起立，闭上小眼睛，听老师的口令做动作。

口令：用小手摸耳朵、鼻子、嘴巴，双手向上、向下、向前、小手藏起来。

（2）听声音找方向（用手指出老师在哪里）,提示幼儿不偷瞧。

（3）请小朋友们睁开眼睛，说说闭上眼睛这段时间的感觉。

小结：盲人走路时要注意，走路的速度要慢，要用手与脚感受周围的事物同时用耳朵聆听周围的声音。

（二）基本部分

1.游戏：蒙眼走地面直线路——体验闭目平地行走

（1）游戏玩法：幼儿分红黄两队，用小椅子摆成两条地面直线小路。小朋友分红黄两队蒙上眼睛走直线小路，到了尽头拿一个球，拿到的小朋友可以打开眼罩，将小球放回盒里，站到相应队线上为队友加油。胜利的一组得一面小红旗。没有犯规的一组得一面小红旗。

（2）重点指导：教师提示幼儿用盲人走路的方式探索，过程中重点引导胆小的幼儿，可肢体协助。

2.游戏：蒙眼走地面折线路——巩固闭目平地行走的平衡感知

（1）游戏玩法：同上，用小椅子摆成Z字形地面小路，提醒小朋友转弯，到了尽头拿一个球，拿到的小朋友可以打开眼罩。

（2）重点提醒：教师提示幼儿观察路线变化，用盲人走路的方式探索。

3.游戏：蒙眼合作走无缝隙平衡桥——体验闭目行走有一定高度的平衡木

（1）游戏玩法：幼儿两两结伴，一人负责指引，一人根据同伴的提示蒙眼走一定高度的平衡桥。

（2）重点指导：幼儿对有一定高度的蒙眼行走会比较恐惧，过程中教师要鼓励幼儿克服恐惧。引导幼儿思考一些克服恐惧的方法。如：用脚试探路，身体站稳不要慌张，走之前眼睛看一看数一数路线等。

（三）结束部分

（1）小结：引导小朋友回顾今天的挑战，请小朋友说说现在在地面上和在椅子上有何不同感受，表扬今天大胆克服恐惧的小朋友。

（2）放松活动：师幼一起听着音乐放松全身。教师带着小朋友在平地上蒙眼开火车，进一步感受盲人的世界。

（撰写：何巧）

九、投掷类运动游戏

【动作发展序列】投掷分为上手投掷和下手投掷，二者在运动活动中通常交替连续进行，互相区别，互为辅助。在如下序列中，左边为动作发展要领序列，右边向为难度序列。

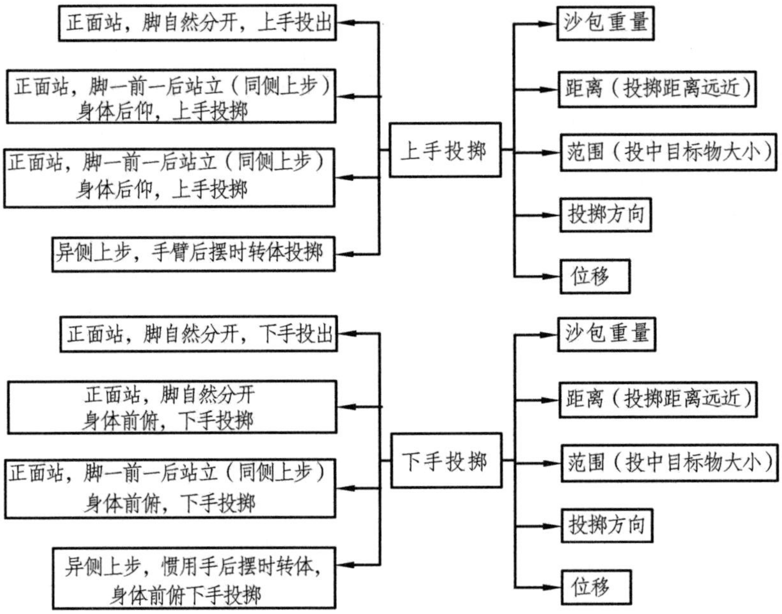

【年龄发展目标】

上手投掷	
手臂后摆，准备投球；手臂后摆时转体，非投球一侧朝墙；非惯用脚向前跨一步；投球后，投球手放至异侧	
小班	同侧上步，手臂有意识上举，呈投掷动作；身体“组块”转体
中班	异侧上步，手臂向后上引，出现投掷动作，身体“组块”转体；投掷距离明显增加
大班	手臂后摆，准备投球；手臂后摆时转体，非投球一侧朝墙；非惯用脚向前跨一步；投球后，投球手放至异侧

下手投掷	
惯用手后摆，准备投球；异侧上步；采用下手投掷；	
小班	异侧上步，下手投掷
中班	异侧上步，惯用手后摆，下手投掷
大班	异侧上步，惯用手后摆，下手投掷；投球后手臂跟随至体前；投掷距离增大

小班上手投掷游戏：投食长颈鹿

一、活动目标

（1）能够惯用手上举，用力将沙包投过目标线。（2）体验投过目标线的成功，当投掷不成功时愿意在老师的引导下“再试一次”。（3）能够在投掷线后投掷，并遵守游戏的规则。

二、活动准备

沙包（幼儿人均4个），距起点1.5米和2米的投掷目标线（高约50厘米）四根，具有一定高度的投掷起点线，装满沙包的大篮子三个，长颈鹿图片四张粘贴在两条目标高度线上，长颈鹿配音音频“谢谢小朋友们，真好吃”，小贴纸。

游戏场地：

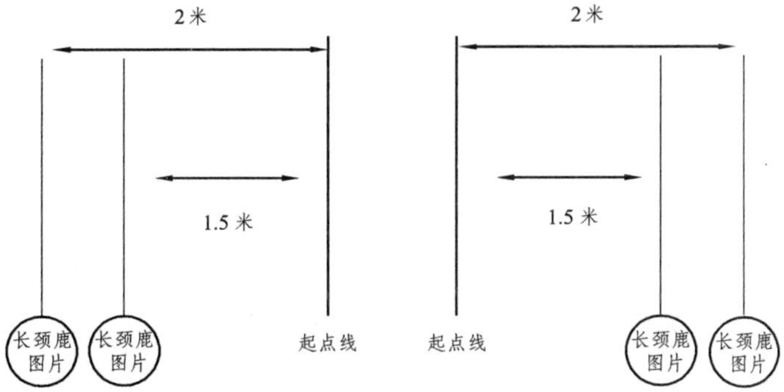

三、活动过程

（一）准备部分

（1）准备活动：随音乐进行准备活动，重点活动上肢。

（2）情境导入：幼儿需要给长颈鹿送食物，但长颈鹿的家很远，需要练习才能将食物投送给长颈鹿。

（二）基本部分

1.游戏：投送本领练习——感知上手投掷的动作：双脚分开，惯用手持物，上举将手中物投出

（1）游戏玩法：老师用上手投掷的方式先给长颈鹿投送“食物”（沙包）。老师投掷后，播放长颈鹿音频，老师捡回沙包，让幼儿感知如何给长颈鹿投送“食物”，并引导幼儿空手练一练给长颈鹿投送“食物”的本领。

（2）在幼儿练习投掷本领的过程中，老师重点引导幼儿惯用手上举投出，并鼓励幼儿练好本领给长颈鹿投送食物，得到长颈鹿的感谢。

2.游戏：投食长颈鹿——幼儿探究上手投掷的动作

（1）游戏玩法：幼儿分两组背对而站，将“食物”（沙包）投掷给长颈鹿（目标线距投掷线 1.5 米），投出后在篮子里继续拿沙包进行投掷。当沙包全部投掷完后，播放长颈鹿音频。音频播放完后，请幼儿将沙包捡回。

（2）幼儿进行投掷游戏，当投掷没有成功时，老师鼓励：手举高，用力投掷。

3.游戏：投食长颈鹿 2——练习引臂向上用力投掷，体验投过目标线的成功

（1）游戏玩法：与游戏 2 相似，幼儿分两组背对而站，将“食物”（沙包）投掷给长颈鹿（目标线距投掷线 2 米），投出后在篮子里继续拿沙包进行投掷。当沙包全部投掷完后，播放长颈鹿音频，并赠送长颈鹿的礼物（小贴纸）。

（2）游戏中，老师重点引导幼儿引臂向上用力投掷，鼓励幼儿通过再一次的尝试，用力投掷，并及时表扬和展示通过上手投掷投过目标线的幼儿。

（三）结束部分

（1）小结：表扬幼儿通过不断练习最终获得成功，引导幼儿为习得新本领（上手投掷）而骄傲，引导幼儿感受到帮助他人的快乐。

（2）放松活动：幼儿跟随音乐进行放松活动，重点放松上肢。

（撰写：周莹）

小班下手投掷：投食小兔子

一、活动目标

（1）能够用下手投掷的方式将沙包投过目标线。（2）体验投过目标线的成功，知道没有投掷成功时可以通过不断地游戏和尝试来获得成功。（3）遵守游戏的规则，知道在投掷线后进行。

二、活动准备

沙包（幼儿人均4个），距离起点1.5~2米的投掷目标线（高度约70厘米，距离起点线的距离可依据幼儿的实际水平而定），平面投掷起点线，投掷手位线，兔子图片两张粘贴在两条目标高度线上，兔子配音音频“谢谢小朋友们，真好吃”，小贴纸。

游戏场地：

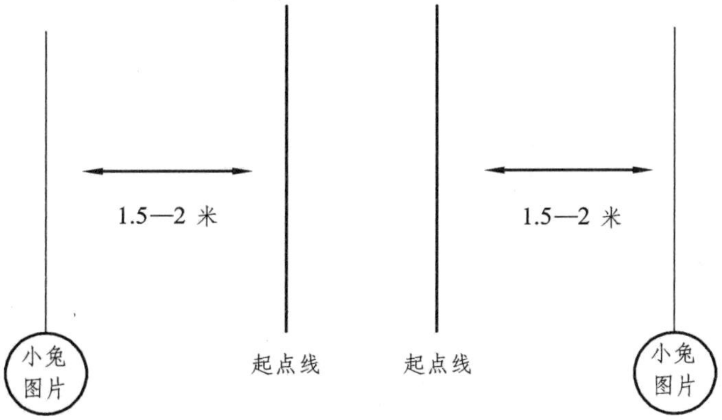

三、活动过程

（一）准备部分

（1）准备活动：带领幼儿进行准备活动，重点活动上肢。

（2）情境导入：上次给长颈鹿投送了食物，这次需要给小兔子投送食物。小兔子矮矮的，所以需要换一种方式才能将食物投送给小兔子。

（二）基本部分

1.游戏：我的新本领——引导幼儿感知下手投掷，感知惯用手由下向上投出的动作要领

（1）游戏玩法：老师用下手投掷的方式将食物（沙包）投给兔子，投掷时强调投掷的手不能高过投掷手位线。老师投掷后，播放兔子音频，老师捡回沙包，让幼儿感知给小兔子投送食物和给长颈鹿投送食物的区别，并引导幼儿空手练一练给小兔子投送食物的本领。

（2）游戏中，老师强调幼儿在进行下手投掷的时候要小手不能高过投掷首位线，不然小兔子吃不到，并及时表扬和展示下手投掷本领练习较好的幼儿。

2.游戏：投食小兔子——幼儿探索下手投掷中手臂由下向上投掷的动作

（1）游戏玩法：幼儿分两组背对而站，将食物（沙包）投掷给兔子（目标线距投掷线 1.5~2 米，具体依据幼儿的实际情况而定），投出后在篮子里继续拿沙包进行投掷。当沙包全部投掷完后，播放兔子音频。音频播放完后，请幼儿将沙包捡回。

（2）在游戏中，老师着重观察幼儿是否使用下手投掷的方式，强调投掷时幼儿的小手不能超过投掷手位线；当个别幼儿投掷没有成功时，老师鼓励：再次尝试。

3.游戏：小兔子快快吃——能够用惯用手由下向上用力投掷

（1）游戏玩法：幼儿在小兔子没有吃饱还需要食物的游戏情境下，再次重复之前游戏中的投掷练习。

（2）游戏中，老师重点观察幼儿是否是用下手投掷的方式进行投掷，并及时表扬能用下手投掷的方式投过目标线的幼儿。

（三）结束部分

（1）小结：表扬幼儿通过不断练习获得新本领，帮助了小兔子；并通过向幼儿分发小兔子的感谢贴纸引导幼儿感受帮助他人的快乐。

（2）放松活动：引导幼儿在音乐中进行放松活动，重点放松上肢。

（撰写：周莹）

小班上手投掷游戏：打怪兽

一、活动目标

（1）尝试采用脚一前一后的站姿进行上手投掷，并能通过身体带动手臂，将手上的沙包用力向前投出。（2）能够坚持不断地尝试，感受到投中目标的成功感。（3）遵守在投掷线后投出沙包将怪兽打倒的活动规则。

二、活动准备

沙包幼儿人手 4~5 个，装沙包的大篮子四个，可以滑动的大“怪兽”8 个（怪兽具有一定的高度，且目标较大，以便引导幼儿在投沙包时能够向前上方投掷，幼儿分两组投掷时一组投掷四个怪兽），异侧脚在前、同侧脚在后的隐形指导标志（一前一后的脚印贴）。

三、活动过程

（一）准备部分

（1）准备活动：以“寻找怪兽”为情境引导幼儿围绕场地四周进行跑步等，重点活动上肢。

（2）游戏背景：用沙包武器去打怪兽。

（二）基本部分

1.游戏：自由打怪兽——幼儿练习身体后仰带动手臂进行上手投掷

（1）游戏玩法：幼儿分两组呈一字横排站在投掷线上，怪兽距投掷线 2 米左右；幼儿面对怪兽站立，身后为放沙包的篮子，方便幼儿随时拿取。在音乐声中，幼儿以怪兽为目标进行上手投掷。

（2）游戏中，老师重在引导幼儿上手投掷，朝怪兽方向（前上方）投，并引导幼儿采用投掷秘诀“把手拉得长长的”。待怪兽走后（配班老师移动走怪兽），幼儿合力把沙包捡回。

2.游戏：合力打怪兽——幼儿练习脚一前一后，身体后仰带动手臂上手投掷

（1）游戏玩法：以“怪兽没有被打倒，现在需要孩子们一起努力”为情境引导幼儿进行游戏。老师口令引导：立正（幼儿立正）；小手准备（幼儿拿好沙包，手拉得长长的）；小脚准备（两脚一前一后站立）；GO（幼儿投掷）。如此反复引导幼儿采用两脚前后站立的站姿进行投掷。待怪兽走后（配班老师移动走怪兽），幼儿合力把沙包捡回。

（2）老师观察幼儿是否以异侧脚在前、同侧脚在后站立的站姿进行投掷。

3.游戏：打升级怪兽——投掷缓慢移动的目标，体验获胜的成功

（1）游戏玩法：每组固定的 4 个怪兽变为了一个连在一起的移动怪兽，配班老师和老师分别推着两组的怪兽横移行进，幼儿在老师的引导下做好手和脚的准备，待怪兽移动到自己的投掷范围时便开始投掷。幼儿手上沙包投出了就立刻去篮子里拿沙包再投出。沙包打到怪兽身上会发生声音，听到声音就表示自己的沙

包击中了怪兽（提供声音引导幼儿进行投中的自我检查），最后怪兽倒下，幼儿获胜。

（2）过程中，老师重点关注幼儿是否异侧脚在前、同侧脚在后站立；引导幼儿通过听声音进行自我检查；最后怪兽倒下，老师和幼儿一同庆祝胜利。

（三）结束部分

（1）小结：引导幼儿对打怪兽的本领进行自我总结（老师说“小手准备”，幼儿做出动作，老师说“小脚准备”，幼儿做出动作），引导幼儿感受打倒怪兽获得胜利的喜悦与成功。

（2）放松活动：在庆祝胜利的喜悦中进行放松活动，重点放松上肢。

（撰写：周莹）

小班上手投掷游戏：小火箭发射

一、活动目标

（1）能够采用异侧脚在前，同侧脚在后的站姿进行上手投掷，并能通过身体带动手臂，非惯用手手指目标，将手上的沙包用力向前投出。（2）能够在尝试中不断地挑战自己，投得更远（3）遵守“用非惯用手手指投掷方向投掷”的活动规则。

二、活动准备

沙包幼儿人手 4~5 个，装沙包的大篮子四个，不同距离的投掷目标线（1.5 米、2 米、2.5 米）用三种不同的颜色表示，并分别位于三个不同的方向，以便幼儿自主选择投掷区域投掷，音乐。

三、活动过程

（一）准备部分

准备活动：随着音乐重点活动上肢，并加入上手投掷的投掷动作，在准备活动中通过动作引导幼儿回忆上手投掷的动作要领。

（二）基本部分

1.游戏：小火箭发射——投掷不同的远近距离，逐渐加大投掷的难度

（1）投掷目标 1.5 米。

游戏玩法：幼儿分两组横排站立在距离目标线为 1.5 米的投掷起点线上，小

脚小手准备好，老师引导幼儿用非惯用手手指火箭发射的方向，并说“小火箭，发射”，幼儿用力投掷出沙包。

投掷出后，老师请幼儿观察是不是所有的“小火箭”都投掷过了目标线。（1.5米对于小班幼儿来说较容易，基本所以幼儿都能投掷过线。）

（2）投掷目标 2 米。

游戏玩法：幼儿再次手拿一个沙包，分两组横排站立在目标线距离为 2 米的投掷起点线上，配班老师此时收集幼儿刚在 1.5 米处投掷的沙包。老师同样引导幼儿小脚小手准备好，老师说“小火箭，发射”，幼儿用力投掷出沙包。投掷出后，老师请幼儿观察是不是所有的“小火箭”都投掷过了目标线。

在游戏中，老师请幼儿反复练习，待沙包全部投完后，请幼儿观察投掷过线沙包的数量，引导幼儿回忆投掷秘诀（小脚小手的准备状态），并告知幼儿，接下来小火箭将飞得更远。随后，请幼儿将沙包全部捡回篮子。

（3）投掷目标 2.5 米。

游戏玩法：幼儿分两组横排站立在距离目标线为 2.5 米的投掷起点线上，引导幼儿小脚小手准备好，老师说“小火箭，发射”，幼儿用力投掷出沙包，老师引导幼儿反复练习。

老师引导幼儿看一看是否所有小火箭都飞过了目标线，并对没有投掷过目标的小火箭说，让它的小主人要加油练习，争取把它投过目标线。（之后幼儿将沙包全部捡回。）

2.游戏：小火箭能飞多远——幼儿自主选择投掷距离进行挑战，提升运动的自我效能感

（1）游戏玩法：请幼儿自由选择目标线进行小火箭的投掷，如果沙包投过目标线，则返回篮子处重新拿沙包；如果没有投过目标线，则将沙包捡回再次尝试。

（2）在幼儿自由投掷的过程中，教师强调幼儿的脚要一前一后站立，非惯用手手指方向，惯用手拉长进行投掷；并对多次未投过目标线的幼儿进行个别引导，鼓励其不灰心，多次尝试。

（三）结束部分

（1）小结：询问哪些幼儿的小火箭飞过了最远的目标线，并引导所有幼儿进行点赞；对于没有投过最远目标线的幼儿也进行鼓励，保护他们下次运动的自信心。

（2）放松活动。

（撰写：周莹）

小班下手投掷游戏：高高飞起的火箭

一、活动目标

（1）能够采用异侧脚在前，同侧脚在后的站姿进行下手投掷，并能通过身体带动手臂，将手上的沙包用力向前上方投出。（2）体验火箭飞高、飞远的乐趣，愿意不断地尝试让火箭飞得更高、更远。（3）能够遵守由下往上投掷的游戏规则。

二、活动准备

幼儿人手一个沙包，投掷目标线 2 根（一根距起点线 2 米，一根距起点线 3 米），横幅或围栏一个，音乐。

三、活动过程

（一）准备部分

（1）准备活动：在音乐声中带领幼儿进行准备活动，重点活动上肢。

（2）情境导入：需要幼儿将自己的小火箭（沙包）发射出去，并引导幼儿回忆“小火箭飞高飞远”的秘诀（之前投掷上手秘诀）：小脚一前一后，手臂拉长进行投掷。

（二）基本部分

1.游戏：火箭起飞——能由后下的方向向前上方进行下手投掷

（1）游戏玩法：老师通过小火箭从下面起飞的情境，引导幼儿小手从身体下方（老师示范）飞出去。幼儿分两组，分别站在投掷起点线进行下手投掷，目标线有 2 米远和 3 米远两根，幼儿能够通过目标线进行自我检查。

（2）游戏中老师观察幼儿是否采用下手投掷的方式，并邀请 2 名投过 3 米线的幼儿进行小火箭起飞的动作展示，引导幼儿感知下手投掷的秘诀：采用脚一前一后的站姿，惯用手往下手方拉长，非惯用手手指目标线，身体带动手臂投出。

2.游戏：火箭加速——幼儿以下手投掷的方式进行投掷练习

（1）游戏玩法：幼儿再次进行之前的游戏。

（2）老师着重引导幼儿用下手投掷的方式进行投掷，并对投过目标线的幼儿进行及时的表扬。

3.游戏：高高飞起的火箭——在材料的帮助下尝试下手投出抛物线

（1）游戏玩法：将幼儿分为两组，不同组的两名幼儿为一个小队，进行相互投掷的游戏。两组分别站在高一米左右横幅的两侧，二者距横幅均为 1.5 米左右。在音乐声中，幼儿同时进行下手投掷，让沙包越过横幅到另一边，对面的同伴捡到沙包再次扔过来。

（2）游戏过程中，老师重点观察幼儿下手投掷的动作，着重引导幼儿用力将沙包投过横幅。

（三）结束部分

（1）小结：表扬幼儿可以用不同的方式（下手投掷）将小火箭发射，引导幼儿用动作总结下手投掷的秘诀。

（2）放松活动：重点活动上肢。

（撰写：周莹）

中班上手投掷游戏：投食小动物 1

一、活动目标

（1）双脚能一前一后用力投掷，将沙包投过线。（2）体验投过目标线的成功，能在没投掷成功时加大力量。（3）有在起点线上投掷的规则意识。

二、活动准备

沙包（幼儿人手 5 个）；投掷目标线三条（有一定高度），分三个方向摆放；具有一定高度的投掷起点线；动物（兔子、大象、长颈鹿）图片粘贴在三条目标高度线上；装满沙包的篮子四个。

三、活动过程

（一）准备部分

（1）围着场地跑步热身。

（2）跟随音乐做准备活动，重点活动上肢。

（二）基本部分

1.游戏：给小兔送食物——探索两脚一前一后，引臂用力投掷

（1）游戏玩法：教师出示兔子目标线（距离投掷线 2 米），老师示范上手转

体投掷，并强调动作要领：引臂用力、双脚一前一后。幼儿练习，投出后在篮子里继续拿沙包进行投掷，当沙包全部投掷完后捡回。

（2）教师指导重点：必要时，老师进行个别指导，鼓励幼儿，并强调转体、用力，引导幼儿正确归因。

2.游戏：给大象送食物——能够两脚一前一后，尝试用力向前上方投掷

（1）游戏玩法：教师出示大象目标线（距离投掷线 2.3 米），幼儿投掷沙包，对于没有投过的，老师鼓励，强调沙包向前上方抛出。待沙包全部投掷完后捡回。

（2）教师指导重点：加大力量，投掷过线。

3.游戏：给长颈鹿送食物——能双脚一前一后，引臂用力向前上方投掷

（1）游戏玩法：出示长颈鹿目标线（距离投掷线 3 米）。投掷前，老师强调这次距离很远，并再次强调沙包出手时的位置。幼儿投掷沙包，师幼共同分析原因，并调整策略。待沙包全部投掷完后捡回。

（2）教师指导重点：双脚能一前一后用力投掷，沙包向斜上方投出，用力将沙包投过线。

4.游戏：大家一起来投食——根据不同需要来进行投掷

（1）游戏玩法：请幼儿自主选择给哪个小动物投食（投掷）。

（2）老师进行个别的引导和鼓励，并引导幼儿分析是否能够投远的原因，总结能够投远的方法。

（三）结束部分

（1）小结：根据幼儿自我效能感组织点评要点。

（2）放松活动：跟随音乐放松身体。

（撰写：孟稚琳）

中班下手投掷：投食小动物 2

一、活动目标

（1）能将惯用手向后摆动，异侧腿向前跨一步，带动身体发力，由下往前上投掷。（2）体验带动身体投过目标线的成就感。（3）有往空旷场地投掷的安全意识。

二、活动准备

沙包（幼儿人手 5 个），动物（兔子、大象、长颈鹿）图片粘贴在三条目标线上，装满沙包的大篮子四个。

三、活动过程

（一）准备部分

跟着音乐做准备活动，重点活动上肢，并加入下手投掷的动作要领，例如由下向上摆臂、屈膝等。

（二）基本部分

1.游戏：给小兔子投食物——惯用手由下向上投掷

（1）游戏玩法：出示兔子目标线（距离投掷线 60 厘米）,老师示范下手投掷，并强调动作要领：由下往上投掷。幼儿练习，投出后在篮子里继续拿沙包进行投掷，当沙包全部投掷完后捡回。

（2）教师指导重点：能将惯用手向后摆动。

2.游戏：给大象投食物——异侧腿向前跨一步

（1）游戏玩法：出示大象目标线（距离投掷线 80 厘米），教师示范异侧腿向前跨一步。幼儿投掷沙包，对于没有投过的，老师鼓励，并强调转体用力。待沙包投掷完后捡回。

（2）教师指导重点：完成投掷动作的时候，异侧腿能够向前跨一步。

3.游戏：给长颈鹿投食物——用惯用手由下向上，异侧腿向前跨出一步完成投掷动作

（1）游戏玩法：出示长颈鹿目标线（距离投掷线 100 厘米）。投掷前，老师强调这次距离很远，并再次强调转体动作。幼儿投掷沙包，重点放在幼儿动作的强化。待沙包投掷完后捡回。

（2）教师指导重点：能将惯用手向后摆动，异侧腿向前跨一步。带动身体发力，由下往前上投掷。

（三）结束部分

（1）小结：肯定并鼓励幼儿能够找到空地游戏的行为。

（2）放松活动：跟随音乐做放松运动。

（撰写：孟稚琳）

中班上手投掷游戏：沙包大作战

一、活动目标

（1）能将重心从后跟向前移动，带动身体发力完成投掷动作。（2）培养协同合作、团结一致的团队精神。（3）在奔跑时，注意躲避自己的同伴，防止碰撞。

二、活动准备

沙包 60 个（4 种颜色，每种颜色 20 个），箩筐若干（颜色和沙包匹配），直径为 2 米的圆圈各两个。

三、活动过程

（一）准备部分

（1）根据音乐活动四肢，加强上肢动作练习。

（2）小朋友 4 人一组，在欢快的音乐中，在老师的示范引导下进行上手投沙包的游戏。躲闪方若被沙包击中则下场，若接住沙包 1 次则得 1 分，且可挽救因被打中而下场的同伴 1 位。躲闪方全被打中下场后，角色转换，继续游戏。

（二）基本部分

1.游戏：看谁投得准——探索投准 2 米远的目标

（1）游戏玩法：选择场地，60 个沙包散落在场地中，1 个箩筐放在场地中央。教师示范慢动作投掷时，身体重心的变化。幼儿自主探索将沙包投进大箩筐的方法。

（2）教师指导重点：能够瞄准目标，用力向指定方向投掷。

2.游戏：看谁投得多——快速将沙包投进篮子

（1）游戏玩法：60 个沙包散落在场地中，小朋友分为 2 组站在直径 2 米的圆圈处投掷。每组 1 个箩筐放在场地中央，2 组小朋友同时进行抢沙包比赛（每人每次只能抢 1 个）。音乐结束游戏结束，比一比哪一组箩筐里的沙包多。

（2）教师指导重点：在快速跑动的时候，能够停下来，向着目标物投掷。

3.游戏：颜色对对碰——在有干扰的情况下，完成投掷动作

（1）游戏玩法：4 个篮筐分别放在 4 个圆圈的圆心处，幼儿站在指定的投掷线上将相同的颜色的沙包投回篮子里。音乐结束游戏结束，再比比哪组得分高。

（2）教师指导重点：认真观察，瞄准目标，能将重心从后跟向前移动，带动

身体发力完成投掷动作。

（三）结束部分

（1）小结：表扬幼儿不仅能够有力量地投掷，还能移动重心增加投掷的力量。

（2）放松活动：老师和幼儿在音乐中进行放松，重点放松上肢。

（撰写：孟稚琳）

中班下手投掷游戏：欢乐“保龄球”

一、活动目标

（1）在投掷时，身体重心能跟随动作移动，能比较连贯地完成下手投掷的动作。（2）感受下手投掷击中目标的喜悦。（3）能在遇到困难时，总结原因，坚持游戏。

二、活动准备

网球 20 个，1~10 号数字贴 2 套，空矿泉水瓶 40 个，音箱 1 个。

三、活动过程

（一）准备部分

在欢快的音乐中，每位小朋友 1 个网球，在面对墙约 5 米处站立。在老师的示范指导下，小朋友单手低手抛球，将球投向墙面，尽量使球能反弹回来。

（二）基本部分

1.游戏：学打保龄球——感知下手投掷击中目标

（1）游戏玩法：每位小朋友一个球一个矿泉水瓶，自由练习。

（2）老师重点观察幼儿动作是否连贯，点名表扬动作连贯并能投中目标的幼儿。

2.游戏：“保龄球”比赛——对自己能力的检查

（1）游戏玩法：4 组小朋友进行“保龄球”比赛，每位小朋友轮流低手掷网球一次，看看哪一组击倒的空矿泉水瓶更多。

（2）教师指导重点：幼儿身体重心跟随动作移动，连贯地完成下手投掷的动作。

3.游戏：谁先投中——挑战一次击中多个目标。

游戏玩法：场地同上，20 个空矿泉水瓶均匀摆放，每组轮流进行“保龄球”

比赛，每位小朋友掷 1 次，10 个网球全部掷完后，统一收回各自的网球，继续投掷，看看哪一组最先击倒全部的空矿泉水瓶。

（三）结束部分

放松活动“指鼻子”：幼儿从用食指指着自己的鼻尖开始，根据教师的口令，如“鼻子、眼睛、耳朵、嘴巴、下巴、额头”，用食指指向自己身上正确的部位。

（撰写：孟稚琳）

中班下手投掷游戏：赶跑灰太狼

一、活动目标

（1）在朝墙抛球时，触墙前球不落地。（2）乐于探索惯用手和腿协调的方法，感受参加集体活动的乐趣。（3）能坚持在安全区域投掷的规则。

二、活动准备

球（直径 10 厘米）、墙、灰太狼图片若干。

三、活动过程

（一）准备部分

（1）教师带领幼儿一路纵队跑步进入场地，在场地中听信号进行快跑、慢跑、绕障碍跑、连续跳的练习。

（2）跟着音乐活动全身。

（二）基本部分

1.游戏：扔炸弹——幼儿自由探索触墙前球不落地

（1）游戏玩法：幼儿自由投掷（下手），教师轮流指导。

（2）教师指导重点：朝墙抛“炸弹”，找到抛出“炸弹”的感觉。

2.游戏：投中灰太狼——熟悉掌握下手投准的方法

（1）游戏玩法：设置情景：“不好，我的探测仪接到信号了，在墙上老师悬挂了很多灰太狼的照片，我们可以用手上的球把灰太狼赶走，但是如果我们从肩上扔出炸弹，灰太狼很快就会发现。所以我们只能偷偷地把炸弹扔出去。”

（2）教师指导重点：右手后摆，异侧腿向前跨一步。朝墙面用力抛炸弹。炸弹不能落到地上，不然会爆炸哟！

3.游戏：灰太狼逃跑了——巩固下手投掷的方法

（1）游戏玩法：灰太狼在逃跑，把他吓到更远的地方。幼儿自由朝着更远的目标墙体投掷。教师指导幼儿手脚的协调性。

（2）教师指导重点：在朝墙抛球时，触墙前球不落地。

（三）结束部分

（1）小结：教师总结球不落地的方法：需要我们右手后摆，异侧腿向前跨一步。用力由下向上扔出炸弹。

（2）放松活动：赶走灰太狼后，大家跳舞庆祝。

（撰写：孟稚琳）

中班上手投掷游戏：羊羊大练兵

一、活动目标

（1）能在尝试移动重心的同时，转体发力向指定方向投掷；投掷动作完成后，手放在异侧。（2）体验挑战自己、投准投远的喜悦。（3）能有观察他人投准投远的良好习惯。

二、活动准备

沙包若干，1米高0.6米宽的灰太狼目标若干。

三、活动过程

（一）准备部分

幼儿扮演羊村里的小羊们，跟着《喜羊羊与灰太狼》音乐做热身运动。

（二）基本部分

1.游戏：我能打中灰太狼——投准3米远的目标

（1）游戏玩法：幼儿用沙包投中距离3米的灰太狼目标。

（2）老师鼓励幼儿瞄准方位才不会打偏。

2.游戏：灰太狼在撤退——练习移动重心转体，用力投准3米远的目标

（1）游戏玩法：灰太狼没有被打倒，请幼儿尝试用更大的力气进行投掷。其中，老师示范移动重心转体，并告知幼儿移动重心转体会让投掷的力气变大。随后，请幼儿采用这种方法加大投掷力气，尝试打倒灰太狼。

（2）游戏中，老师重点观察幼儿是否移动重心并转体，并鼓励幼儿采用这种方法增加投掷的力气。

3.游戏：小羊们大练兵——能用力投准4米远的目标

（1）游戏玩法：目标物（灰太狼）往后退了，幼儿需要采用移动中心并转体的方法，增加投掷的力气，才能打倒远远的灰太狼。

（2）教师指导重点：投掷时眼睛要认真观察，移动身体重心，看准了以后再投。

（三）结束部分

（1）小结：教师总结幼儿能够吓走灰太狼的原因，再次总结投准的动作要领。

（2）放松活动：跟随《喜羊羊与灰太狼》的音乐放松身体。

（撰写：孟稚琳）

中班下手投掷游戏：我是小小兵

一、活动目标

（1）能惯用手后摆，异侧腿向前跨一步，用下手投掷的方法朝指定方向投准。（2）通过努力探究发力的方法，体验下手投掷的成就感。（3）能在没有投准的情况下，坚持游戏不放弃。

二、活动准备

球、墙、灰太狼图片若干。

三、活动过程

（一）开始部分

幼儿扮演小士兵在场地上进行队列练习，听信号进行快跑、慢跑、绕障碍跑、连续跳的练习。

（二）基本部分

1.游戏：我是投掷小能手——进一步熟悉下手投掷的方法

（1）游戏玩法：幼儿在场地内自由投掷。

（2）教师指导重点：右手后摆，异侧腿向前跨一步。

2.游戏：小小兵扔炸弹——在移动中朝指定方位投掷

（1）游戏玩法：幼儿在跑动中听到信号，向距离 4 米远墙面投掷，计时 1 分钟，自己计算能投中几次墙面，投中数量多者胜利。

（2）教师指导重点：炸弹不能落到地上，不然会爆炸哟！

3.游戏：小兵大作战——能在移动中朝全方位用力投远

（1）游戏玩法：幼儿在场地内四散站开跑动，听到信号向距离 4 米远的墙面投掷，计时 30 秒，能击中 10 次者胜利。

（2）教师指导重点：朝墙面抛球。炸弹不能落到地上，不然会爆炸哟！

（三）结束部分

（1）小结：教师肯定鼓励幼儿的坚持行为。

（2）放松活动：幼儿跟随音乐放松自己的身体。

（撰写：孟稚琳）

中班投掷综合游戏：小兔种花籽

一、活动目标

（1）能够完成投掷的连续动作，有控制地运用上手投掷和下手投掷的投掷经验。（2）选择不同的距离击中目标，体验成功的快乐。（3）能够认真倾听游戏要求，并按要求完成游戏。

二、活动准备

有上手投掷和下手投掷的经验；儿童雨伞沙包，小兔头饰。

三、活动过程

（一）准备部分

（1）准备活动：听音乐做花伞操（准备运动、体侧运动、体转运动、腹背运动、跳跃运动、整理运动）。

（2）情境导入：快下雨了，需要找把小花伞挡雨。

（二）基本部分

1.游戏：小兔撒花籽——向一定距离远的投掷区投掷沙包

（1）游戏玩法：幼儿自由尝试投沙包，回忆投掷动作要领。

（2）教师指导重点：用手握住花籽，对准花园，投出花籽（可下抛、可肩上投）。小花籽力量小，大花籽力量大。

2.游戏：小兔种花籽——尝试向高矮、远近不一的伞内投掷沙包，感受投掷的力量

（1）游戏玩法：幼儿自由选择不同的雨伞，并向雨伞内投掷沙包。

（2）教师指导重点：距离近，力量小；距离远，力量大。幼儿自由选择距离，继续探索根据自己的需要调整距离远近，控制手臂力量。

3.游戏：小兔运花忙——巩固投准方法，体验成功的快乐

（1）游戏玩法：幼儿两人一组将伞间隔摆放，并摆放平衡板，幼儿集中站成4路纵队。幼儿走过小桥，跳过栅栏，站在泡沫垫上往花坛里浇水，浇中了可以摘一朵小花贴在身上返回。

（2）教师指导重点：鼓励幼儿选择不同的距离击中目标，体验成功的快乐。

（三）结束部分

（1）放松活动：幼儿随音乐舞动，拍打肩膀和手臂，放松重点练习部位。

（2）活动结束：师生共同收拾器材离开场地。

（撰写：孟稚琳）

大班上手投掷游戏：小球飞得远

一、活动目标

（1）知道用上手投掷的方式，在投掷中尝试跨步转体并用力投远。（2）体验投过目标线的成功，知道没有投掷成功时可以通过用力、转体等方式加强练习。（3）遵守站在投掷线上的规则，并能注意安全，等待前方小朋友离开再投掷沙包。

二、活动准备

（1）经验准备：幼儿有上手投掷的经验。

（2）材料准备：幼儿人手 5 个直径 5~7 厘米的小球；三条目标线（分别距投掷线 4 米、4.5 米、5 米）；活动音乐。

三、活动过程

（一）准备部分

（1）热身操（重点活动手臂、手腕）。

（2）请幼儿双手撑地，脚蹬地，将身体架空做成山洞的造型。撑地 20 秒，休息 10 秒为一组，做 2 组。

（3）请幼儿自由在场地里空手投掷进行热身

（二）基本部分

1.游戏：小球飞起来——探索转体用力实现投远的方法

（1）游戏玩法：幼儿在起点线上向目标线（4 米）投掷，看如何才能投得远。

（2）教师观察幼儿练习，找到能转体用力投掷出沙包且投得远的幼儿，请他示范。邀请其他幼儿观察，找出动作要领：转体，并用力挥臂。

2.游戏：小球飞得远——迁移投远的方法，遵守站投掷线规则

（1）游戏玩法：在 4 米目标线的基础上，增加两条（4.5 米、5 米）目标线。请幼儿自己根据自己的能力选择相应目标进行投掷。

（2）评价：老师围绕“投掷转体、用力挥臂，遵守站在投掷线投掷的规则”来进行点评。

3.游戏：小球来比赛——体验通过转体、挥臂用力等努力投远的成就感

（1）游戏玩法：将幼儿分成 2 组比赛，看哪一组投过 5 米目标线的人数最多，人数多的组为胜，会被邀请分享投远的要领。

（2）游戏可以多玩几次，教师根据幼儿的动作要领进行动作提示和鼓励。

（三）结束部分

（1）小结：幼儿在投掷中不怕失败，多次尝试在投掷中转体，用力挥臂将小球投到目标线。

（2）放松活动：跟着音乐进行放松活动，放松全身，重点放松手臂。

（撰写：张艺凡）

大班下手投掷游戏：投球击墙 1

一、活动目标

（1）知道用下手投掷的方式。在投掷中尝试跨步转体，并瞄准用力投准，让球击向墙面。（2）体验投过目标线的成功，知道没有投掷成功时可以通过力量控制、转体等方式加强练习。（3）遵守站在投掷线上的规则，能注意安全，等待前方小朋友离开再投掷沙包。

二、活动准备

（1）经验准备：幼儿有下手投掷的经验。

（2）材料准备：幼儿人手 5 个直径 5~7 厘米的小球；三条离墙面距离分别为 3.5 米、4 米、4.5 米的投掷起点线；三条离地面距离分别为 1 米、2 米、3 米的目标线分别为：活动音乐。

三、活动过程

（一）准备部分

（1）热身操：重点活动手臂、手腕。

（2）请幼儿双手撑地，脚蹬地，将身体架空做成山洞的造型。撑地 20 秒，休息 10 秒为一组，做 2 组。

（3）请幼儿自由在场地里空手投掷进行热身。

（二）基本部分

1.游戏：小球飞近又飞远——探索转体用力实现投远的方法

（1）游戏玩法：幼儿在不同的起点线上向墙面投掷，让幼儿将球投掷到 2 米目标线和 3 米目标线中间的墙面上。

（2）教师观察幼儿练习，找到能转体用力投掷出小球且能挑战成功的幼儿，请他示范。邀请其他幼儿观察，找出动作要领：跨步转体、瞄准并根据自己选择的投掷线调整自己力量的大小，投球击墙。

2.游戏：小球飞高又飞低——迁移投得准的方法，遵守站投掷线规则

（1）游戏玩法：站在 4 米起点线上，让幼儿自己根据自己的能力选择墙面上相应目标进行投掷。

（2）老师围绕“投掷跨步转体、通过力量大小的控制让小球飞高或飞低，遵守站在投掷线投掷的规则”来进行点评。

3.游戏：小球飞起来——体验通过跨步转体，瞄准并控制力量投准，让球击向墙面的成就感

（1）游戏玩法：请幼儿自由选择投掷线和目标线，让球能砸到墙面上。

（2）教师根据幼儿的动作要领进行动作提示和鼓励。

（三）结束部分

（1）小结：幼儿在投掷中不怕失败，多次尝试转体并瞄准用力投准，让球击向墙面。

（2）放松活动：跟着音乐进行放松活动，放松全身。重点放松手臂。

（撰写：张艺凡）

大班上手投掷：小球对抗赛

一、活动目标

（1）熟练运用跨步转体，移动重心用力挥臂，投远投准。（2）积极参与和同伴的对抗游戏，不怕失败，勇于挑战。（3）有较强的安全意识，能环顾四周主动避开投掷来的布包。

二、活动准备

（1）经验准备：有上手投掷经验。

（2）材料准备：布包若干（70 克左右）；横幅两条（长 8 米）；活动音乐。

三、活动过程

（一）准备部分

（1）热身操，重点活动手臂、手腕。

（2）在场地进行合队、分队、圆环等队列队形变化走跑。

（二）基本部分

1.游戏：小球飞得远——运用习得的投远方法，遵守站投掷线规则

（1）游戏玩法：在 4 米目标线的基础上，增加两条（4.5 米、5 米）目标线。请幼儿自己根据自己的能力选择相应目标进行投掷。

（2）老师围绕“投掷转体、用力挥臂，遵守站在投掷线投掷”的规则来进行

表扬和鼓励。

2.游戏：小球来比赛——体验通过转体、挥臂用力等努力投远的成就感

游戏玩法：将幼儿分成 2 组比赛，将横幅拉直与投掷线相距 4.5 米，请幼儿站在投掷线上，将布包通过跨步转体、用力挥臂等方式投掷到横幅后方。每人 5 个布包，投掷线后布包数量多者获胜，另一组等待的幼儿负责当裁判。

3.游戏：小球对抗赛——能用力投掷到 5 米以上的距离

（1）游戏玩法：幼儿分成 2 组每人 5 个布包站在横幅后面，横幅相距 5 米，过程中对方投掷过来的沙包需要投掷回去，投掷 3 分钟，谁的阵地布包少，谁就获胜，如果双方布包数量均低于 10 个，则双方都失败。

（2）教师根据幼儿的动作要领进行动作提示和鼓励。

（三）结束部分

（1）小结：幼儿在投掷中不怕失败，多次尝试跨步转体，用力挥臂将沙包投到横幅后面。

（2）放松活动：跟着音乐进行放松活动，放松全身，重点放松手臂。

（撰写：张艺凡）

大班下手投掷游戏：投球进洞

一、活动目标

（1）知道下手投掷的方式。在投掷中尝试转体，控制自己的力量，并用非惯用脚向前一步的惯性将小球投到目标洞口。（2）体验通过用力、转体、迈步等方式投进目标洞的成就感。（3）能有序参加游戏，遵守投完后集体捡回布包的规则。

二、活动准备

（1）经验准备：幼儿有下手投掷的经验。

（2）材料准备：幼儿人手 6 个布包（重 70 克）颜色分别为红、黄、蓝；直径 60 厘米的圈若干（将圈悬吊，离地 1 米），其中悬吊的圈颜色为红、黄、蓝；距离目标洞不同距离的投掷线（分别为 3.5 米、4 米、4.5 米）；音乐。

游戏场地 1：

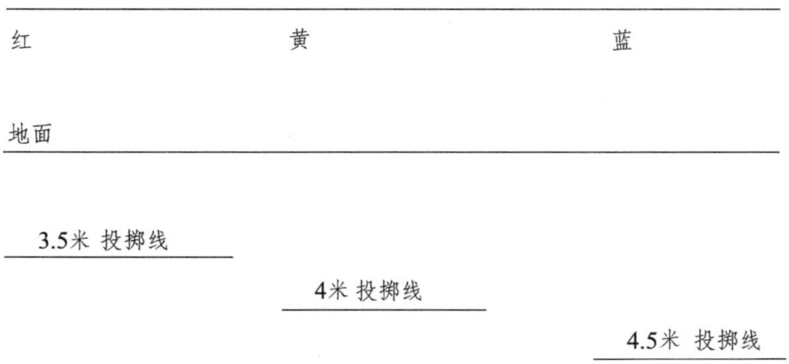

游戏场地 2：

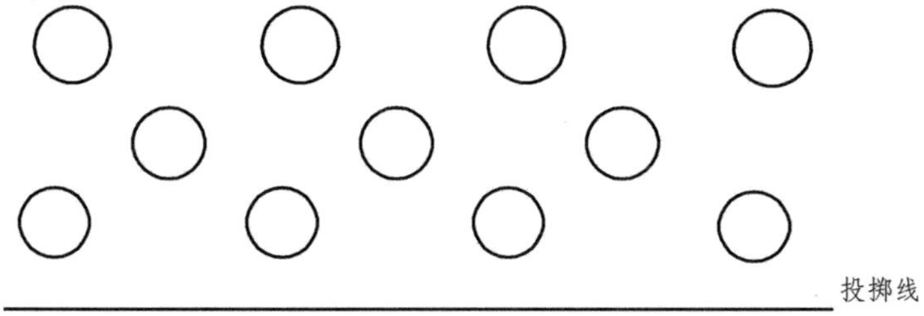

三、活动过程

（一）准备部分

（1）热身操（重点活动手臂、手腕）。

（2）请幼儿双手撑地，脚蹬地，将身体架空做成山洞的造型。撑地 20 秒，休息 10 秒为一组，做 2 组。

（3）请幼儿自由在场地里空手下手投掷进行热身。

（二）基本部分

1.游戏：布袋穿洞——感受投掷抛物线，帮助投准

（1）游戏玩法：将幼儿分 6 组，每组幼儿自由选择合适的投掷线，将沙包下手投掷出，穿过悬吊的圈。每组幼儿投掷完成后，集体去将沙包捡回。没有轮到的幼儿负责当裁判，看哪些小朋友的布包穿过了洞。

（2）讨论：我们怎样能将布包投掷过圈？（瞄准要投掷的位置后转体投掷出，并且要控制自己的力量）

2.游戏：布袋回家——找到控制方位、瞄准后转体、控制力量等帮助投准

（1）游戏玩法：将幼儿分 6 组，请幼儿根据手中布包的颜色，将布包投过对

应圈。每组幼儿投掷完成后，集体去将沙包捡回。没有轮到的幼儿负责当裁判，看哪些小朋友的布包穿过了洞。

（2）老师重点从控制方位、控制力量、转体等方面进行提示和鼓励。

3.游戏：布袋搬新家——体验投中目标的成就感

（1）游戏玩法：地上有远近不同的圈，请幼儿站在投掷线上，找到自己想投掷的圈，将布包用下手投掷的方法投进圈中。

（2）老师鼓励幼儿用转体，根据圈的远近来控制力量的大小，迈步并有一定控制方位等方法提高投中概率。

（三）结束部分

（1）小结：幼儿在投掷中能瞄准后转体投出，控制自己的力量大小，将布包投准。

（2）放松活动：幼儿跟着音乐进行放松活动，放松全身，重点放松手臂。

（撰写：张艺凡）

大班投掷综合游戏：投球击墙 2

一、活动目标

（1）知道上手投掷和下手投掷的方法。在投掷中尝试跨步转体并用力投远，让球击中墙面。（2）体验投掷沙包击中墙面的成功，知道没有投掷成功时可以通过用力、转体等方式加强练习。（3）遵守站在投掷线上的规则，并能注意安全，等待前方小朋友离开再投掷沙包。

二、活动准备

（1）经验准备：幼儿有上手投掷和下手投掷的经验。

（2）材料准备：幼儿人手 5 个沙包（重 70 克）；三条目标线（分别距墙面 3 米、3.5 米、4 米）；活动音乐。

三、活动过程

（一）准备部分

（1）热身操：重点活动手臂、手腕。

（2）请幼儿双手撑地，脚蹬地，将身体架空做成山洞的造型。撑地 20 秒，休息 10 秒为一组，做 2 组。

（3）请幼儿自由在场地里空手投掷进行热身。

（二）基本部分

1.游戏：沙包飞起来——探索转体用力实现投远的方法

（1）游戏玩法：幼儿在起点线上向目标线（4 米）投掷，看如何才能投得远，从而击中墙面。

（2）教师观察幼儿练习，并找到能转体用力投掷出沙包且投得远的幼儿，请他示范。邀请其他幼儿观察，找出动作要领：跨步转体并用力挥臂。

2.游戏：沙包飞得远——迁移投远的方法，遵守站投掷线的规则

（1）游戏玩法：在 4 米目标线的基础上，增加两条（4.5 米、5 米）投掷线。请幼儿自己根据自己的能力选择相应投掷线进行投掷 。

（2）老师围绕“投掷跨步转体，用力挥臂，遵守站在投掷线投掷的规则”来进行鼓励和表扬。

3.游戏：小球来比赛——体验转体、挥臂用力投掷

（1）游戏玩法：请幼儿根据选择的投掷线自由组队挑战，让沙包击中墙面，其他幼儿当裁判，挑战功裁判给掌声，没成功裁判给拥抱。

（2）可以多玩几次，教师根据幼儿的动作要领进行动作提示和鼓励。

（三）结束部分

（1）小结：幼儿在投掷中不怕失败多次尝试，在投掷中跨步转体，用力挥臂让沙包击中墙面。

（2）放松活动：幼儿跟着音乐进行放松活动，放松全身，重点放松手臂。

（撰写：张艺凡）

大班投掷综合游戏：勇敢的士兵

一、活动目标

（1）能够通过上手或下手投掷的方法，投准 4 米远处的大目标。（2）积极参加投掷的综合游戏。（3）能够在投不准时不放弃，并坚持找到投准的方法。

二、活动准备

（1）经验准备：有上手投掷和下手投掷的经验。

（2）材料准备：布包（70 克左右）每人 5 个；三条目标线：3.5 米、4 米、4.5 米；横幅两条（长 8 米）；活动音乐。

三、活动过程

（一）准备部分

（1）带入情景：我们都是解放军。

（2）热身操：重点活动手臂、手腕。

（3）请幼儿双手撑地，脚蹬地，将身体架空做成山洞的造型。撑地 20 秒，休息 10 秒为一组，做 2 组。

（4）请幼儿自由在场地里空手进行上手和下手投掷热身。

（二）基本部分

1.游戏：挑战自我——能主动找准目标用上手或下手的方式进行投掷

（1）游戏玩法：请小小士兵们自由设定目标线，选择投掷方法进行投掷。

（2）老师提示幼儿：掌握动作用力，眼睛瞄准，投掷动作熟练等方法会投得又远又准，表扬投掷得很远的幼儿。

2.游戏：投掷炸弹——通过同伴的竞赛提高投掷的积极性

（1）游戏玩法：将幼儿分成 4 组，一组 4 人，在投掷线上投至目标线，地面划定计分区域（3.5 米以内计 1 分；3.5~4 米计 2 分；4~4.5 米计 3 分），投准后去告诉老师记录得分。结束后获得与分值对应数量的布包。

（2）教师鼓励幼儿坚持投掷，不轻易放弃。

3.游戏：攻占敌营——投准 4 米远处的大目标

（1）游戏玩法：将两条横幅相对而立，间距 4 米，将 4 组幼儿合并为 2 组，分别站立到横幅后。请幼儿在 1 分钟内，相互投掷“炸弹”，阵营内炸弹少者胜，反之则败。若双方阵营炸弹数量均低于 10 个，则都败。

（2）结束第一轮时教师总结方法：瞄准后跨步转体，用力挥臂会投得更准。

（三）结束部分

（1）小结：表扬幼儿在投掷中能瞄准后转体投出，用力挥臂投掷，将布包投准。

（2）放松活动：跟着音乐进行放松活动，放松全身。重点放松手臂。

（撰写：张艺凡）

大班投掷综合游戏：沙包大作战

一、活动目标

（1）能够通过上手或下手投掷的方法投中目标。（2）体验投准目标的成就感。（3）能在投掷中注意避让或者接住投掷物。

二、活动准备

（1）经验准备：有上手投掷和下手投掷的经验。

（2）材料准备：毛绒小球每人 5 个；沙包每人 5 个；超级战衣若干；活动音乐。（3）活动场地准备：间距 4 米的两条投掷线（目标线）。

三、活动过程

（一）准备部分

（1）热身操，重点活动手臂、手腕。

（2）请幼儿双手撑地，脚蹬地，将身体架空做成山洞的造型。撑地 20 秒，休息 10 秒为一组，做 2 组。

（3）请幼儿自由在场地里空手进行上手和下手投掷进行热身。

（二）基本部分

1.游戏：小球飞起来——用上手或下手投掷的方法投准 4 米远的移动目标

游戏玩法：将幼儿分成两组，一组当投球手投掷小球，另一组幼儿穿上超级战衣为躲避者。在投掷过程中，躲避者只能在目标线上左右移动躲避。投掷时间为 1 分钟，结束后交换。打到的躲避者多的组获胜。

2.游戏：沙包的反击——能接住飞过来的投掷物

游戏玩法：将幼儿分为两组，一组当投掷者，每人 5 个沙包，进行投掷，另一组需要进行躲避。被击中者自动离场，若接住沙包则能反击，被击中的投掷者自动离场。投掷组和躲避组比较，离场人数少的获胜。第二轮两组角色交换。

3.游戏：沙包大作战——投准场地内自由移动的目标

（1）游戏玩法：10 人一组，2 人为投掷者，8 人为躲避者。2 分钟内投掷者在投掷线上进行投掷，躲避者在规定范围内自由移动。被击中的躲避者自动离场，若躲避者接住沙包，则能反击。

（2）游戏结果判定：若投掷者被躲避者使用沙包击中，游戏结束，躲避者获胜；若躲避者在游戏时间内均被砸中则投掷者胜。

（三）结束部分

（1）小结：表扬幼儿能够投准布包，而且也能够躲避沙包。

（2）放松活动：跟着音乐进行放松活动，放松全身，重点放松手臂。

（撰写：张艺凡）

十、挥击类运动游戏

【运动发展序列】左边为动作发展要领序列，右边为难度序列。

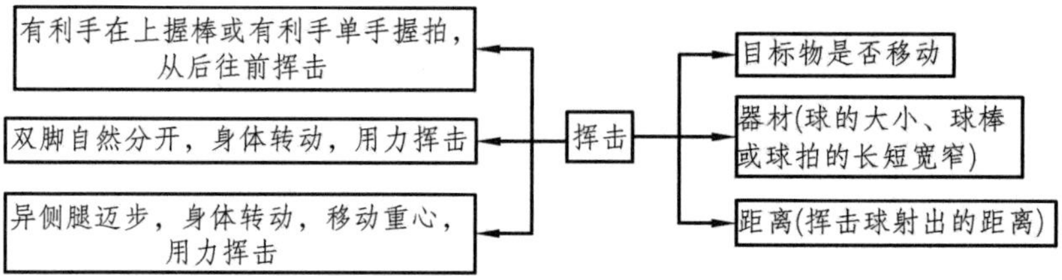

【年龄发展目标】

挥击	
惯用手在非惯用手上方，抓住球棒或惯用手单手握球拍；击球时转体，朝向击球方向；非惯用脚向前跨一步；前挥击到球	
小班	正确握棒（拍）；前挥击到球
中班	正确握棒（拍）；击球时转体，朝向击球方向；前挥击到球
大班	正确握棒（拍）；击球时转体，朝向击球方向；非惯用脚向前跨一步；前挥击到球

小班挥击（固定物）游戏：击打彩色球

一、活动目标

（1）能挥臂向前击打目标物，手眼协调。（2）能积极参加游戏，体验击中后的快乐。（3）能听指令完成任务，注意挥击时的安全。

二、活动准备

泡泡枪 2 个；在场地中悬挂各色小球若干，高度以幼儿举起手臂轻跳一下可触碰为宜（高度可调节）

三、活动过程

（一）准备部分

幼儿在场地中随音乐跟着老师做准备活动，重点活动上肢。

（三）基本部分

1.游戏：打泡泡——尝试手臂上举，手眼协调地挥击

（1）游戏玩法：老师和保育老师在两个方向用泡泡枪往高处吹出泡泡，幼儿用单手上举跳起挥臂击打的方法移动击打飞出的泡泡。

（2）重点指导：重点观察幼儿在移动的过程中是否能用单手上举挥臂击打的方式击中泡泡，同时提醒幼儿在移动的过程中避让同伴，注意安全。

2.游戏：击打彩色球——练习单手上举击打的方法

（1）老师示范单手上举击打彩色球的方法：一眼看球，一只手臂向上伸出，对准彩球挥臂击打。孩子选择一个自己喜欢的颜色击打，比比谁的球被击打后飞得高。

（2）重点指导：老师重点观察幼儿在击打的过程中是否有挥臂的动作，对个别幼儿进行指导。

3.游戏：彩球飞起来——练习原地跳起后挥臂击打彩球（悬挂的彩球升至幼儿需跳起才能打到的高度）

（1）游戏玩法：请个别幼儿示范跳起挥臂击打彩球的方法，并讲解动作要求：眼看球动向，面对彩球，伸臂—跳起—挥动—击打。幼儿选择自己喜欢颜色的球，练习跳起击打彩球。待幼儿熟悉动作后，让幼儿在场地中听音乐四散走，音乐停止时立马选择一个彩色球击打，比比谁的彩球飞得高。

（2）重点观察：老师观察幼儿跳起后挥臂是否有力，是否能在游戏中听清指令。

（三）结束部分

（1）小结：表扬能让彩球飞得高高的幼儿，表扬能在活动中注意避让同伴的幼儿。

（2）放松活动：随音乐进行放松活动，重点放松上肢。

（撰写：周静）

小班挥击（固定物）游戏：击球手

一、活动目标

（1）能用不同的工具向上挥臂击打目标物，手眼协调。（2）快乐地游戏，不断尝试，体验成功的喜悦。（3）能遵守规则并坚持练习，完成有难度的挑战。

二、活动准备

悬挂在场地四周的各色彩球，高度根据活动变化可进行调节；儿童用网球拍若干；泡沫棒若干。

三、活动过程

（一）准备部分

随音乐在场地四周做准备活动，重点练习手臂向上挥动、击打的动作。

（二）基本部分

1.游戏：彩球飞起来——练习原地跳起后挥臂击打彩球

（1）游戏玩法：先让幼儿选择自己喜欢颜色的球，练习跳起击打彩球。然后让幼儿在场地中听音乐四散走，音乐停止时立刻跳起来击打离自己最近的一个球。

（2）重点指导：老师观察指导幼儿跳起击打彩球时挥臂的动作是否有力到让彩球飞起来，表扬把球击打得高高的幼儿。

2.学习手持工具挥臂击打彩球

（1）出示网球拍，幼儿学习持物击打的方法，老师示范并讲解动作要领：一手握住网球拍的手柄处，向上伸臂，用力向前挥出。

（2）击打彩球。幼儿选一个彩球，练习用网球拍击打，比比谁打得准，谁的彩球飞得高。老师重点观察幼儿击球时的力量和手眼协调，对个别幼儿进行指导。

3.游戏：击准彩球——练习持网球拍跳起击中彩球

（1）游戏玩法：先让幼儿手持网球拍练习跳起击打彩球。然后随老师在场地上四散走，听老师的口令击打相应的彩球，比如："红色彩球飞起来"，幼儿迅速在场地上寻找红色的彩球并手持网球拍跳起来击中。

（2）重点指导：观察幼儿是否能准确击中彩球，表扬击准彩球的幼儿。

4.游戏：击准彩球2——练习单手或双手持球棒击中彩球

（1）让幼儿了解球棒更窄、更长，并尝试单手或双手持球棒跳起向上用力挥打击中彩球。教师指导动作要领：手握球棒；眼看球动向—面对彩色球—挥臂击球。

（2）游戏玩法：幼儿自行寻找一个彩色球，手持球棒，反复挥击。

（3）重点指导：老师重点观察幼儿用泡沫棒击打的准确性，表扬多次尝试坚持完成的幼儿。

（三）结束部分

（1）小结：表扬击中目标次数多的幼儿和坚持完成的幼儿。

（2）放松活动：幼儿随音乐轻轻拍打身体，做放松活动。

（撰写：周静）

小班挥击（固定物）游戏：摘星星

一、活动目标

（1）能用正确的握棒姿势，击准不同高度、不同大小的目标物。（2）愉快地游戏，练习击打，体验不断尝试并成功击准不同目标的喜悦与成就感。（3）能遵守规则并坚持练习，完成有难度的挑战。

二、活动准备

（1）材料准备：在幼儿的有利手上张贴标志；弹力球若干；棒球若干；符合幼儿人数的球棒以及棒球架；足球球门两个；游戏音乐。

（2）场地准备：

环节一场地：

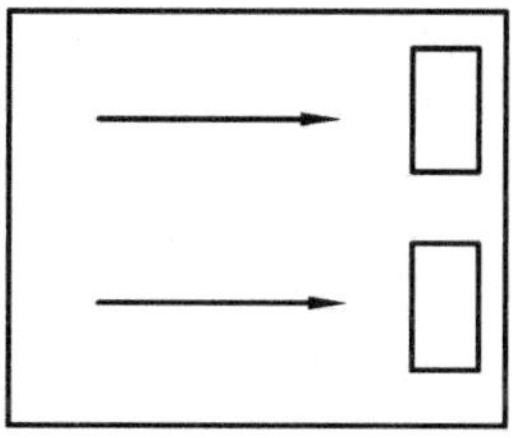

幼儿往箭头方向鱼贯循环赶球

环节二场地：

悬挂在幼儿腰腹左右高度的大球

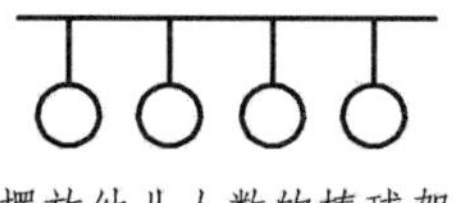

环节三场地：平行摆放幼儿人数的棒球架(距离一次比一次远)

三、活动过程

（一）准备部分

准备活动：快跑—慢跑—走步—头部运动—上肢运动—下肢运动—扭转身体。

（二）基本部分

1.游戏：击中大球——持球棒挥击地面的固定大目标

（1）游戏玩法：老师示范击球的方法：双手持棒，有利手在上，瞄准星星（球），双脚自然分开，从后往前瞄准挥击大球至球门里。

（2）重点指导：幼儿在地面将固定球击打进球门的姿势。

2.游戏：摘星星——持球棒瞄准挥击空中的固定大目标

（1）游戏玩法：双手持棒，有利手在上，双脚自然分开，用球棒击打悬挂的星星，击打的时候要握好球棒，眼睛瞄准。比比谁能击中目标。

（2）重点指导：幼儿用球棒重复挥击空中的目标时动作是否正确，表扬击中次数多的幼儿和坚持完成的幼儿。

3.游戏：星星飞上天——持棒瞄准挥击有高度的固定小目标

（1）游戏玩法：双手持棒，有利手在上，双脚自然分开，瞄准击打棒球架上的小球至一定距离。

（2）重点指导：从后往前挥击小球，用力将球打出更远距离。

（三）结束部分

（1）小结：表扬能击中目标和能坚持完成挑战的幼儿

（2）放松活动：在音乐中放松身体，重点放松手臂、双腿。

（撰写：彭正延 周静）

中班挥击（固定物）游戏：打地鼠

一、活动目标

（1）能用有利手在上握拍的姿势击准锥形桶。（2）愿意参加击打活动，体验打中“地鼠”的成就感。（3）能遵守规则，在游戏中坚持完成挑战。

二、活动准备

（1）材料准备：在每位幼儿有利手上张贴一个标志；符合幼儿人数的网球拍；

各色锥形桶若干（锥形桶上贴地鼠标志）；游戏音乐。

（2）场地准备：散点放置符合幼儿人数的“锥形桶+网球拍”的组合

三、活动过程

（一）准备部分

（1）准备活动：跟着音乐活动开身体，重点活动开上肢。

（2）情景激趣导入——打地鼠：创设“打地鼠”的游戏情景，激发幼儿主动参与击打游戏的兴趣，鼓励幼儿在不同难度的击打游戏中击准锥形桶。

（二）基本部分

1.游戏：抓住地鼠——原地持网球拍击打目标物

（1）游戏玩法：幼儿练习用网球拍击打锥形桶，熟悉击打时身体站立的姿势。

（2）重点指导：幼儿击打时的站立姿势：双脚自然分开、面对锥形桶、眼睛瞄准。教师及时表扬动作标准、坚持练习的幼儿，鼓励其他幼儿模仿同伴。

2.游戏：打地鼠——定点重复击打锥形桶

（1）游戏玩法：幼儿在场地中找到一个锥形桶，重复练习原地击打锥形桶。

（2）重点指导：幼儿击打时的握拍姿势为双手握拍，贴有标志的手在上方。教师表扬击中次数多的幼儿，引导幼儿瞄准击打。

3.游戏：赶跑地鼠——听指令不定点击打锥形桶

（1）游戏玩法：幼儿双手持拍在场地中绕圈走，音乐快快响，幼儿快快走；音乐慢慢响，幼儿慢慢走；音乐停，幼儿随机在场地中找到一个锥形桶，挥拍击打。

（2）重点提醒：击打时瞄准，用力挥击；及时表扬反应迅速、动作标准的幼儿。

（三）结束部分

（1）小结：重点点评幼儿在游戏中握拍姿势是否有利手在上；表扬在游戏中认真练习、坚持挑战的幼儿；激励幼儿参与下一次游戏。

（2）放松活动：在音乐中放松身体，重点放松手臂、双腿。

（撰写：彭正延）

中班挥击（固定物）游戏：果实多多

一、活动目标

（1）能用双手持网拍、有利手在上的姿势，击准锥形桶并尝试击准不同大小的目标物。（2）积极主动参加击打活动，体验击准的乐趣与成就感。（3）能遵守规则，在游戏中认真持续地练习。

二、活动准备

（1）材料准备：在每位幼儿有利手上张贴一个标志；符合幼儿人数的网拍；各色锥形桶若干（锥形桶上贴花草标志）；不同大小的果实（大弹力球及小泡沫球）若干；符合幼儿人数的底座；游戏音乐。

（2）场地准备：在场地内散点放置锥形桶若干：部分锥形桶里面空；部分锥形桶里面放大果实（弹力球）；部分锥形桶里面放小果实（泡沫球）；摆放25厘米左右高度的底座若干。

三、活动过程

（一）准备部分

（1）准备活动：跟着音乐活动开身体，重点活动上肢。

（2）情景激趣导入——找果实：创设“去森林里找果实”的游戏情景，激发幼儿找果实以及参与击打游戏的兴趣。鼓励幼儿击准锥形桶并大胆尝试击打不同大小的球类目标。

（二）基本部分

1.游戏：找果实——熟悉巩固击打时的站立以及握拍姿势

（1）游戏玩法：幼儿在场地中练习用网拍击打锥形桶，找出锥形桶里藏的果实。

（2）重点指导：幼儿的击打姿势为双手握拍，贴有标志的手在上方，击打时眼睛瞄准，用力挥击。教师表扬动作标准、找到果实的幼儿，激发幼儿主动找果实的兴趣。

2.游戏：大果子送回家——持拍尝试击打有一定高度的大果实

（1）游戏玩法：幼儿将大弹力球放在底座上，尝试用网拍击打弹力球。尝试击打有一定高度的大弹力球。

（2）重点指导：幼儿用正确姿势击打；教师及时表扬击准球的幼儿，鼓励其他幼儿坚持练习、大胆挑战。

3.游戏：小果子送回家——尝试击打有一定高度的小果实

（1）游戏玩法：幼儿将小泡沫球放在底座上，尝试用网拍击打泡沫球。尝试击打有一定高度的小泡沫球。

（2）重点指导：幼儿正确的击打姿势为双手持拍，有利手在上，眼睛瞄准，从后往前，握拍用力挥击到球。教师及时表扬击准球的幼儿，激励幼儿自主练习挑战。

（三）结束部分

（1）小结：重点点评幼儿在游戏中经过练习后，击中次数增加的情况，用成功击准的结果来激励幼儿坚持练习，积极参与下一次游戏。

（2）放松活动：在音乐中放松身体，重点放松手臂、双腿。

（撰写：彭正延）

中班挥击（固定物）游戏：击打妖怪

一、活动目标

（1）能双手持不同工具,击打 45 厘米高的较大固定球，击打时双手握棒、手眼协调，转体挥击，尝试击准。（2）积极参加击打游戏，体验击打的快乐和击准的成就感。（3）会遵守规则，知道在游戏中注意安全。

二、活动准备

黄色较大球若干、球棒若干、网拍若干、场地无障碍。

三、活动过程

（一）准备部分

介绍打妖怪情景，徒手做一些扛棒子、上山、做运动、东瞧瞧西瞧瞧、看到怪兽挥击等动作，重点活动上肢。

（二）基本部分

1.游戏：运炸弹——球感体验游戏

（1）游戏玩法：场地里距离幼儿 3~4 米处散点摆放 16 个塑料颗粒球，幼儿用网拍将炸弹（较大球）运回来放在篮子里。记住，只能用球拍去运球。

（2）重点指导：幼儿自由用拍子运球，教师巡回指导，指导幼儿用球拍向指定方向边走边拨球或者持拍运球。

2.游戏：发射炮弹——持拍转体挥击较大球

（1）游戏玩法：幼儿扮演小猴，利用炮弹和网拍挥击远处的妖怪。每个幼儿拿一个炮弹，稳稳地放在发射器上，面对发射器，双脚分开，转体发射（挥拍击打）。在情景中，尝试瞄准—转体—挥臂—打远的流程。

（2）重点指导：提醒幼儿捡球时要注意安全，同时提醒幼儿注意不要击打到同伴。捡回球后反复进行，鼓励幼儿转体用力挥击击打球。

3.游戏：妖怪来了——持棒转体挥击较大球

（1）游戏玩法：幼儿扮演小猴，双手持更厉害的球棒，在发射器前转体挥击炮弹，持棒—转体挥棒—挥臂—用力击打，将较大球击打到墙壁上，打跑妖怪。

（2）重点指导：幼儿拿着球棒击打球座上的固定球。教师鼓励幼儿挥棒转体，表扬转体幼儿，动作指导：双手握紧球棒，眼睛瞄准，用力击打。

（三）结束部分

（1）小结：表扬幼儿能够正确地用力发射炮弹，并能将炮弹击中目标物。

（2）放松活动：引导幼儿感受胜利的喜悦过程，和幼儿一起在音乐中进行身体和心理的放松。

（撰写：李婷婷）

中班挥击（固定物）游戏：帅气的棒球手

一、活动目标

（1）能双手握棒、转体用力挥击，异侧腿跨步，击准不同高度的固定物。（2）积极参加击打游戏，体验击打的快乐和击准的成就感。（3）会遵守规则，知道在游戏中注意安全。

二、活动准备

棒球若干、球棒若干、锥形桶若干、棒球架若干、音乐。

三、活动过程

（一）准备部分

随音乐做热身活动，重点活动上肢。

（二）基本部分

1.游戏：比比谁更远——定点挥棒击打锥形桶

（1）游戏玩法：幼儿两人一组，面向锥形桶，比一比看谁能用球棒将锥形桶挥击得更远，击打时幼儿双脚分开，双手持棒，挥至肩上，用力转体击打。

（2）重点指导：观察幼儿是否挥棒转体击打，表扬幼儿合作游戏的情况，引导线上向同一方向击打，注意安全。

2.游戏：帅气的击球手 1——定点挥棒击打棒球

（1）游戏玩法：幼儿两人一组，合作击打固定于棒球架上的棒球。幼儿观察教师示范击打时异侧腿跨步用力，身体转体用力挥击，将棒球挥击至墙面，幼儿观察队友是否跨步用力，是则为队友点赞。

（2）重点观察：观察幼儿是否能掌握跨步用力的方法，表扬为彼此加油的幼儿。

3.游戏：帅气的棒球手 2——不定点挥棒击打棒球

（1）游戏玩法：幼儿每人持棒球棒选择一个棒球架，向墙面击打棒球，尝试击中墙面，捡回棒球后可尝试其他距离的棒球架。

（2）重点指导：鼓励幼儿选择自己喜欢的距离的棒球架进行击球，管理好自己的小球，表扬在击打时能够击中墙面的孩子。

（三）放松部分

（1）小结：表扬幼儿积极游戏的状态，表扬他们提升了挥击本领，成为一名帅气的棒球手。

（2）放松活动：带领幼儿在音乐中进行放松，重点放松上肢。

（撰写：李婷婷）

大班挥击（固定物）游戏：帅气击球手

一、活动目标

（1）尝试正面击打大小不同的目标物。（2）在游戏中愿意接受失败，并克服内心的挫败练习挥击动作至熟练。（3）能在同伴挥击的时候耐心等待并仔细观察同伴动作。

二、活动准备

（1）经验准备：有击打固定物的经验。

（2）材料准备：球棒若干，直径 11 厘米的充气球（大球）若干，直径 7 厘米的充气球（小球）若干，对应球数量的高 50 厘米的梯形标志桶若干，球棒若干，悬吊在幼儿头顶上方 60 厘米左右的小球若干

三、活动过程

（一）准备部分

（1）幼儿跟随音乐进行准备活动，重点活动上肢。

（2）请幼儿双手持泡沫棒击打悬吊的球，数数自己 30 秒内能击中多少次。

（二）基本部分

1.游戏：小小击球手——正面跨步转体，击打悬吊小球

（1）游戏玩法：幼儿站在指定位置，持棒跨步转体，瞄准悬吊小球挥棒击出。

（2）重点指导：正面朝球站，在击球时向前跨步转体去击打目标物；幼儿多次尝试练习该击打动作。

2.游戏：小小击球手 2——正面跨步转体，击打大球

（1）游戏玩法：幼儿将大球放在底座上练习击打，看谁能够准确地击中。

（2）重点指导：正面朝球站，在击球时瞄准目标物，向前跨步转体去击打目标物；幼儿击打过程中，教师及时表扬准确击打的幼儿，鼓励其他人不断尝试与练习。

3.游戏：快乐击球手——正面跨步转体，击打小球

游戏玩法：幼儿将小球放在底座上，练习正面跨步转体击打；与同伴比赛谁击中的次数更多。

4.游戏：优秀击球手——熟练地击打目标物

游戏玩法：请幼儿 2 人一组，每组一根棒和 10 个充气小球（直径 11 厘米小球 5 个；直径 7 厘米小球 5 个）。轮流各击打 10 次（一人击打，另一人负责捡球和当裁判），看谁击中的数量多。

（三）结束部分

（1）小结：我们在挥击的时候，眼睛要看准自己要击打的目标，再跨步转体

挥棒，能更准确地打准目标物。鼓励勇于挑战的幼儿还有失败后坚持练习的幼儿。

（2）放松活动：跟着音乐进行放松活动，放松全身，重点放松四肢。

（撰写：李婷婷 张艺凡）

大班挥击（固定物）游戏：送食物

一、活动目标

（1）能将固定摆放的球用力挥出，击出 3~5 米的距离。（2）积极参与游戏，体验挑战成功的成就感。（3）有一定的安全意识，知道躲避挥动的球棒和高速飞来的球。

二、活动准备

（1）材料准备：球棒若干，各种大小的球若干，球座数量与幼儿相同

（2）游戏场地：

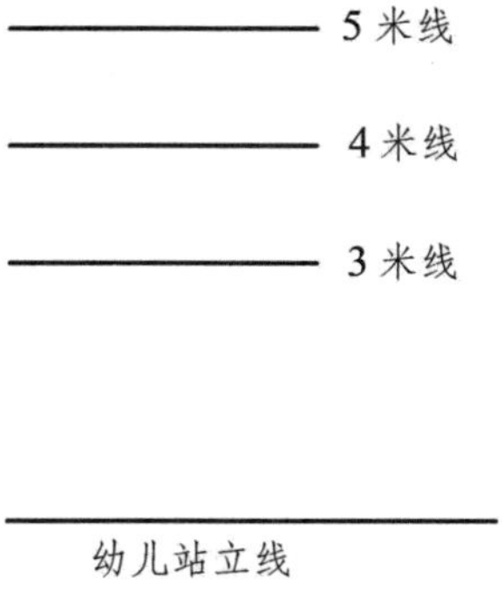

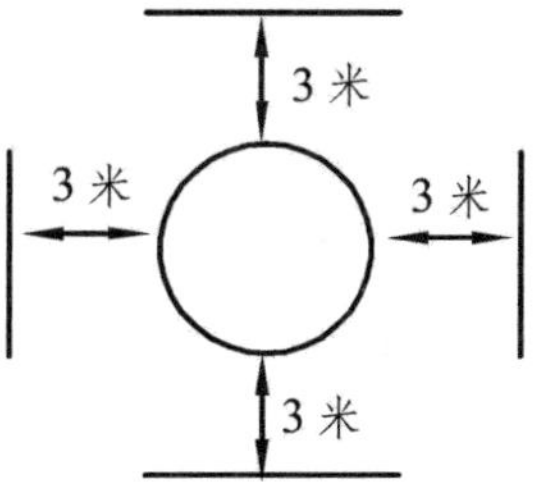

中间可用绳子围成圆形或方形

三、活动过程

（一）准备部分

（1）幼儿跟着老师一起进行走跑练习。

（2）跟随音乐进行准备活动，重点活动上肢，可做转体击打的空手练习。

（二）基本部分

1.游戏：击球比赛——复习转体击打动作

（1）游戏玩法：幼儿每人一个球和球座，在规定的场地内进行击远的练习，看看谁的小球击得远。

（2）指导幼儿能够用转体的动作用力击打，表扬动作正确和击打得远的幼儿。

2.游戏：看谁击得准——练习将球击到3~5米处的目标

（1）游戏玩法：老师在离起点3米、4米、5米处分别画一条线，幼儿将球击打过线，过3米的线得1分，4米的线得2分，5米的线得3分。

（2）游戏1：看看我几分。幼儿自由练习击打，争取得到3分。

（3）游戏2：比比谁分多。幼儿两人一组比赛，看谁得到的分多。

（4）老师重点指导幼儿挥臂用力击打，提高准确性。在活动中注意安全，不要使球打中别人，会躲闪来球。

3.游戏：送食物 ——巩固提升用力击打的能力

（1）设置游戏情境：有人被困在小岛上出不来，需要小朋友去给他们送吃的。但是中间的河水有3米宽，因此一定要用力才能将食物送上岛。幼儿需要站在岸边，将食物用力击打到岛上，看谁送的食物多。

（2）老师指导幼儿进行击打游戏，鼓励、指导无法挥击到3米远的幼儿该如何转体用力。

（三）结束部分

（1）小结：老师小结幼儿的击打情况，总结能击打得更远的方法。

（2）放松活动：跟着音乐进行放松活动，重点放松四肢。

（撰写：何晓莉）

大班挥击（反弹球）游戏：大球小球飞起来

一、活动目标

（1）能在球落地反弹后，对球进行击打。尝试将球拍向后引拍，再向前挥拍，击中落地反弹球。（2）通过练习体验挥拍击中落地反弹球的成就感。（3）在挥击过程中能避让幼儿，躲避小球，注意安全。

二、活动准备

（1）经验准备：有击打经验。

（2）材料准备：球拍每人一个，直径在11厘米左右的充气弹力球每人一个，起点线一条，活动音乐。

三、活动过程

（一）准备部分

（1）热身操：重点活动上肢。

（2）热身游戏：声东击西。请幼儿每人拿一球，以教师哨声为令，哨声响，幼儿先将小球砸向地面，然后双手在身后击掌，最后接住弹起后还未落地的小球。

（二）基本部分

1.游戏：让球儿飞——击打反弹球

游戏玩法：幼儿每人拿一个大球，站在起点，在大球落地反弹后用手将大球击出。

2.游戏：击中球儿——球拍后引，击中反弹球

（1）游戏玩法：请幼儿有利手持拍，非惯用手持球。在大球落地时向后引拍，大球弹起后用力挥拍击中大球。

（2）重点指导：指导幼儿在球落地时可以挥拍准备，注意瞄准球后用力挥拍。

3.游戏：球儿，看我的——尝试球拍后引，击不同方向的反弹球

（1）游戏玩法：请幼儿两人一组，一人持拍，另一人持球。持球的幼儿让球落向地面，在球弹起时持拍幼儿向后引拍，瞄准后用力挥拍将球击出。然后交换角色。

（2）重点观察：幼儿在击打的过程中注意力是否集中，引导幼儿在球落地时将球拍后引做好准备。

（三）结束部分

（1）小结：球落地反弹，向后引拍然后挥动球拍击中反弹球。教师评价课堂纪律及幼儿表现情况，鼓励幼儿大胆尝试和参与，不怕失败坚持练习和游戏。

（2）放松活动：跟着音乐进行放松活动，重点放松四肢。

（撰写：张艺凡）

大班挥击（反弹球）游戏：击球小能手

一、活动目标

（1）尝试用正确的动作（球拍后引，向前挥拍）将反弹球击中不同远近、大小的目标。（2）积极参与游戏与比赛，体验挥拍击中目标的成功感。（3）注意安全，会躲避飞来的球和挥击的球棒（拍）。

二、活动准备

（1）经验准备：会击打反弹球

（2）材料准备：球拍每人一个；球棒的个数为幼儿人数的 1/2；弹力网球若干；大的软弹力球若干；墙面设置 1 米直径和 60 厘米直径的圈 4 个；直径 60 厘米的老虎图片 2 张。

（3）游戏场地：

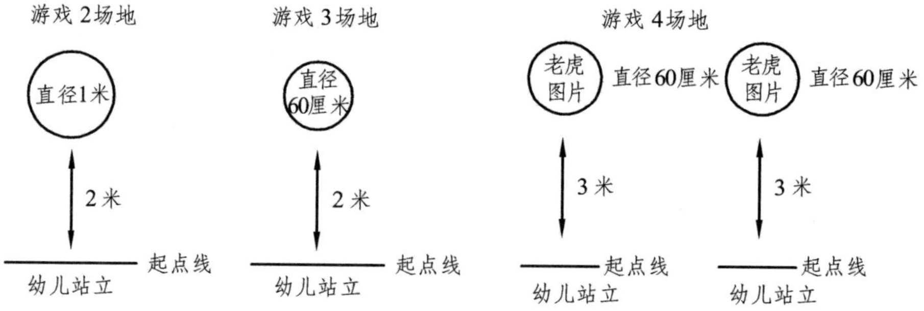

三、活动过程

（一）准备部分

（1）进行队列队形的走跑练习。

（2）跟着音乐做热身操，重点活动上肢。

（二）基本部分

1.游戏：小球跳起来——向下击打反弹球，找准击打的时间节律

（1）游戏 1：看谁不掉球——幼儿每人一个弹力球、一个球拍，时间 30 秒，单手持拍连续向下击打反弹球，看谁能不掉球。

（2）游戏 2：看谁拍得多——在规定的 30 秒时间内，幼儿连续向下击打反弹球。

（3）重点指导：能够手眼协调，找准球反弹的节奏，连续击打。

2.游戏：击球进大圈——向前击打反弹球，尝试击准 2 米远处的大目标

（1）游戏玩法：用球拍击打弹力网球，尝试击准 2 米远外墙上的直径 1 米的圈。

（2）重点指导：老师指导幼儿用正确的动作挥拍击打，球较小可以让球弹高一些，留更多的时间准备。

3.游戏：击球进小圈——用球拍向前击打反弹球，击准 2 米远处的小目标

（1）游戏玩法：幼儿用球拍击打弹力网球，尝试击准 2 米处外墙上的直径 60 厘米的小圈。

（2）重点指导：注意瞄准后用力挥拍。

4.游戏：击中大老虎比赛——巩固练习击中小目标

（1）游戏玩法：在 3 米远的墙上设置 60 厘米的目标（大老虎），将幼儿分成两组，循环向前站在起点击打目标，老师和保育老师分别站在目标两侧数数，打中次数多的一队获胜。

（2）重点指导：瞄准目标，用力击打。输了的幼儿不气馁，继续加油。

5.游戏：看谁打得准——进阶练习，用球棒击打反弹球

（1）游戏玩法：幼儿两人一组，用球棒击打大的软弹力球。一人将弹力球向下掷，一人双手握棒击打反弹球。两人合作进行练习，再交换。

（2）重点指导幼儿要向下掷球，不要掷斜线球；用力让球弹高一点，给予击球的幼儿更多的准备时间便于击中。注意安全，球和球棒不要打到同伴。

（三）结束部分

（1）小结：小结幼儿在击准目标中出现的问题和正确的动作。鼓励幼儿大胆尝试和参与，不怕失败、坚持练习和游戏，表扬有安全意识的幼儿。

（2）放松活动：跟着音乐进行放松活动，重点放松上臂。

（撰写：何晓莉）

大班挥击（反弹球）游戏：大球小球咚咚咚

一、活动目标

（1）能向前用力挥拍将不同大小的反弹球击中墙面。（2）能不断练习用力挥拍击球，体验将球击出、击中墙面发出咚咚声的成就感。（3）能够爱惜器械，有序取放器械，确认四周安全后再挥击。

二、活动准备

（1）经验准备：有击打经验。

（2）材料准备：球拍每人一个，直径在 11 厘米左右的充气弹力大球每人一个，儿童网球每人一个，距墙面 4 米的起点线一条，有节奏的活动音乐。

三、活动过程

（一）准备部分

（1）热身操：重点活动上肢。

（2）热身游戏：小球跳起来。请幼儿每人拿一充气弹力球，以教师哨声为令，哨声响，幼儿单手持拍将小球向地面连续击球，时间 30 秒，看谁能不掉球。

（二）基本部分

1.游戏：大球飞得远——能将落地反弹球击飞一定距离

（1）游戏玩法：请幼儿有利手持拍，非惯用手持球站在起点线上，将落地反弹球击飞出一定距离。

（2）重点指导：幼儿在挥拍击打时，越用力大球飞得越远。

2.游戏：大球咚咚咚——持拍后引挥击，使球击中墙面后发出咚咚的声音

（1）游戏玩法：请幼儿有利手持拍，非惯用手持球站在起点线上，将落地反弹球击飞击中墙面，看谁的大球能发出咚咚声。

（2）重点指导：幼儿在击打时要瞄准墙面，拿稳球拍，这样能更好地击中墙面。

3.游戏 3：大球小球咚咚咚——自由选择不同大小的反弹球进行挥击

（1）游戏玩法：幼儿自行选择球的大小进行挥击，并将大球小球都挥击至墙，听一听不同大小的球发出的声音，看看哪位同学能让不同大小的球都发出咚咚声。

（2）重点指导：教师鼓励幼儿尝试不同大小的球，并鼓励幼儿不断地挑战自己，将小球挥击至墙，发出咚咚声。

（三）结束部分

（1）小结：表扬幼儿愿意尝试不同大小的球；表扬幼儿在活动中不断尝试、不断挑战的精神。

（2）放松活动：跟着音乐进行放松活动，重点放松四肢。

（撰写：张艺凡）

大班挥击（反弹球）游戏：小球回家

一、活动目标

（1）能用球拍后引的方式将反弹的小球挥击至目标物。（2）能不断练习用力挥拍击球，体验击中目标的成就感。（3）有一定的安全意识，挥击时能确认四周安全后再挥击，躲避飞来的小球。

二、活动准备

（1）经验准备：有击打经验。

（2）材料准备：球拍每人一个，直径在 11 厘米左右的充气弹力小球每人一个，儿童网球每人一个，距墙面 3、4、5 米的起点线各一条，长度宽度约 1 米的目标物，有节奏的活动音乐。

三、活动过程

（一）准备部分

（1）热身操：重点活动上肢。

（2）热身游戏——小球跳起来：请幼儿每人拿一充气弹力球或儿童网球，以教师哨声为令，幼儿单手持拍将小球向地面连续击球，时间 30 秒。看谁能不掉球。

（3）情景：调皮的小球到处去玩耍，天黑了，小球们要回家了。

（二）基本部分

1.游戏：门前小球要回家——瞄准目标向墙面挥击小球

（1）游戏玩法：幼儿选择适合自己的距离，有利手持拍，非惯用手持充气弹力球，将落地反弹球击中墙面。

（2）重点指导：幼儿在击打时要瞄准墙面，这样我们能更好地击中墙面；鼓励幼儿不断地尝试。

2.游戏：路边小球要回家——挑战远距离用力击中墙面

（1）游戏玩法：设置距墙面 3、4、5 米的起点线，幼儿依次挑战三个长度，挥拍将落地反弹球击中墙面。

（2）重点指导：引导幼儿转体用力挥拍，才能远距离击中墙面。

3.游戏：路标小球回家啦——挑战远距离用力击中较小目标物

（1）游戏玩法：幼儿依次站在距墙面 3、4、5 米的起点线，击中长度宽度约 1 米的目标物。分别挑战后幼儿可以再根据自己的能力选择适合自己的距离进行挥击以提高自我效能感。

（2）重点指导：引导幼儿瞄准墙面，转体用力挥拍，才能击中较小目标物。

（三）结束部分

（1）小结：评价幼儿表现情况；表扬幼儿大胆挑战各种难度的挥击游戏，表扬幼儿不怕失败坚持练习和游戏。

（2）放松活动：跟着音乐进行放松活动，重点放松四肢。

（撰写：张艺凡）

十一、踢球类运动游戏

【动作发展序列】左边为动作发展要领序列，右边为难度序列。

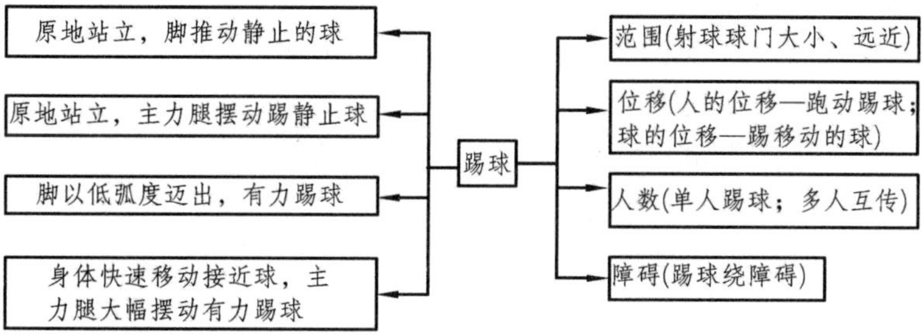

【年龄发展目标】

踢球	
快速、不间断地跑向球；踢球前跨步提腿；支撑脚在球的后侧方；脚内侧或脚背踢球	
小班	原地腿摆动，准备姿势为原地站立；出脚前主力腿先摆动踢静止的球；踢球动作比较有力，球滚动的距离加大；踢球后站稳
中班	脚以较低的幅度迈出；主力腿摆动后踢球；踢球动作有力；踢球时胳膊方向运动
大班	快速、不间断地跑向球；踢球前跨步提腿；支撑脚在球的后侧方；脚内侧或脚背踢球

小班踢球游戏：足球飞起来

一、活动目标

（1）知道用脚内侧和脚背踢球，尝试用主力腿摆动踢静止的球。（2）体验踢飞足球带来的愉悦感。（3）会听口令进行踢球。

二、活动准备

每人一个足球、音乐、口哨。

三、活动过程

（一）准备部分

幼儿抱着足球围着操场进行听口令跑、跳等运动，活动全身。

（二）基本部分

1.游戏：足球找朋友——认识踢球的部位

（1）游戏玩法：幼儿坐在地上，教师先带领幼儿认识脚尖、脚背、脚内侧、脚腕，游戏开始，老师说到什么部位，幼儿就快速地用足球碰一碰那个部位。

（2）教师小结：我们可以用我们的脚背和脚内侧来踢球。

2.游戏：小球飞起来——感知踢球的部位

（1）游戏玩法：幼儿站在直线上，球放在身前地上，游戏开始，同时将球踢出去，看谁的球踢得更远，然后追球、拿球。

（2）小结：用我们的脚背和脚内侧踢球，我们的球可以踢得很远。

3.游戏：小球追大球——感知主力腿摆动踢球的动作

（1）游戏玩法：幼儿站在直线上，将球放在身前地上，游戏开始，老师和小朋友同时踢球，看谁踢得远。

（2）表扬把球踢得很远的幼儿，注意多指导、鼓励动作不对、踢得不远的幼儿。

（三）结束部分

（1）小结：活动结束，从幼儿规则的遵守程度、坚持玩耍以及动作的规范性等方面评价幼儿的活动情况。

（2）放松活动：幼儿抱球坐在地上，听音乐放松自己的双腿和双脚。

（撰写：陈小燕）

小班踢球游戏：踢球射门

一、活动目标

（1）原地站立，尝试将静止的球踢入距离 2 米远、宽度为 2~3 米左右的门洞。（2）体验踢球进门带来的愉悦感。（3）会遵守规则，不抢占位置。

二、活动准备

材料准备：足球（每人一个）、音乐、椅子 4 张、场地两边拉有两条长直线。

场地一：两张椅子组合成宽 3 米左右的门洞。

场地二：四张椅子两两组合成宽 2 米左右的门洞，幼儿分组游戏。

三、活动过程

（一）准备部分

幼儿抱着足球围着操场进行听口令跑、跳等运动，活动全身。

（二）基本部分

1.游戏：时钟与小偷——感知主力腿的摆动

（1）玩法：幼儿扮演小时钟，游戏开始，教师发出口令："小时钟来工作"，幼儿变支撑脚站立，主力腿像时钟一样前后摆动，当老师说："小偷来了！"幼儿变成木头人，静止不动，谁动谁被小偷拿走，停止游戏一次。

（2）小结：时钟往前摆动时，脚内侧呈朝前姿势。

2.游戏：打倒大灰狼——练习主力腿摆动有方向地踢静止球的动作

（1）游戏玩法：场地中间是大灰狼的家（直径为3米左右的圆圈），幼儿站在场地四周，老师发出口令："炸大灰狼啦！"幼儿便同时向大灰狼的家踢出足球炸弹。

（2）小结：小脚向后摆动时，可以用力些，这样会踢得更远。

3.游戏：踢球射门——球门大小由大到小，难度增加

（1）规则及玩法：幼儿站在距离场地一的门洞前一米处，进行踢球射门,可以根据的实际情况调整距离。当幼儿熟悉后加大难度，幼儿分成两组进行场地二的游戏。

（2）小结：要想将球踢进去，不仅要瞄准球洞，而且要用力踢。

（三）结束部分

（1）小结：活动结束，从幼儿踢球的动作、力量和孩子玩要遵守规则情况来重点评价幼儿的活动情况。

（2）放松活动：幼儿抱球坐在地上，听音乐放松自己的双腿和双脚。

（撰写：陈小燕）

小班踢球游戏：快乐踢球

一、活动目标

（1）知道踢球时有意识跨步，并用主力腿摆动踢球击中目标。（2）体验踢中目标带来的愉悦感。（3）坚持挑战不同的难度。

二、活动准备

（1）材料准备：足球(每人一个)、音乐、1 米左右的门洞 4 个、保龄球若干。

（2）场地准备：

场地一：左右各 2 个 1 米宽的门洞。

场地二：场地四周布置间距为 60 厘米左右的保龄球瓶。

场地三：三条直线，各间距 2.5 米左右。

三、活动过程

（一）准备活动

（1）幼儿抱着足球围着操场进行听口令跑、跳等运动，活动开幼儿的全身。

（2）跟随音乐做热身动作，重点活动幼儿的下肢。

（二）基本部分

1.游戏：踢球进门——练习原地踢球的基本动作,尝试有一定距离的目标物

（1）游戏玩法：幼儿分成左右两组，自由玩踢球进洞（场地一）的游戏，教师巡回指导，提醒幼儿瞄准目标，每次捡球回来后，把球放在线上，非主力脚踩线，主力脚摆动腿进行踢球。

（2）小结：瞄准目标，一只脚向前跨一步，另外一只脚向后摆动踢球，这样球可以踢得更远又准。

2.游戏：踢保龄球瓶——在击中的情景中，提升摆动主力腿的力量

（1）游戏玩法：在场地的四周设置间距为 1 米的保龄球瓶（可以用其他相似材料代替），幼儿站在离目标 2~4 米处（具体距离可以根据班级孩子实际情况来调整），用力踢球，看谁踢中的瓶多。

（2）为保证游戏可重复，提醒幼儿击中瓶后扶起瓶，再捡球继续游戏。

3.游戏：踢球打野鸭——缩小踢中的目标物，增加游戏难度

（1）游戏玩法：幼儿分成两组，一组幼儿站在左右两条线上，一组站在中间的线上，站在左右线上的幼儿轮流向中间幼儿踢球击脚，被击中脚的幼儿则退出游戏，直到中间幼儿全部被击中，游戏结束。

（2）提醒幼儿瞄准目标再踢，注意别把球踢高了，不能踢到同伴的身体和头。

（三）结束活动

（1）小结：活动结束，教师从幼儿踢球的动作规范、瞄准的完成度和安全游戏等方面评价幼儿的活动情况。

（2）放松活动：幼儿抱球坐在地上，听音乐放松自己的双腿和双脚。

（撰写：陈小燕）

中班踢球游戏：足球小子

一、活动目标

（1）学习踢球，初步尝试快速不间断地跑向球，踢球前踢腿跨步，用脚内侧或脚背踢球。（2）能积极完成练习任务，体验达成目标的成就感。（3）遵守课堂规则和要求，并能有序练习。

二、活动准备

材料准备：足球（每人一个）。

三、活动过程

（一）准备部分

准备活动：头部—上肢—下蹲甩臂—纵跳—连续兔跳—单脚跳—转圈跑跳—走步。

（二）基本部分

1. 游戏：数数抬脚——练习原地抬脚

（1）游戏玩法：让幼儿在场地中散开，教师随机报自然数 1~20。如教师喊出自然数“6”，幼儿原地踏步 6 次后将脚抬起，强调幼儿要将脚抬起。反复练习喊出不同的数字。

（2）幼儿原地抬脚练习，熟练后用跑动的方式进行。继续强调跑动后将脚抬起。

（3）教师小结：跑动后迅速将脚抬起。

2.游戏：快速向前冲——无球助跑练习

（1）游戏玩法：无球助跑练习，固定一个点，距起跑线 5 米。快速不间断地跑向固定点，并提前跨步，另一只脚做踢球动作。

（2）教师示范动作，幼儿认真观看，并练习。教师巡视指导快速跑向球并快速抬脚，每组依次进行。小结：快速不间断地跑向那个点，并提前跨步，尽量用脚背。

3.游戏：助跑踢球——尝试快跑后抬脚踢球

（1）游戏玩法：将球固定在一个点，距离 5 米。快速不间断地跑向球，踢球前提腿跨步，支撑脚站在球后侧方，脚内侧或脚背踢球。

（2）教师示范动作，提醒快速助跑后的抬脚踢球。

（3）小结：快速跑向球，支撑脚站在球后侧。

（三）结束部分

（1）小结：快速不间断地跑向球，踢球前踢腿跨步，支撑脚站在球后侧，脚内侧或脚背踢球。

（2）放松活动：四肢拉伸，重点放松膝盖和腿部。

（撰写：陈川）

中班踢球游戏：足球小将

一、活动目标

（1）能比较熟练地快速跑向球，踢球前提腿跨步。（2）能按要求快乐地参与游戏，感受游戏的乐趣。（3）按要求进行游戏，遵守游戏规则。

二、活动准备

材料准备：足球（每人一个）。

三、活动过程

（一）准备部分

准备活动：原地徒手操、脚步高抬腿、大字跳 2 组×30 秒。

（二）基本部分

1.游戏：助跑踢球——练习快跑抬脚练习

（1）游戏玩法：将球固定在一个点，距离幼儿 5 米。幼儿快速不间断地跑向球，踢球前提腿跨步，支撑脚站在球后侧，脚内侧或脚背踢球。

（2）复习助跑练习踢球，幼儿依次进行，教师逐个进行评价动作，重点是助跑后的支撑脚站在后侧。

2.游戏：循环接球——高频率地踢出球

（1）游戏玩法：让幼儿分散站成多个大圆形，幼儿拿球传出，站在边上的幼儿接到球后迅速将球传出。球可以逐渐变多。

（2）教师提问：你用脚的哪个部位传的球？你认为哪个部位传球更准确。小结：可用脚背、脚内侧传球，注意用脚尖传球脚趾容易受伤。

3.游戏：两人传球练习——将球准确地踢向对方

（1）游戏玩法：两人一组，相对站立距离 3~5 米。相互传球，传球时用脚的内侧。

（2）教师提醒幼儿用脚的内侧传球并控制踢球的路线。鼓励幼儿踢向对方时对方能很轻松地接住球。

（三）结束部分

（1）小结：对幼儿快速踢球的动作进行小结。

（2）放松活动：全身放松，重点对脚踝和大腿部位进行放松。

（撰写：陈川）

中班踢球游戏：足球小能手

一、活动目标

（1）能快速不间断地跑向球，踢球前提腿跨步，支撑脚站在球后侧，脚内侧或脚背踢球。（2）体验踢球游戏带来的乐趣，大胆进行游戏。（3）遵守课堂规则和要求，并能有序练习。

二、活动准备

材料准备：足球（每人一个），球门 4 个，标志桶每组两个、多个标志盘。

三、活动过程

（一）准备部分

准备活动：2 分钟热身跑，手腕脚踝的拉伸。

（二）基本部分

1.游戏：两人传球练习——复习将球准确地踢向对方

（1）游戏玩法：两人一组，相对站立距离 5 米。相互传球，传球时用脚的内侧。

（2）两人传球练习时鼓励幼儿尝试到更远的地方进行传球，注意提醒用脚的内侧传球。

2.游戏：点球大战——快跑后抬脚踢球射门

（1）游戏玩法：球门距离射门点 6 米，将幼儿分成 4 组，比赛开始幼儿将球放置在射门点上，后退回起点线。助跑将球踢进球门，球进得 1 分，不进不得分，球进本队球门得分，进其他队球门不得分。

（2）小结：快速跑向球，踢球前提腿跨步将球踢出，用脚背或脚内侧踢球。

3. 游戏：折返跑点球大战——折返跑并快跑后抬脚踢球射门

（1）游戏玩法：球门距离射门点 6 米，将幼儿分成 4 组，比赛开始，幼儿将球放置在射门点上，在起点线前放置两个标志桶，远端的标志桶扣上标志盘，比赛开始幼儿跑向远端的标志桶并取出一个标志盘跑回扣到另一个标志桶，然后跑向射门点将球踢进，球进得 1 分，不进不得分，球进本队球门得分，进其他队球门不得分。

（2）小结：快速不间断地跑向球，踢球前踢腿跨步，支撑脚站在球后侧，脚内侧或脚背踢球。

（三）结束部分

（1）小结：评价幼儿在游戏中的坚持程度，表扬能够有序遵守规则的幼儿。

（2）放松活动：跟着音乐放松身体，轻拍大腿小腿。

（撰写：陈川）

大班踢球游戏：勇敢的士兵

一、活动目标

（1）能快速不间断地跑向球，主力腿较有力地摆动并用脚背踢球。（2）在游戏中体验踢球的乐趣和成功的喜悦。（3）能遵守规则，在自己的营地里踢球，并不断挑战自我，踢得更远。

二、活动准备

足球，两种颜色的锥形桶，沙包，两种颜色的背心

三、活动过程

（一）准备部分

（1）侦察敌情（进行高人走、矮人走、变向变速跑等来侦察敌情，模拟对方有敌人还击，小战士们躲避）。

（2）冲锋陷阵（绕障碍跑）。

（二）基本部分

1.游戏：打倒城墙1——练习用脚背踢球

（1）自主尝试2次，找踢不远的原因所在。

（2）讨论：怎样才能让踢过去的炸弹打倒城墙?

（3）幼儿示范，再次尝试。指导语：你踢倒了几座城墙？你用的什么方法让炸弹滚得很快?

（4）小结：踢炸弹的腿要用力摆动，用脚背踢炸弹才能把炸弹踢得又远又有力。

2.游戏：打倒城墙2（绑有沙包的锥形桶）——练习助跑踢球，踢得更远

（1）讨论：你们有什么好方法可以让炸弹滚得更远，把他们修建出的更加坚固，离我们更远的城墙打倒?

（2）个别幼儿示范。

（3）小结：快速跑到炸弹的后面，踢炸弹的腿尽力打开，脚背用力踢向炸弹。

3.游戏：攻占敌营——能快速地跑向球，练习把球踢得更远

（1）游戏玩法：幼儿自由分成两队，每队在自己的营地内将炸弹踢进对方的营地，把对方的城墙打倒，时间结束后打倒对方城墙数量多的一方获胜。

（2）游戏中，重点指导幼儿知道要遵守游戏规则并提醒幼儿一定要将炸弹踢得远，才能打倒对方的城墙。

（三）结束部分

（1）小结：我们今天顺利完成了攻占敌营的任务，大家都是光荣的小战士。我们还要继续努力锻炼、好好学习，将来长大了争取当一个真真正正的解放军战士，一起去保卫祖国。

（2）放松活动：抖动放松，先抖动四肢，主要是放松肘、膝关节。

（撰写：杨婷婷）

大班踢球游戏：原地踢球射门

一、活动目标

（1）能手脚协调地瞄准球门并运用主力腿较有力地踢球射进球门。（2）探索矿泉水瓶玩足球的多种玩法，体验和同伴踢球游戏的乐趣。（3）在游戏中遵守游戏规则，并不断挑战自我，踢得更准。

二、活动准备

足球，矿泉水瓶子若干，音乐。

三、活动过程

（一）准备部分

教师带领幼儿随歌曲《生命之杯》进入场地做徒手操，重点活动下肢。

（二）基本部分

1.游戏：看谁本领大——练习用脚背或者脚内侧踢球

（1）规则：每名幼儿拿两个瓶子依次摆放在距离起点线六米的直线上，把球放在起点线上，用主力腿对准瓶子有力地踢球，看谁踢倒的瓶子多。

（2）幼儿自由练习，教师重点观察幼儿是否用脚背或者脚内侧踢球，指导用脚尖踢球的幼儿，鼓励幼儿主力腿踢球动作要有力。

2.游戏：自我挑战踢球射门——自己设置球门的宽度，自我挑战踢球射门

（1）游戏玩法：每名幼儿用两个瓶子摆放成球门，调整瓶子之间的距离作为球门的宽度，再踢球进门

（2）鼓励幼儿不断挑战自我，超越自我

3.游戏：多人合作探索踢球射门——探索瓶子在踢球射门游戏中的多种玩法

（1）游戏：2~4 名幼儿结伴合作，商讨如何利用瓶子来玩踢球射门的游戏。

（2）教师观察指导幼儿游戏，示范游戏玩法，如商量好瓶子之间的距离多远适合作球门，再一人作守门员，一人踢球进门，踢进后两人交换；一人设置踢球进门的游戏规则（从球门的大小、用瓶子设置障碍、比谁踢球击中瓶子数量多等方面设置规则），一人挑战。

4.游戏：足球比赛——在对抗中练习踢球射门

（1）游戏玩法：幼儿分两组进行比赛，把球踢进对方球门多的那一队获胜。

（2）教师观察幼儿游戏，提醒幼儿遵守规则，比赛全程手不能碰球。

（三）结束部分

（1）放松活动：放松身心，两人或多人一组用开火车的方式，用球帮助其他小朋友放松身体。

（2）教师与幼儿共同收拾材料。

（撰写：杨婷婷）

大班踢球游戏：助跑踢球射门

一、活动目标

（1）能快速不间断地跑向球，主力腿较有力地摆动并用脚背踢球射门。（2）感受踢球进门的乐趣，不断挑战自己。（3）能与同伴有序踢球，进行足球比赛。

二、活动准备

足球、锥形桶、拱门。

三、活动过程

（一）准备部分

教师带领幼儿活动身体，做伸手、弯腰、压腿、扭腰等动作，并用球做球操（踩球、绕球、跨球等）。

（二）基本部分

1.游戏：球过拱门——练习踢球射门和控球的能力

（1）游戏玩法：幼儿两人一组，一个球一个拱门，两名幼儿分别站在离拱门5米的线上，一名幼儿从拱门的一侧踢球进门，另一名幼儿用脚控住球再传过去。

（2）幼儿自由练习，教师观察幼儿在活动中应用脚背或脚内侧踢球。

2.游戏：踢标靶——练习助跑踢球射门，击中标靶

（1）游戏玩法：在墙面上，画一最小直径为30厘米的几层同心圆，在离墙一米处放置拱门，在离墙5米的地上画踢球线。幼儿助跑向标靶踢球。

（2）幼儿先练习踢定位球射门击中标靶，在掌握踢定位球的基础上，再助跑几步进行踢球。

3.游戏：踢标靶比赛——进一步巩固助跑踢球射门，击中标靶

（1）游戏玩法：幼儿分成4组，进行助跑踢标靶比赛，每踢中一次得一分，

每组幼儿的得分累加，看哪组得分多。

（2）指导幼儿在记分牌上如实记录自己的得分。

（三）结束部分

（1）小结：教师引导幼儿正确看待输赢，胜不骄，败不馁。

（2）放松活动：抖动放松，先抖动四肢，主要是放松肘、膝关节。

（撰写：杨婷婷）

十二、篮球类运动游戏

“篮球”是我园幼儿运动游戏的特色。对于篮球游戏的开展，我们通常从球性出发再到技能游戏的练习。而在整个篮球游戏的体系中，“拍球”又是“篮球”的基础和重点。所以，我们在建构篮球游戏活动体系的同时，特拟定了“拍球”的动作发展序列，以引导幼儿在游戏中不断掌握篮球运动技能。

【拍球动作发展序列】左边为动作发展要领序列，右边为难度序列。

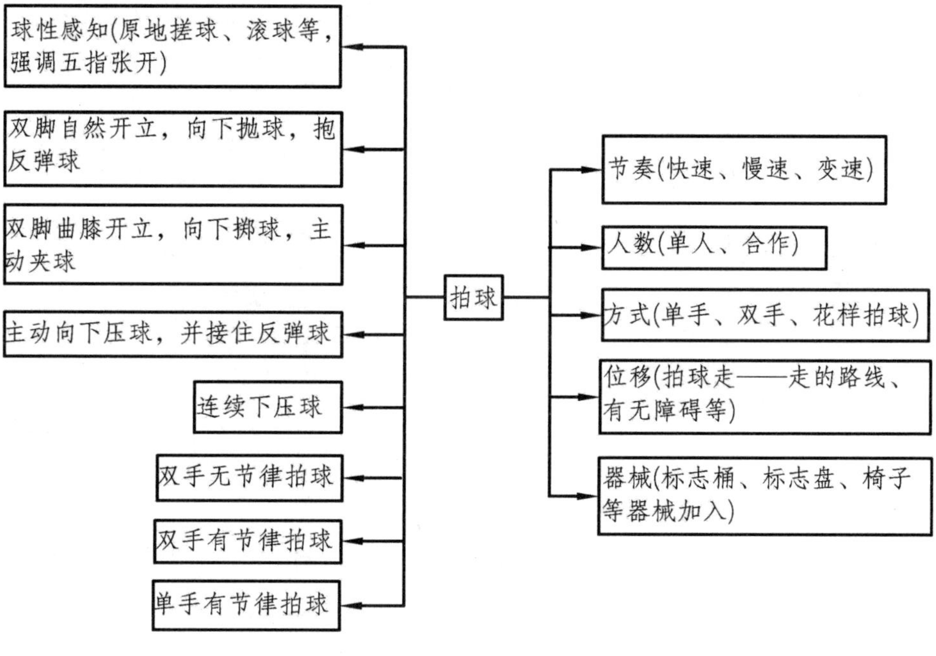

【年龄发展目标】

幼儿篮球	
小班	双手连续拍球，尝试单手连续拍球；行进间拍球
中班	原地运球；直线运球；原地传球；原地投篮
大班	曲线运球；跑动运球；传球；尝试三人或五人篮球赛

【篮球活动游戏体系】

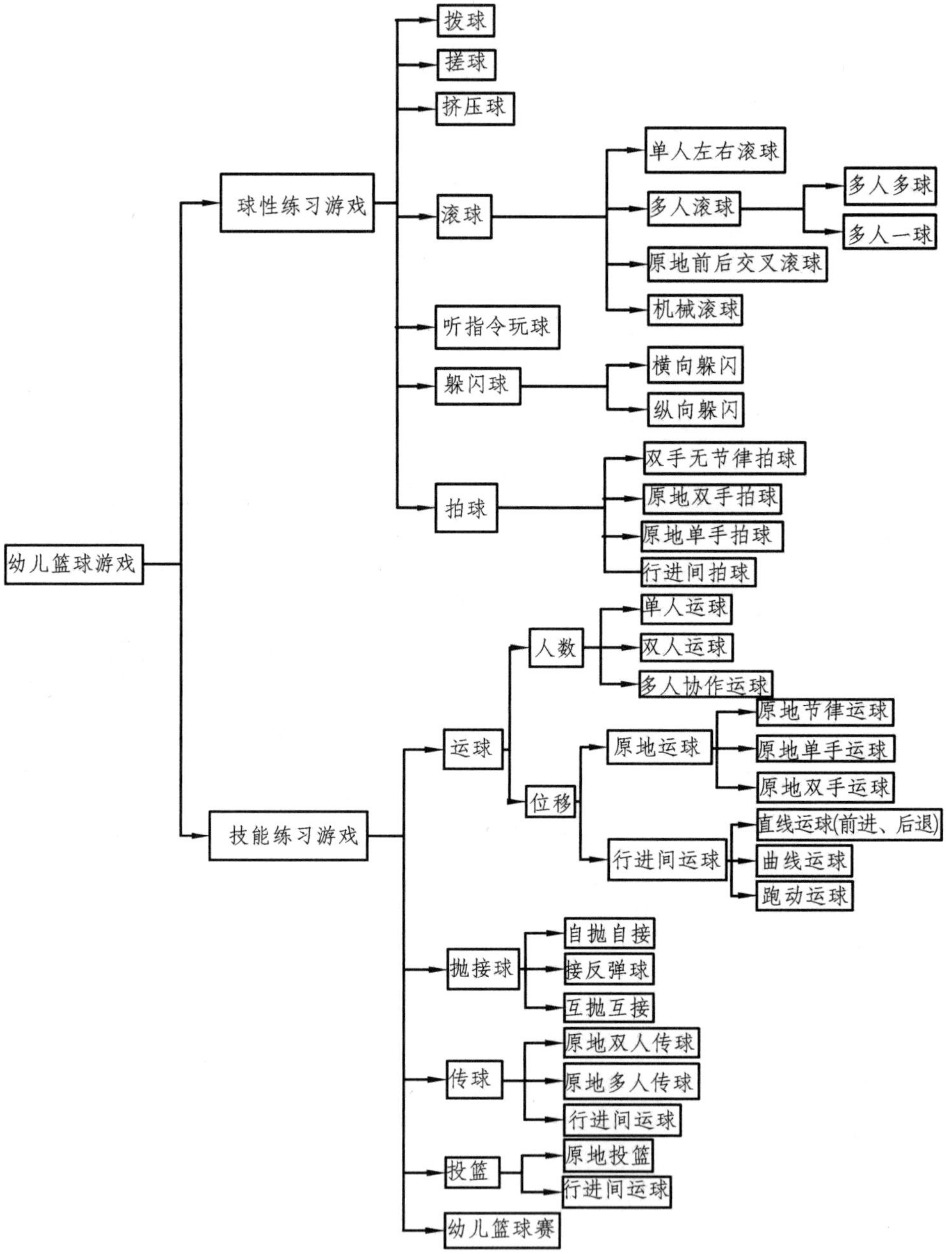
幼儿篮球游戏
球性练习游戏
拨球
搓球
挤压球
滚球
单人左右滚球
多人滚球
多人多球
多人一球
原地前后交叉滚球
机械滚球
听指令玩球
躲闪球
横向躲闪
纵向躲闪
拍球
双手无节律拍球
原地双手拍球
原地单手拍球
行进间拍球
技能练习游戏
运球
人数
单人运球
双人运球
多人协作运球
位移
原地运球
原地节律运球
原地单手运球
原地双手运球
行进间运球
直线运球(前进、后退)
曲线运球
跑动运球
抛接球
自抛自接
接反弹球
互抛互接
传球
原地双人传球
原地多人传球
行进间运球
投篮
原地投篮
行进间运球
幼儿篮球赛

小班篮球（球性）游戏：好玩的球宝宝

一、活动目标

（1）在游戏中感知篮球是圆形的、击打会发声、会反弹等基本特征。（2）体验玩球带来的乐趣。（3）建立玩篮球时不能脚踢球、不能坐球、不能拿球打人等基本规则意识。

二、活动准备

（1）物质准备：每人一个篮球、音乐、各种动物图片。

（2）场地准备：贴有各种动物的场地。

三、活动过程

（一）准备部分

教师带领幼儿听口令进行快慢、前后方向的跑步，活动全身。

（二）基本部分

1.游戏：会唱歌的球宝宝——感知篮球击打时会发出声音的特征

（1）游戏玩法：幼儿每人一个篮球，认识篮球后，随着音乐的节奏用手去击打篮球，音乐结束，击打结束。

（2）教师选择节奏感强的音乐。在游戏中，提醒幼儿不能坐球、不能拿球打人。

2.游戏：搓汤圆——感知和判断球的形状

（1）游戏玩法：幼儿四散坐在地上，地面上四散贴着很多小动物的图片，游戏开始，播放一首两段音乐，前段音乐起，幼儿将篮球当成一个圆圆的团子，单手转圈搓汤圆，第二段音乐起，双手把汤圆往前滚出去，成功经过任一地面小动物就算成功喂到汤圆，挑战成功，反复游戏。

（2）在捡球回来的过程中提醒幼儿不用脚踢篮球。

3.游戏：汤圆凉了——感知球会反弹的球性

游戏玩法：游戏开始，当听到“吃汤圆啰！”时，幼儿双手抱球自然下落反弹后，捡回来，反复三次，汤圆吹凉后，做吃汤圆的动作。游戏反复进行。

（三）结束部分

（1）小结：活动结束，从幼儿的规则意识来评价幼儿的活动情况。

（2）放松活动：皮球按摩操：幼儿坐在地上，双脚并拢，让皮球在身体的各个部位上慢慢地滚动，在再次感知球性的同时，放松身体。教师可以先让皮球从脚尖经大腿，到肚子上原地滚一滚，再绕着身在肚子和后背滚一滚，再经手臂、肩部、头等。

（撰写：陈小燕）

小班篮球（球性）游戏：快乐滚球

一、活动目标

（1）尝试用手和拍子将球沿着规定的路线滚动起来，建立球感。（2）体验花样滚球带来的乐趣。（3）知道在游戏中注意避让同伴，不推挤同伴。

二、活动准备

材料准备：贴有小猪图片的篮球每人一个，贴有各种动物图片的篮球人均一个、球筐 8 个、音乐。场地准备：

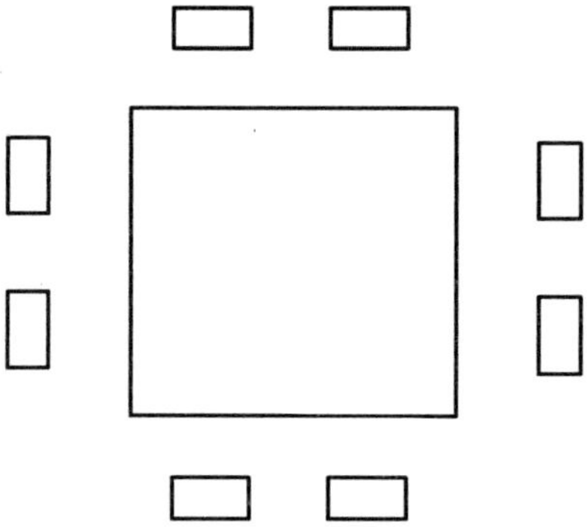

三、活动过程

（一）准备部分

师幼一起做皮球操，活动全身，重点活动幼儿的上肢。

（二）基本部分

1.游戏：赶小猪——感知球会滚动这个性质

游戏玩法：场地四周有八个贴有各种小猪图片的球筐，幼儿双手抱球站在指定线上，游戏开始，幼儿双手往前推动小猪（篮球）回家，看谁先把小猪送到球筐内，反复游戏。

2.游戏：送动物回家——在用器械运球中进一步感知球的滚动

（1）游戏玩法：场地四周贴有各种动物球筐各 2 个，幼儿双手抱球站在指定线上，每人身旁一个网球拍，游戏开始，幼儿手持拍子往前推动小动物（篮球）进指定的球筐，看谁先把小动物送到贴有指定动物的球筐内。交换动物，反复游戏。

（2）游戏中及时表扬成功把球送到球筐的小朋友，提醒幼儿注意避让同伴。

（3）根据孩子的实际情况，可以在场地上准备少许障碍物，增加持器械运球的难度和趣味性。

（三）结束部分

（1）小结：活动结束，从皮球的多种玩法来小结活动，并从幼儿的规则意识来评价幼儿的活动情况。

（2）放松活动：皮球按摩操：幼儿坐在地上，双脚并拢，让皮球在身体的各个部位上慢慢地滚动，在再次感知球性的同时放松身体。教师可以让皮球先从脚尖经大腿，到肚子上原地滚一滚，再绕着身在肚子和后背滚一滚，再经手臂、肩部、头等。

（撰写：陈小燕）

小班篮球（球性）游戏：合作滚球乐

一、活动目标

（1）能够在合作滚球中进一步感知球性。（2）体验用合作滚球带来的愉悦体验。

（3）会遵守游戏规则，知道在捡球过程中主动避让同伴。

二、活动准备

每人一个篮球、音乐。

三、活动过程

（一）准备部分

教师和孩子们一起来玩“揉面团”“搓汤圆”“煮汤圆”和“送汤圆”的游

戏，在双手前后同时搓球、转着揉球、放球捡球、用球推球走的动作中活动幼儿的身体，重点活动上肢。

（二）基本部分

1.游戏：交换球宝宝——在合作滚球中感知球性

游戏玩法：幼儿两人一组相对而坐，中间有一定的距离，一个幼儿双手抱球于体前，游戏开始，抱球幼儿双手用力向前推球，另一幼儿双手接球后再推给对方，反复游戏。

2.游戏：炸弹炸了——在滚球碰撞中体验玩球的愉悦

（1）游戏玩法：幼儿两人一组相对而坐，每人一球。游戏开始，两人同时向中间滚球，若撞在一起则马上发出“嘭”的声音，以示成功爆炸一次。反复游戏。

（2）可以根据幼儿的实际情况增加每组幼儿的人数，如三人一组，围坐成一个圆圈向中间滚球。及时表扬和鼓励成功爆炸的小组，提醒幼儿捡球时注意躲避同伴。

（三）结束部分

（1）小结：教师从幼儿在游戏中是否会避让同伴与合作情况来评价幼儿的活动情况。

（2）放松活动：皮球按摩操：幼儿坐在地上，用皮球在身体的手和四肢上慢慢滚动，放松身体。

（撰写：陈小燕）

小班篮球（抛接）游戏：快乐接球

一、活动目标

（1）在小球滚落下来时，能主动并快速地用双手或者器械去接球。（2）体验花样接球带来的愉悦。（3）知道轮流游戏，不推挤同伴。

二、活动准备

篮球若干、贴有小猪图片的篮球若干、长 3 米高 50 厘米左右的斜坡 4 个、锥形桶若干、大篮子 4 个、音乐。

三、活动过程

（一）准备部分

幼儿分成 4 组，玩向上爬斜坡的游戏，活动全身，重点活动上肢。

（二）基本部分

1.游戏：我是小小饲养员——练习双手夹球的动作

（1）游戏玩法：场地上放四个斜坡，幼儿先分成两组，保育员和老师各加入一组，游戏开始，保育员和老师蹲在斜坡上让小猪（球）在斜坡上打滚，幼儿轮流用手接滚下的小猪，成功接住则可以领养一只小猪，最后领养数量超过 5 个，则成功当选饲养员。游戏反复几次，幼儿熟悉规则后，幼儿分成 4 组，交换角色，个别幼儿来滚球，其余幼儿接球。反复游戏。

（2）及时表扬成功接住球的幼儿，提醒幼儿在接球过程中排队轮流游戏，同时注意保护好自己。另外，每次接球后要把球捡回滚球人处的篮子里再去排队游戏。

2.游戏：吃冰淇淋——难度升级，在用器械接球中提高接球能力

（1）游戏玩法：场地上四个斜坡，幼儿分成四组，每人一个锥形桶，游戏开始，一人在斜坡上滚球，另外的幼儿轮流用锥形桶来接球，成功接住，则成功变出冰淇淋。成功变出冰淇淋的幼儿与滚球的人交换角色，反复游戏。

（2）表扬变出冰淇淋的幼儿，提醒幼儿有序游戏，及时将球捡回放到篮子里。

（三）结束部分

（1）小结：教师从成功成为饲养员和变出冰淇淋的完成情况和游戏中是否轮流游戏等来评价幼儿的活动情况。

（2）放松活动：皮球按摩操：放松幼儿的身体，重点放松上肢。

（撰写：陈小燕）

小班篮球（抛接）游戏：接反弹球

一、活动目标

（1）知道双手用力向上抛球和向下掷球的过程中，眼睛要看着球，手主动去迎球。（2）体验小球抛高、弹跳带来的愉悦。（3）知道在游戏中要注意安全，注意避让同伴抛过来的球。

二、活动准备

（1）物质准备：每人一个篮球、水果图片若干、圈若干、轮胎若干、手电筒幼儿人数一半、音乐。

（2）场地准备：场地一：场地上空悬挂各种较大的水果图片。

三、活动过程

（一）准备部分

幼儿做皮球操，活动全身。

（二）基本部分

1.游戏：摘水果——练习向上抛

（1）游戏玩法：场地一上空悬挂很多水果，幼儿每人一个球，双手抱球向上抛，击中一个就成功摘下一个水果。

（2）提醒幼儿注意安全，注意避让同伴抛起的球。

2.游戏：洗水果——练习向下掷球、接球

（1）游戏玩法：每人一个洗水果的盆子（圈），幼儿站在盆子外，游戏开始，幼儿开始洗水果，连续向盆内掷水果（球）并接水果（球），成功接到球则成功洗水果一次。能够连续洗三次就算挑战成功。游戏反复进行。

（2）当幼儿熟悉玩法后，可以适当增加难度，可以把圈变成有高度的轮胎，幼儿站在轮胎上进行游戏，增加游戏难度。

3.游戏：打地鼠——增加难度，提高掷球接球的反应能力

（1）游戏玩法：幼儿分成两组，一组扮演打地鼠的人，另一组手持电筒扮演地鼠。游戏开始，不同角色的两个人组成一组，小地鼠（电筒的光扫射到哪里，就代表地鼠到了哪里）来偷水果了，看到小地鼠后打地鼠的人就快速用球去击打它，看谁打得准。若打中就交换游戏，游戏反复进行。

（2）提醒扮演地鼠的人不要拿电筒去照同伴的眼睛，照射范围要在同伴的周围，不要太远了。及时表扬击中地鼠的小朋友。

（三）结束部分

（1）小结：从幼儿是否在游戏中会避让抛过来的球和是否坚持挑战不同难度的游戏来评价幼儿的活动情况。

（2）放松活动：皮球按摩操：放松幼儿的身体，重点放松上肢。

（撰写：陈小燕）

小班篮球（抛接）游戏：小球跳舞

一、活动目标

（1）尝试跟着不同快慢的音乐进行有节奏的掷球接球。（2）体验在音乐中掷球接球带来的乐趣。（3）会有意识地跟着音乐节奏进行掷球接球。

二、活动准备

每人一个篮球，不同快慢的音乐 3 首。

三、活动过程

（一）准备部分

幼儿在教师的引导下边听音乐边进行走跑游戏，活动全身，重点活动上肢。

（二）基本部分

1.游戏：小球来跳舞——在不同快慢的音乐中练习掷球接球的动作

（1）游戏玩法：教师为幼儿准备三首不同快慢的音乐，幼儿扮演领舞人，游戏开始后，幼儿先双手抱球边念数字边跟着音乐的节奏舞动身体，当数到数字 5 时，领舞人带着小球来跳舞（幼儿双手抱球跟着音乐有节奏地向下掷球接球），音乐结束，表演结束。音乐由慢到快，游戏反复进行。

（2）教师表扬游戏中跟着节奏掷球接球的小朋友，提醒幼儿双手主动去迎球。

（三）结束部分

（1）小结：活动结束，教师重点从幼儿是否跟着音乐的节奏进行掷球接球来评价。

（2）放松活动：幼儿进行原地的击打球游戏，放松身体，重点放松上肢。

（撰写：陈小燕）

小班篮球（拍球）游戏：皮球拍拍

一、活动目标

（1）尝试双手连续拍球。（2）愿意在活动中体验按压皮球的乐趣。（3）坚持游戏。

二、活动准备

物质准备：每人一个篮球、一块宽敞且有大圆圈和小圆圈的场地、音乐。

三、活动过程

（一）准备部分

教师带领幼儿一起来跳皮球操，活动全身。

（二）基本部分

1.游戏：打地鼠——巩固有节奏地向下按压球

（1）游戏玩法：教师和保育员抱球在身体前，球上贴有地鼠图片，幼儿排成两队，轮流用手去按压地鼠（篮球），每次按压后，教师捡球，幼儿继续按压，引导幼儿按压球时五指分开、掌心空出，对球施加力气。连续按压 5 次，则打败地鼠。

（2）教师及时表扬完成动作的幼儿，游戏时，为了减少孩子的等待，可以请完成较好的幼儿轮流充当抱球的角色，交换游戏进行。

2.游戏：接板栗——练习双手连续拍球的动作

（1）游戏玩法：幼儿每人一个球，双手抱球站好，游戏开始，左右手摇摆球（炒板栗），当听到“板栗烫手啦”时，马上双手连续拍球 4 次，板栗才会凉。

（2）及时表扬连续拍球 4 次的小朋友，鼓励小朋友们坚持游戏。

（3）教师小结：双手连续拍球时，五指分开，掌心空出，有节奏地拍球。

3.游戏：保护小球——尝试双手运球走

游戏规则：保育员扮演大灰狼来抢夺篮球，大灰狼没来时，幼儿每人一个球，双手抱球，在动感有节奏的音乐中双脚自然分开，围着圆圈双手连续拍球走，当听到大灰狼来了时，幼儿赶紧抱球躲到中间小圆圈内，若被大灰狼捉住则停止游戏一次。游戏反复进行。

（三）结束活动

（1）小结：从幼儿是否遵守规则、按压球动作完成度和坚持性评价幼儿的活动情况。

（2）放松活动：皮球按摩操：放松幼儿的全身。

（撰写：陈小燕）

中班篮球（拍球）游戏：小球戴帽子

一、活动目标

（1）初步尝试学习原地单手拍球，降低身体重心，五指自然张开（手掌不要拍球），身体随球的起伏用力。（2）能积极对任务进行挑战，体验达成目标的成就感。（3）仔细倾听，有序练习。

二、活动准备

材料准备：篮球每人一个 、帽子、圆圈。

三、活动过程

（一）准备部分

准备活动：滚球练习，幼儿手拿标志桶，将篮球放置在地上向前滚动。滚动时一路纵队依次进行。

（二）基本部分

1. 按压球练习——练习球感

（1）教师蹲下双手抱球，幼儿单手击打球的正上方，有节奏地击打球，注意用手包裹住球，幼儿两人一组进行练习。

（2）教师蹲下双手抱球，幼儿单手击打球的正上方，击打球后将球弹起抱住继续进行此动作。提醒幼儿有节奏地按压球，全身发力，身体随着球的起伏进行。熟练后在地面放置一个圈，要求幼儿将球拍在圈内。

（3）将球放置于地面，幼儿有节奏地按拍球。注意要有节奏。不断鼓励幼儿进行拍球练习，不怕失败。

2. 送帽子——学习五指张开手心空出

（1）“小球是我们的好朋友，现在我们送一个帽子给他，看看小球是怎样戴帽子的。”教师示范正确的拍球动作。教师出示帽子并示范戴在小球的正上方，引导幼儿五指自然张开包裹在球的正上方给小球戴帽子,有节奏地进行拍球练习。

（2）小结：原地单手拍球，五指分开（手掌不要拍球），手包裹在球的正上方。

3.游戏：小球戴帽子——练习五指分开，手心空出拍球

（1）教师组织幼儿四散练习连续拍球，请表现好的幼儿展示，同时提示戴帽子。

（2）拍球的动作要领：降低身体重心，五指自然张开，身体随球的起伏用力。

手臂向下挥，手腕下压在球正上方进行连续拍球。

（3）幼儿在了解动作方法后再次进行游戏，教师巡回观察帮助指导。

4.游戏：戴帽子比多——进一步熟练掌握拍球

游戏玩法：幼儿散开，一起来比一比谁拍的球个数多，谁送给好朋友的帽子多。在幼儿动作熟练后，教师将幼儿分为两人一组进行戴帽子拍球比赛。比赛开始后，幼儿同时进行拍球，坚持的时间越久则获胜。

（三）结束部分

（1）小结：肯定并表扬认真拍球、坚持按要求拍球的幼儿。

（2）放松活动：放松身体各个部位，重点是手臂和手腕。

（撰写：陈川）

中班篮球（拍球）游戏：123 木头人

一、活动目标

（1）尝试完成向前、后、直线曲线的拍球，五指分开尽力不掉球，尝试换手拍球。（2）能选择不同难度的任务进行挑战，激发学习兴趣。（3）能有序收纳篮球。

二、活动准备

材料准备：篮球、粉笔、音乐《卡农》。

三、活动过程

（一）准备部分

准备活动：篮球徒手操，手持篮球做上举、前平举、下蹲等动作。

（二）基本部分

1. 游戏：123 木头人——尝试慢速向前运球

（1）游戏玩法：教师站在距离幼儿 5 米远的地方，幼儿持球正面向前运球，当老师喊“123 木头人”的时候，幼儿必须停下抱球不动，被看到还在运球的幼儿需要重新返回起点进行游戏，第一个摸到老师的幼儿获胜。游戏反复进行，教师与幼儿的距离可以逐渐加长。

（2）小结：运球时五指自然张开，手臂向下挥，手腕下压，在球正后方进行连续拍球，教师鼓励幼儿不断完成拍球游戏。

2.游戏：123 木头人——尝试慢速向后运球

（1）游戏玩法：教师站在距离幼儿 5 米远的地方，幼儿持球背对老师向后运球，当老师喊“123 木头人”的时候，幼儿必须停下抱球不动，被看到还在运球的幼儿需要重新返回起点进行游戏，第一个摸到老师的幼儿获胜。

（2）教师示范动作，五指自然张开，手臂向下挥，手腕下压，在球正后方进行连续拍球。教师积极鼓励幼儿。

3. 游戏：听信号运球——尝试直线运球

（1）游戏玩法：游戏在有直线的场地上进行，幼儿沿着地面的直线进行拍球，教师喊出“红灯”，幼儿需要原地运球；喊出“绿灯”，幼儿沿着直线运球。教师可根据幼儿的实际情况调整直线的宽度，可以是直线，也可以是两条直线中的区域。

（2）小结：运球时五指自然张开，手臂向下挥，手腕下压，在球正后方进行连续拍球，拍球时会掉球，鼓励幼儿不断完成更多次数的拍球。

4. 游戏：拍球过窄道——尝试曲线运球

游戏玩法：用粉笔在场地上画出弯弯的窄道，幼儿拍球依次通过，球拍出窄道区域后必须重新回到起点进行游戏。窄道的宽度逐渐变窄。

（三）结束部分

（1）小结：表扬能够按指令拍球的幼儿。

（2）放松活动：有序收回篮球，听音乐《卡农》放松身体。小结运球走的动作要领。

（撰写：陈川）

中班篮球（拍球）游戏：花式拍球

一、活动目标

（1）熟悉单手拍球 ，尝试两人交换拍球。（2）在拍球活动中体验完成目标带来的成功和喜悦。（3）遵守游戏规则，按要求进行游戏。

二、活动准备

材料准备：篮球、标志圆圈、音乐《虫儿飞》。

三、活动过程

（一）准备部分

准备活动：慢跑 2 分钟，两人一球，一人双手抱球，一人拍打球，再相互交换。

（二）基本部分

1. *游戏：猜拳石头剪刀布——熟练运用单手拍球*

（1）游戏玩法：两人一组，第一次两人拍球 10 次后，单手抱球猜拳游戏；第二次两人在拍球时一起喊出“石头、剪刀、布”进行猜拳游戏；第三次两人相对站立，面前放置 5 个圈，两人运球进行猜拳游戏，赢了的一方向前进入一个圈，猜拳输了的一方原地拍球，率先到达第三个圈的幼儿获胜。

（2）教师巡视，强调遵守游戏规则，鼓励幼儿大胆拍球进行游戏，挑战连续拍球进行游戏。

2. *游戏：相互换球——熟练运用单手拍球*

（1）游戏玩法：第一次，全体拍球，教师喊出“哒哒哒”的声音，让球的节奏保持一致；第二次，原地拍球 5 次后向身旁跳开，注意保持拍球动作节奏的一致；第三次，两人一组相互换球，幼儿相对站立，同节奏 5 次拍球后向身旁跳开去拍对方的球。熟悉换球后可以尝试拍球 3 次或 2 次换球；第四次，尝试三人一组呈等腰三角形站立，方法和两人换球相同，注意幼儿统一按顺时针或逆时针方向跳开。

（2）小结：换球游戏时保持拍球节奏的一致性。邀请幼儿大胆尝试，鼓励完成挑战者，对完成挑战的幼儿进行表扬。

（三）结束部分

（1）小结：小结并肯定幼儿的表现。

（2）放松活动：有序放球，跟着音乐《虫儿飞》轻拍双手、排成一路纵队互相轻拍对方的手臂、肩膀。

（撰写：陈川）

中班篮球（抛接）游戏：快乐抛球

一、活动目标

（1）学习抛出地滚球，抛出的球能按规定的线路滚。（2）喜欢并愿意参与游戏，体验达成目标的成就感。（3）遵守游戏规则，并能有序练习。

二、活动准备

材料准备：篮球、矿泉水瓶（装一半水）、音乐《荷塘月色》。

三、活动过程

（一）准备部分

准备活动：滚小猪，用蹲走的方式向前滚球。

（二）基本部分

1.游戏：快乐传递——手递手传球

游戏玩法：所有人围成一个大圈，进行手递手传球，传的球依次是乒乓球、网球、瑜伽球、篮球。游戏开始一人敲鼓，鼓声停止后拿球的人需要唱出一句儿歌。

2.游戏：皮球滚滚滚——练习地滚球

游戏玩法：幼儿两人一组，距离 5 米。第一次，两人一球，蹲着将球滚给对方。第二次，两人一球站着将球滚给对方。

3.游戏：打保龄球——练习地滚球

游戏玩法：将矿泉水瓶摆成金字塔形状，分成两队，进行分工，一队负责地滚球，一队摆水瓶，再相互交换。

4.游戏：两球对垒——熟练地滚球

游戏玩法：幼儿两人一组，距离 5 米。一人一球，站着或蹲着将球滚出，滚出时两球相撞则挑战成功。

（三）结束部分

（1）小结：小结幼儿遵守规则的情况。

（2）放松活动：四肢拉伸，重点放松膝盖和腿部，听音乐《荷塘月色》放松心情。

（撰写：陈川）

中班篮球（运球）游戏：有趣的篮球

一、活动目标

（1）熟悉原地单手拍球，尝试行进间单手运球。（2）快乐地参与游戏，在游戏中获得成就感。（3）有序练习，按要求进行游戏。

二、活动准备

材料准备：篮球（每人一个），垫子，音乐《卡农》。

三、活动过程

（一）准备部分

准备活动：幼儿每人一球，第一次把球放在地下，幼儿自转一圈后，把球抱起，教师扮演大灰狼角色，反应慢的幼儿的球将被抱走。

（二）基本部分

1.游戏：拍球转圈圈——熟练运用单手拍球

（1）游戏玩法：第一次幼儿的球弹地后转圈接起。第二次幼儿拍球后转身把球抱起。第三次幼儿拍球后接着拍球。

（2）教师依次完成三次示范，鼓励幼儿参加挑战，及时表扬成功者。提醒幼儿转圈速度要快，要快速抱球和拍球。

2.游戏：老狼几点钟——尝试行进间单手运球

（1）游戏玩法：第一次幼儿用赶小猪的方式赶球走，跟在老师后面玩“老狼老狼几点钟”游戏，“1、2、3、4、5 点时”握球准备，“6 点天黑时”迅速跑回家。第二次幼儿走动中拍球走，跟在老师后面玩“老狼老狼几点钟”游戏，“1、2、3、4、5 点时”握球准备，“6 点天黑时”迅速跑回家。

（2）小结：行进间运球时手臂向下挥、手腕下压，在球正后方进行拍球，球触击地面后会向前方弹起，此时需迅速跟上进行，下次拍球，及时鼓励大胆尝试。

3.游戏：小球逃生——熟悉单手运球练习

（1）游戏玩法：把所有小朋友分为三个组，每组的小朋友都在自己的家里面（站在垫子上面），老师拿出第 4 个垫子。当老师说：“大灰狼来了”并走到一组小朋友面前的时候，这组小朋友迅速从垫子上出去并单手运球至空的垫子上面，算是逃生成功，然后教师再与其他组的小朋友进行互动，循环往复。提醒幼儿逃生时必须运球，幼儿不准从垫子上跑出去。

（2）小结：反复强调行进间运球时手臂向下挥，手腕下压，在球正后方进行拍球。评价完成得好的幼儿，并鼓励幼儿不断提高运球水平。

（三）结束部分

（1）小结：小结动作要领和幼儿掌握的情况。

（2）放松活动：有序放球。跟着音乐《卡农》四肢拉伸，重点放松膝盖和腿部。

（撰写：陈川）

中班篮球（抛接）游戏：快乐抛球 2

一、活动目标

（1）学习向上抛接球，接球时手指张开，伸臂迎球，勇敢接住球。尝试向墙面抛球，接球时曲臂于胸前，手指张开，伸臂迎球。（2）不断尝试高难度的任务进行挑战，体验达成目标的成就感。（3）遵守游戏的规则并能有序练习。

二、活动准备

材料准备：篮球，圆圈，悬挂的玩具和绳子，音乐《小鱼游啊游》。

三、活动过程

（一）准备部分

准备活动：头部—上肢—下蹲甩臂—纵跳—连续兔跳—单脚跳—转圈跑跳—走步。

（二）基本部分

1. 游戏：打地鼠——击地传球

游戏玩法：地面随机放置圆圈标志，幼儿拍球寻找圆圈，找到后双手抱球击向地面 3 次，继续寻找下一个，连续完成 5 个圆圈后挑战成功。

2.游戏：抛西瓜——尝试向上抛接球

（1）游戏玩法：第一次，幼儿原地站立向上抛出球并接住球，球落地则挑战失败；第二次，在空中悬挂高度不同的玩具，幼儿站立于悬挂物下方将球抛出并触碰到悬挂的玩具，下落时将球接住。

（2）小结：接球时注意手指张开，伸臂迎球。鼓励幼儿进行游戏，挑战不同高度的触碰物，勇敢地去接住球。

3. 游戏抛球击掌——熟练向上抛接球

（1）游戏玩法：幼儿原地站立，向上抛出球，快速击掌并接住球。挑战击掌次数。

（2）小结：击掌时快速，接球时手指张开，伸臂迎球。鼓励幼儿完成更多次数的击掌挑战，勇敢地去接住球。

4. 挑战游戏：原地击墙面接球

（1）游戏玩法：将球下手抛向墙面，球击中墙面反弹再将球接住，抛球 10 次，接球多者获胜。

（2）小结：球击中反弹后，力度大反弹速度越快，高度高反弹越远，注意把握好力度和高度。接球时曲臂于胸前，手指张开，伸臂迎球。

（三）结束部分

（1）小结：表扬接球动作正确的幼儿，鼓励接球困难的幼儿。

（2）放松活动：有序放松，跟着音乐《小鱼游啊游》做小鱼游动，进行放松。

（撰写：陈川）

中班篮球（运球）游戏：篮球大挑战

一、活动目标

（1）熟悉原地单手拍球，尝试有难度有对抗的单手运球。（2）快乐地参与游戏，幼儿在游戏中不断提高运球水平，获得成就感。（3）仔细倾听，遵守游戏规则。

二、活动准备

材料准备：篮球、眼罩、绳子、平衡木、纱巾，音乐《卡农》。

三、活动过程

（一）准备部分

准备活动：幼儿每人一球，第一次把球放在地下，幼儿自转一圈后把球抱起，教师扮演大灰狼角色，反应慢的幼儿的球将被抱走。

（二）基本部分

1.游戏：蒙眼拍球——尝试有难度的单手拍球

（1）游戏玩法：第一次，在场地拉一根高度在幼儿腰间的绳子，幼儿手扶着绳子蒙上双眼向前拍球，第二次，幼儿四散开，间隔距离 2 米，听老师的指令向前、向后、向左、向右拍球，当听到停时原地拍球。

（2）鼓励幼儿参加挑战，及时表扬尝试者。提醒幼儿拍球要稳，注意安全。

2.游戏：平衡木拍球——尝试有难度的单手拍球

（1）游戏玩法：平衡木的高度选择 20 厘米，第一次，幼儿拍球依次通过平衡木，掉球后从起点重新开始游戏；第二次，在平衡木上放置沙包，游戏方法一样，幼儿可自己选择侧身拍球通过或选择直接向前拍球走通过。

（2）小结：平衡木拍球有难度，教师鼓励幼儿不怕失败大胆尝试，引导幼儿相互鼓励，共同进步。

3.游戏：揪尾巴——尝试有难度的单手运球

（1）游戏玩法：幼儿在身后放置纱巾（尾巴），分成两队进行游戏。第一次，一队负责揪尾巴，一队保护好自己的尾巴，之后相互交换。第二次，保护好自己尾巴的同时可以去揪别人的尾巴。尾巴被揪掉的幼儿需到场外将尾巴装好后再加入游戏。游戏中须拍球进行，不能跑着去揪尾巴。

（2）强调遵守游戏规则，引导幼儿应用躲的方法去进行游戏，如：快速、变向、急停的方法。评价完成得好的幼儿，并鼓励幼儿不断提高运球水平。

（三）结束部分

（1）放松活动：有序放松。跟着音乐《卡农》拉伸四肢，重点放松膝盖和腿部。

（2）组织幼儿有序地收放球。

（撰写：陈川）

大班篮球（运球）游戏：连续单手运球

一、活动目标

（1）能运用正确的运球方法单手连续运球，人球一致向前运球前进。（2）能积极地参加游戏，体验单手运球的乐趣。（3）能在接力比赛中相互配合，遵守要求和规则，共同完成比赛。

二、活动准备

每人一个 3 号篮球、标准杆 4 个、音乐播放器一个，小球若干，珠子若干。

三、活动过程

（一）准备部分

（1）基本队列练习。集合、前后左右一臂距离。

（2）徒手操：头部、颈部、肩部、腰部、腹部、腿部、手臂徒手操，每个动作 2×8 拍。

（3）集合：向中看齐，散开队形后，向某一名幼儿靠拢，左右半臂距离。

（二）基本部分

1.游戏：和球跳舞——练习有节奏地快慢运球

（1）组织幼儿散开，随着音乐原地运球进行快慢练习。

（2）教师提醒幼儿根据节奏来拍球。

2.游戏：捡豆豆——练习单手运球，提高手眼协调能力

（1）玩法 1：幼儿扮演小猴子，老师扮演老农，当老师说："老农睡着了"时，幼儿就运球去捡小球。当老师说："老农醒了"时，老师运球去捉小猴子，幼儿赶紧抱球回到规定的位置。

（2）玩法 2：增加游戏难度，把小球换成更小的珠子，按照上面的游戏玩法继续游戏。

（3）游戏过程中教师提醒幼儿必须拍着球去捡小球，每次只能拿一个。

3.游戏：小球逃生——练习单手连续运球能力

（1）玩法：幼儿分成 3 组，每组幼儿站在一块垫子上，老师再拿出第四块垫子，老师说："大灰狼来了"并走到其中一组幼儿的面前，这组幼儿迅速从垫子上单手运球走到空垫子上，就算逃生成功。

（2）游戏过程中，教师提醒幼儿必须连续运球跑并提醒在垫子上的幼儿不能从垫子上跑下来。

4.游戏：运球接力比赛——巩固单手连续运球能力

（1）玩法：幼儿分成四组，每组一个篮球，排头的幼儿单手运球一个来回，再把球交接给下一个小朋友，最后看哪一组幼儿先完成。

（2）教师提醒幼儿运球的过程中控制好球，不掉球。交接球时，接球的小朋

友注意力集中，不要东张西望。

（三）结束部分

（1）小结：教师小结幼儿在比赛中的表现，表扬幼儿团队协作、共同努力的精神。

（2）放松活动：教师引导幼儿扮演手中的球，进行加气、放气、抖球、转球、上下跳舞等动作来进行放松。

（撰写：杨婷婷）

大班篮球（运球）游戏：绕障碍运球

一、活动目标

（1）能动作灵活地单手行进间绕障碍运球。（2）喜欢运球活动，具有竞争意识，体验集体玩球的乐趣。（3）在绕障碍接力比赛游戏中，能遵守接力比赛规则，有序进行游戏。

二、活动准备

篮球（每人一个），锥形桶四个，音乐，口哨。

三、活动过程

（一）准备部分

教师带领幼儿随音乐围绕锥形桶跑步，然后拿球与小篮球一起做热身运动。

（二）基本部分

1.游戏：绕直线障碍运球——练习控球能力

（1）玩法：依次在正方形场地的四条边上每隔两米放置一个锥形桶，共20个，幼儿分组进行绕直线障碍运球。

（2）教师观察幼儿，提醒幼儿控制自己的球，不掉球，不要碰倒锥形桶。

2.游戏：大灰狼来了——练习绕圈、绕S形障碍运球

（1）玩法1：依次在正方形场地的四个角上用锥形桶摆一个圆圈，幼儿分成四组，每组选一个圆圈作为自己的家，幼儿听口令围绕锥形桶外圈依次进行绕圈运球，当听到大灰狼来了时，所有幼儿运球跑回圈内。

（2）玩法2：幼儿分组后听口令在自己小组的圈内绕圈运球，当听到大灰狼

走了时，各小组幼儿运球到其他组的圈内，交换自己的家。

（3）玩法3：幼儿分组后听口令在自己小组的家进行绕S形障碍运球，当听到大灰狼来了时，所有幼儿运球跑回圈内。

3.游戏：S形接力赛——在比赛中，巩固提升绕S形障碍运球的能力

（1）玩法：幼儿分成人数相等的4组，每组一个篮球，听到老师的口令后进行绕障碍接力比赛，看哪一组最先完成。

（2）教师提醒幼儿注意接力比赛的规则。

（三）结束部分

（1）评价：表扬坚持游戏和按规则游戏的幼儿。

（2）放松活动：亲亲小篮球。幼儿每人抱一个篮球，用球轻轻敲自己的身体部位，并和同伴用球轻轻敲打肩部、背部、手脚等部位。

（撰写：杨婷婷）

大班篮球（抛接球）游戏：花样抛接球

一、活动目标

（1）能通过判断球的路线和飞行的时机进行抛、接球。（2）尝试更多玩球的方法，对玩球有兴趣。（3）同伴之间能相互协作，分享经验。

二、活动准备

小球若干，录音机，音乐《向前冲》

三、活动过程

（一）准备部分

1.队列队形练习：我们都是解放军

幼儿听口令三横排集合；立正、稍息；向左、右看齐、向前看；向左、右、后转。

2.热身跑：一路纵队拍球绕场《向前冲》

教师提示幼儿听音乐节奏进行快跑、慢跑。

（二）基本部分

1.游戏：自主尝试玩球——引出抛接球的动作要领

（1）讨论：除了拍球，我们还能怎样玩球？引导幼儿四散自主尝试进行抛接球。

（2）教师小结：我们在抛接球时要注意（重难点）——抛传球的位置、接球的时机、落点的判断

2.游戏：单双手抛接球——练习抛接球

（1）双手向上方抛球，重点提示幼儿抛传球的位置感和对接球时机的掌握。

（2）单手向上方抛球，重点提示幼儿对球的落点的判断。

3.游戏：抛球做动作——加大抛接球的难度，练习抛接球

（1）玩法1：抛球做动作。师："如果我们把球抛得更高一点，这样我们就可以有多余的时间做其他的动作。那我们来看哪个小朋友做的动作最有趣、新颖，并且能准确地接住球。比如可以在接球前拍掌、摸身体、转圈等。"小朋友之间相互分享自己的动作，一起进行练习。

（2）玩法2：抛球拍手比赛。两名幼儿一组，一人抛球后拍手，一人数拍了几次。看谁拍手最多并接住球。

（三）结束部分

（1）放松活动：我们都是小皮球，通过让孩子扮演小皮球，教师提示小皮球加气放气来调整孩子的呼吸、恢复心率。然后再甩手捏脚进行放松。

（2）幼儿和老师共同收拾整理材料。

（撰写：杨婷婷）

大班篮球（抛接球）游戏：抛接球大战

一、活动目标

（1）学习抛接球，能曲臂于胸前，手指张开，伸臂迎球，能接住球。（2）能主动选择不同难度的任务进行挑战，体验达成目标的成就感。（3）遵守游戏规则，并能有序练习。

二、活动准备

材料准备：塑料球 16 个，呼啦圈 2 个，音乐播放器。

三、活动过程：

（一）准备部分

准备活动：头部—上肢—下蹲甩臂—纵跳—连续兔跳—单脚跳—转圈跑跳—走步。

（二）基本部分

1.游戏：原地向上抛接球——自由练习抛接球

（1）玩法：将球向上抛出并接住。熟练后在球抛向空中的同时做拍手的动作。

（2）小结：注意把握好力度和高度。接球时，手指张开，伸臂迎球。

2.游戏：抛球进圈——练习双手由下至上抛球

（1）玩法：教师手拿呼啦圈，与地面成 30 度的夹角，幼儿拿球抛入圈中，幼儿分成两队依次进行。

（2）小结： 注意抛球的方式，用双手由下至上的方式更容易抛进。

3.游戏：看谁接得多——练习原地双人抛接球

（1）游戏规则：两人一组，下手将球抛向对方并接住，抛球 10 次，接球多者胜。

4.游戏：挑战自我——练习移动抛接球

（1）游戏规则：幼儿从左至右快速移动，幼儿接住教师不定时将抛出的球。

（2）小结： 快速移动，接球时曲臂于胸前，手指张开，伸臂迎球，接球时，注意来球方向，及时移动位置。

（三）结束部分

（1）小结：接球时曲臂于胸前，手指张开，伸臂迎球；注意来球方向，及时移动位置。

（2）放松活动：四肢拉伸，重点放松膝盖和腿部。

（撰写：杨婷婷）

大班篮球（抛接球）游戏：互抛互接球

一、活动目标

（1）在游戏活动中，练习向上抛接球的动作，提高反应能力和判断能力。（2）喜欢参加抛接球游戏活动，体验竞赛性游戏的乐趣（3）遵守若球没接住，则必须重新抛接再向后传的规则、有序游戏。

二、活动过程

（一）准备部分

教师带领幼儿活动头部、颈部、肩部、腰部、腹部等，每个动作 2×8 拍。

（二）基本部分

1.游戏：你抛我接 ——同伴合作抛接球

（1）玩法：幼儿结伴站好,两人相距 1.5~2 米，一人抛球，一人接球。

（2）讨论：他们的手是怎么拿球的?在抛接球时，怎样才能使球不掉地?

（3）小结：五指分开，双手持球，抛向对方；抛球时上肢挥动、抖腕向前上方用力抛出球；接球时注意力集中，伸出两手随时迎球，观察球的飞行方向，准确接住球。引导幼儿注意安全，抛球时不要抛到对方的头部。

2.游戏：“猪小弟运西瓜”——竞赛游戏中巩固、练习定点抛接球

（1）玩法：幼儿分成人数相等的 4 队。每队排头听信号从球筐里拿一个球当“西瓜”，转身抛给第二个幼儿，依次抛到最后的幼儿，该幼儿接球并将球放到排尾的球筐里。最快将“西瓜”运完的队伍获胜。若球没接住，则必须重新抛接再向后传。

（2）教师指导幼儿能将球传到对方的位置，能控制力量的大小，接球幼儿能判断准确同伴的传球路线和经过身体的位置，主动伸臂接球。

3.游戏：圆圈抛接球——游戏中巩固、练习移动抛接球

（1）玩法：幼儿站成一个大圆，教师站在圆圈中间，边喊幼儿的姓名边向他（她）抛球，被喊到的幼儿接住球，迅速站到中间喊另外一名幼儿的姓名并向他（她）抛球，然后回原位。第二名幼儿接住球后再循环游戏，依次传球。

（2）教师提醒幼儿注意力集中，必要时用手臂保护自己的头部，防止在传球的过程中球砸到自己。

（三）结束部分

（1）放松活动：幼儿进行放松运动，重点放松手臂和腿。

（2）教师与幼儿一起收拾场地，放好篮球，散步回活动室。

（撰写：杨婷婷）

大班篮球（运球）游戏：老狼老狼几点钟

一、活动目标

（1）能与他人合作行进间运球，有一定的控球能力。（2）喜欢参加老狼老狼几点钟的游戏，体验与他人合作成功的喜悦。（3）活动中能听清楚老师的要求，遵守游戏规则，尝试和同伴协商解决问题。

二、活动准备

每人一个 3 号篮球。

三、活动过程

（一）准备部分

（1）基本队列练习：集合、前后左右一臂距离。

（2）球操：头部、颈部、肩部、腰部、腹部、腿部、手臂，每个动作 2×8 拍。

（二）基本部分

1.游戏：老狼老狼几点钟——单人行进间运球

（1）玩法：幼儿边运球边问："老狼老狼几点钟？"老狼回答 1、2、3、4、5 点钟时，幼儿原地运球。当老狼说 6 点钟时，幼儿边跑边运球回家。

（2）教师引导幼儿熟悉规则，提醒幼儿在游戏中控好自己的球。

2.游戏：老狼老狼几点钟—— 两人拉手运球

（1）玩法 1：当老狼回答 1、2、3、4、5 点钟时，幼儿原地运球。当老狼说 6 点钟时，两个幼儿背对背运球

（2）玩法 2：当老狼回答 1、2、3、4、5 点钟时，玩法和之前游戏一样，可以适当加速。当老狼说 6 点时，幼儿两两拉手运球回家。

（3）教师提醒幼儿在行进间运球时及时调整自己的速度，配合同伴运球。

3.游戏：老狼老狼几点钟 ——三人拉手运球转圈

（1）玩法 1：游戏方法同上，当老狼说 6 点钟时三人拉手运球。

（2）玩法 2：当老狼说 6 点天黑时迅速三个人结伴拉手运球转圈。

（3）当幼儿分组有分歧时，教师鼓励幼儿自主协商，引导幼儿感知三人是一个团队。当出现掉球时，可以等待他人，学习相互合作。

（三）结束部分

（1）小结：教师小结在游戏中会合作、与同伴合作得好的幼儿。

（2）放松活动：教师引导幼儿扮演手中的球，做加气、放气、抖球等动作来进行放松。

（撰写：杨婷婷）

大班篮球（运球）游戏：投篮高手

一、活动目标

（1）学习原地双手胸前投篮、原地跳投的投篮方法，提高投篮的准确性与命中率，发展手眼协调能力。（2）培养自由探索、勇于创新的精神和团结合作的意识，体验与同伴合作游戏的乐趣。（3）通过参与游戏，建立规则意识。

二、活动准备

篮球人手 1 个，高低不同的篮球架，塑料圈若干，音乐磁带，录音机。

三、活动过程

（一）准备部分

教师与幼儿一起拿着小篮球进场。在教师的带领下，幼儿与小篮球一起做热身运动。

（二）基本部分

1.游戏：双手用球投墙——练习双手投球

（1）玩法 1：幼儿每人拿一个球站在离墙壁 2.5 米远处，双手持球于胸前，听口令将球推至墙壁再回来单手接住。

（2）玩法 2：幼儿每人拿一个球站在离墙壁 2.5 米远处，双手持球于胸前，听口令将球推进墙壁上的圆圈里。

（3）教师示范讲解：双手持球置于胸前，两脚自然开立，两膝微曲，手指自然张开成球状,两个大拇指相对成“八”字形,用力握球，手心自然空出。投球时，下肢蹬地发力，双臂向前方伸出，把球投向墙壁。

2.游戏：两人投圈——巩固练习双手投球

（1）玩法 1：（投竖圈）幼儿结伴站好,两人相距 1.5~2 米，一人持圈竖直举放在身侧，一人持球投过竖圈。

（2）玩法 2：（投横圈）幼儿结伴站好,两人相距 1.5~2 米，一人持圈平行举放在身侧，一人持球投过横圈。

3.游戏：投篮高手。

（1）玩法：幼儿分成 3 组，分别排成纵队，当老师发令时，排头幼儿进行肩上投篮，球投出后马上将球捡回排到队伍的最后去。

（2）教师观察指导，提醒前一名幼儿投篮后，后一名幼儿才可以投篮。

4.游戏：气死大灰狼

（1）玩法：按照顺序依次站在篮板前面，老师扮大灰狼，幼儿背对篮板面对老师进行运球练习。当老师突然跑到幼儿面前时，幼儿迅速带球转身并投篮，如果没有投中，大灰狼将把球“吃掉”，如果幼儿投中了，大灰狼将被“气死”，并蹲坐在地上。

（2）教师观察指导，提醒前一名幼儿投篮后，后一名幼儿才可以选择站位，依次进行。

（三）结束部分

（1）小结：幼儿怎样才能提高投篮的准确性。

（2）教师与幼儿一起收拾场地，放好篮球，散步回活动室。

（撰写：杨婷婷）

家 庭

亲子运动游戏

在亲子运动游戏中，除了第一周为调动家长与孩子热情的基本游戏外，其他周的运动游戏均分为“闯关游戏”“趣味游戏”“固定游戏”三种游戏形式。其中，“闯关游戏”是上一周亲子运动游戏的难度升级；“趣味游戏”是上一周幼儿园干预游戏中孩子最喜欢的游戏的家庭版；“固定游戏”是家长和孩子可以每天进行玩耍以促进某个动作或技能发展的游戏。同时在干预中期，我们开展了小、中、大班的年级运动会，所以第六周的亲子运动游戏是“运动会特辑”，我们向家长提前分享运动会项目，并向家长提供家庭练习的建议。

小班亲子运动游戏

扫描二维码，查看游戏视频

第一周

游戏一：听口令，双手自抛自接球

游戏玩法：孩子自抛自接球，同时尝试听口令完成动作。

游戏准备：纸球、皮球或篮球（球越小，难度越大，可以从大球过渡到小球）。

游戏提示：当孩子接球失利时，家长请给予适当的鼓励并引导孩子正确归因，以激发孩子练习的积极性。

游戏二：投球进筐

游戏玩法：孩子手拿小球，用上手投掷的方式将小球投进有一定距离的筐中。

游戏准备：孩子能够一手掌握的纸球或小球，目标框与孩子的距离为 1~2 米，具体距离可根据孩子的情况而定。

游戏提示：当孩子投中了目标物后，家长不要吝啬对孩子的表扬，家长的鼓励和肯定是孩子不断练习的强大动力！

游戏三：击打“保龄球”

游戏玩法：家长和孩子一起用下手投掷的方法击打距离 2~3 米远的目标物。

游戏准备：孩子能够一手掌握的小球，瓶子、书本、纸筒等可以直立的小物品若干，像保龄球一样摆放。

游戏提示：如果孩子没有击打到自己理想的目标物，请家长耐心地鼓励孩子“再试一次”。

第二周

闯关游戏：手脚支撑爬“小猫捉鱼”

游戏玩法：孩子手脚着地，支撑横移一段距离。

游戏准备：两个固定物作为横移的起点和终点。起点与终点之间的距离可以由孩子的手臂和身体的支撑力来定。

游戏提示：请家长不要过多地在意孩子移动距离的长短，而是鼓励孩子动起来。

趣味游戏：双脚跳“荷叶”

游戏玩法：孩子双脚同时跳到“荷叶”上，再跳出“荷叶”。

游戏准备：小垫子、纸张、圈等防滑物品若干，作为游戏中的“荷叶”。

游戏提示：重点引导孩子跳时双起双落，并提醒孩子“慢慢跳，不着急”。

固定游戏：单脚立

游戏玩法：单脚站立，双手打开保持平衡。

游戏准备：平坦、宽敞的空地。

游戏提示：家长和孩子一起比赛，趣味性更强哦！

第三周

闯关游戏：投远与投准

游戏玩法：1.投远（延长投掷的目标线）；2.投准：家长距离孩子 1~2 米，手拿大盆，孩子将球投到家长手中的盆里。

游戏准备：孩子一手可握的小球或纸球；家用大盆一个。

游戏提示：和家长一起玩要是孩子运动和练习的动力，当孩子投过目标线或投中目标时，别忘了给孩子大大的赞哦！

趣味游戏：平衡——顶物走

游戏玩法：孩子头顶大小不同的轻量物品，平稳往前走，并保持头上物品不掉。家长可以根据孩子的情况选择大小不同的轻量物品。

游戏准备：大小不同的、方便放在孩子头顶的轻量物品。

游戏提示：当孩子行走时，头顶的物品可能会掉落，请家长鼓励孩子“再试一次”；和孩子一起比赛，也是调动孩子积极性和兴趣的方法哦！

固定游戏：原地单脚跳

游戏玩法：1.原地单脚跳；2.连续单脚跳 2 米左右。

游戏准备：场地不要太滑，没有障碍物。

游戏提示：当孩子单脚不能坚持时，可以引导孩子换脚再继续；家长还可以和孩子一起比赛，增强游戏的趣味性。

第四周

闯关游戏：蜈蚣爬

游戏玩法：家长和孩子手膝着地，孩子在前，家长在后抓住孩子的小脚，两两配合向前爬。熟练后，可以让孩子在后，家长在前，还可以增加爬行的人数。

游戏准备：干净、宽敞的地面。

游戏提示：两两配合蜈蚣爬对孩子的协调性要求很高，在玩耍时可以减缓速度，让孩子既体验游戏的乐趣，又感受到成功。

趣味游戏：平衡——送水浇花

游戏玩法：孩子用水杯打水浇花，家长可以选择家里常用的物品在孩子经过的地方设置宽度、高度不同的障碍，以增加孩子平稳走过的难度，走的时候要求水不能从杯子里洒出。

游戏准备：凳子、书本等家中常用物品；杯子；植物。

游戏提示：孩子在行走时可能水会洒出，请家长耐心引导孩子“慢慢走”，并给爱劳动的孩子点赞哦。

固定游戏：单脚跳障碍

游戏玩法：1.单脚跳过平面物品；2.单脚跳过有一定高度（3~5 厘米）的障碍。

游戏准备：书本、晾衣竿、玩具等家中常用物品；宽敞、平坦的空地。

游戏提示：小班孩子单脚跳还不是很熟练，家长可以先让孩子进行单脚跳练习，再用手牵着孩子单脚跳过障碍。

第五周

闯关游戏：趣味单脚跳

游戏玩法：1.单脚原地站立；2.原地单脚跳；3.连续单脚跳；4.单脚跳障碍。

游戏准备：平坦、宽敞的空地；用于充当障碍的家中常用物。

游戏提示：家长可以根据孩子的实际情况选择以上游戏进行闯关。

趣味游戏：攀爬“大山”

游戏玩法：家长呈平板支撑状，孩子反复从家长腹下爬过，再从家长的背上翻过。

游戏准备：支撑力强的家长。

游戏提示：“攀爬大山”的游戏不仅是对孩子运动能力的锻炼，更是对家长支撑力的考验。家长们可以和孩子比一比，到底谁更厉害。

固定游戏：拍球练习

游戏玩法：1.家长固定球，孩子手拍球；2.家长双手持球，孩子将球拍下；3.孩子进行“双手拍球——抱球”的练习。

游戏准备：适合幼儿的皮球或篮球一个。

游戏提示：拍球是个长期过程，需要孩子的坚持，更需要家长的陪伴与鼓励。

第六周：运动会特辑

运动游戏一：我能投得准

游戏玩法：家长和孩子相对站立，孩子向家长投掷小的轻软物品，家长手拿大盆接住投掷物；玩熟练以后，还可以增加难度，如加大投掷距离、把大盆变小盆以及家长站立不动、不主动接球等。

游戏准备：孩子可一手掌握的、可用于投掷的轻软物品；家中常用的大盆和小盆。

游戏提示：当孩子投中率不高时，家长可以主动接球，以提高孩子游戏的积极性，增强运动的自信。

运动游戏二：钻山洞

游戏玩法：家长用手脚支撑搭起山洞，孩子用手膝或手脚着地爬过山洞。

游戏准备：平坦、宽敞的空地。

游戏提示：在孩子钻爬了一会儿后，家长与孩子互换角色，增强游戏的趣味性。

运动游戏三：我会玩球

游戏玩法：1.亲子推球，孩子和家长面对面蹲地，用五指分开的方式双手把球推给对方；玩熟练之后可以单手推球。2.单人推球，孩子屈膝弯腰，用五指分开的方式左手推球给右手，右手再推给左手。

游戏准备：适合幼儿的皮球或篮球一个。

游戏提示：家长可以在玩耍的时候逐渐增加距离，提升游戏的难度，但一切都要取决于孩子的实际情况，适宜的目标也是能让孩子体验成就感的重要因素哦。

第七周

闯关游戏：单脚跳——看谁跳得快

游戏玩法：1.一大一小两位孩子（或家长和孩子）自由单脚向前跳。2.两人比赛单脚向前跳，看谁跳得快。3.两人手拉手跳过低矮障碍，大朋友适当减缓速度等一等小朋友，同时大朋友也可以作为小朋友跳过障碍的支撑。

游戏准备：宽敞、开阔的平地；低矮障碍物。

游戏提示：跳的障碍尽可能低矮，待孩子跳得够高之后再增加难度。

趣味游戏：向前踢球

游戏玩法：1.原地向前踢球，踢中近距离目标物。2.适当增加目标物和球的距离。3.孩子可助跑几步踢球。

游戏准备：皮球或足球一个；水瓶或玩具等充当目标物。

游戏提示：孩子玩要初期，球和目标物以及孩子助跑的距离应近一些，待孩子玩要熟练后再逐渐提升难度。

固定游戏：拍球——打地鼠

游戏玩法：1.孩子围着场地跑一圈后回到呼啦圈里面，双手向圈外拍球并双手抱住反弹球 3~4 次，以此循环。2.将拍球的落点从圈外换到圈内。

游戏准备：呼啦圈一个；皮球或篮球一个。

游戏提示：孩子可能会把球拍到呼啦圈上，也可能会抱不住球，家长可以鼓励他们，并和他们一起找找原因。正确的归因也可以提升孩子练习的积极性哦。

第八周

闯关游戏：双脚跳障碍

游戏玩法：1.家长端坐于地上，双腿分开，孩子跳过家长的腿（单腿）。2.家长合拢双腿，孩子跳过家长的腿。

游戏准备：宽敞、平坦的空地。

游戏提示：孩子在跳的时候，家长可以用双手给予适当的保护，并提醒孩子双脚落地。当孩子跳过障碍后，家长记得给予孩子表扬哟！

趣味游戏：悬吊“大山”

游戏玩法：1.家长手臂当“大山”，孩子双手绕住“大山”，家长手臂上下移动，让幼儿重复“悬空”“着地”的动作状态。2.家长手臂支撑墙面，孩子双手绕住家长手臂，双脚腾空，坚持悬吊。

游戏准备：一位臂力较强的家长。

游戏提示：玩第一个游戏时，家长可以配以语言“起飞”“降落”来配合腾空和落地的动作。在玩第二个游戏时，当孩子双脚弯曲腾空后可以给孩子数数，鼓励孩子多坚持一会。

固定游戏：原地双手拍球

游戏玩法：孩子双手抱球，用力去砸地上的点，然后双手抱住反弹回来的球。

游戏玩法：平坦的地上贴或放一个点；适合孩子的皮球或篮球。

游戏提示：拍球在于长期的坚持，请家长耐心地陪伴。如果孩子拍球较好，可以尝试双手连续拍球哦!

第九周

闯关游戏：分合跳——跳房子

游戏玩法：家长在地面呈单双摆放与孩子脚的大小相符的材料，孩子根据地面材料提示采用“分合跳”的形式跳过。

游戏准备：与孩子脚的大小相符的平面材料若干（如薄的书本、毛巾等）。

游戏提示：家长可以和孩子一起玩要“跳房子”，激发孩子运动的积极性。在跳的时候，家长注意引导孩子小脚“双起双落”。

趣味游戏：侧滑步——小螃蟹快快走

游戏玩法：1.学小螃蟹横着走，走的时候两只脚脚尖始终向前。2.小螃蟹可以快快地走或跑，但要注意脚尖始终向前。

游戏准备：平坦的空地。

游戏提示：孩子初次尝试侧滑步，请家长提醒孩子脚尖始终向前。孩子也有可能走过去或跑过去容易，但走回来或跑回来的时候就会发生动作变形，请家长先引导孩子练习一侧，熟练了再练习另一侧。

固定游戏：原地双手拍球 2

游戏玩法：1.孩子双手持球，用力“砸”地上的点，再双手抱住反弹回来的球。2.孩子在玩法 1 的过程中尝试拍球。

游戏准备：适合孩子的皮球或篮球，地上贴一个点。

游戏提示：当孩子熟悉了“拍-抱”这种拍单球形式后，可以尝试开始连续拍球。拍球的熟练程度与练习的时间成正比，家长可以引导孩子不断练习，从拍三个球到拍五个球逐步增加，并记得要及时鼓励孩子的进步哦！

第十周

闯关游戏：赶球回家

游戏玩法：用儿童网球拍击打固定不动或者移动的小球。

游戏准备：儿童网球拍、大小不一样的球。

游戏提示：准备材料时，球可以由大变小，提高孩子的手眼协调能力；还可以从球固定不动开始，逐渐向移动中的球过渡，提高游戏的挑战性。

趣味游戏：侧滑摸桩

游戏玩法：双脚同时离地向左右两侧移动，摸到目标物后向反方向移动。

游戏准备：宽敞的场地、一定距离的两个目标物体。

游戏提示：家长在指导时，初期可以是走步左右移动，熟练之后引导孩子一脚出去，另一脚迅速跟上，鼓励孩子在多次尝试中慢慢提高两脚同时离地的灵活性。

固定游戏：原地双手拍球 3

游戏玩法：孩子连续进行双手拍球。

游戏准备：皮球一个、定点一个。

游戏提示：家长在指导的时候可以用数“1、2，抱”或者“哒、哒，抱”的节奏引导孩子找到连续拍球的节奏，提高其拍球的兴趣。

第十一周

闯关游戏：击打——小球飞起来

游戏玩法：孩子双手握球拍（右手上，左手下）,用力挥拍将不同大小的固定球击打出去。

游戏准备：与孩子腰部齐平的凳子或桌子作为击打的底座；大小不同的球（球越小，难度越大）。

游戏提示：孩子第一次接触击打可能会因为瞄准而无法挥拍。家长可以多用大球，增加孩子对于击打的信心，并鼓励孩子尝试击打小球。

趣味游戏：侧滑摸桩

游戏玩法：双脚同时离地向左右两侧移动摸目标物后折返，向反方向移动。

游戏准备：宽敞的场地、一定距离的两个目标物体。

游戏提示：家长在指导时，初期可以是走步左右移动，熟练之后引导孩子一脚出去，另一脚迅速跟上，鼓励孩子在多次尝试中慢慢提高两脚同时离地的灵活性。

固定游戏：双手连续拍球

游戏玩法：双手或单手连续拍球。

游戏准备：适合孩子的篮球或皮球。

游戏提示：拍球在于每天的坚持，家长们一定要鼓励孩子每天坚持练习，才能达到连续拍球的效果！

第十二周

闯关游戏：挥击——球儿飞

游戏玩法：挥动有一定长度的棍棒击打大小不同的球。可从大球开始。

游戏准备：长 60 厘米、直径 10 厘米的棍棒，齐腰的凳子，大小不同的球。

游戏提示：在挥击的时候可以适当调整孩子与挥击目标的位置，便于击中目标。当孩子击中率很高时，可以将棍棒变得更细更长，以提高手对棍棒和球的操控能力。

趣味游戏：跑跳变变变

游戏玩法：亲子一起玩圈，家长在距孩子 3 米左右处向空中抛出一张纸，同时孩子跑向家长接住纸，纸不掉在地上便为获胜。若干次后家长和孩子可互换角色。为了将纸抛得更高，孩子可跳起来向上抛。

游戏准备：餐巾纸。

游戏提示：当孩子熟练了游戏玩法且能够灵活玩耍时，可以适当增加家长与孩子之间的距离，以提高游戏的难度。

固定游戏：连续拍球

游戏玩法：双手或单手连续拍球。

游戏准备：适合孩子的篮球或皮球一个。

游戏提示：拍球在于坚持，家长一定要鼓励孩子每天坚持练习拍球，才能达到连续拍球的效果哦！

（热身活动视频提供：陈小燕）

（游戏设计与视频制作：胡凤 周莹 乐小松）

中班亲子运动游戏

扫描二维码，查看游戏视频

第一周

游戏一：双手接反弹球

游戏玩法：一人将球抛向墙面（距离根据孩子的实际情况来定），另一人接到接触墙面后反弹回来的球。两人交替进行。

游戏准备：孩子一手能握的、有弹力的球；一面墙。

游戏提示：当孩子接球失利时，请家长给予鼓励，并引导孩子正确地归因。

游戏二：击中目标

游戏玩法：家长手举目标物，孩子手拿小球投掷击中目标物。

游戏准备：孩子一手能握的纸球或小球；家里常用物品当目标物，目标物越大难度越小，可以由大到小，逐渐增加难度。

游戏提示：当孩子投中了目标物时，请家长不要吝啬对孩子的表扬，家长的鼓励和肯定是孩子运动的动力哟！

游戏三：手脚支撑爬“小猫捉鱼”（同小班第二周“闯关游戏”）

第二周

闯关游戏：小猫捉鱼 2

游戏玩法：1.在上周的基础上延长孩子手脚支撑爬的距离；2.引导孩子爬到一侧的终点时，单手抬起打招呼。

游戏准备：较矮的凳子、椅子或玩具等两件，作为终点和起点。

游戏提示：手脚支撑爬需要力量与坚持，家长可以和孩子一起进行，以提高孩子的兴趣和积极性；还可以给予孩子充分的鼓励，增强孩子运动的自信。

趣味游戏：下手投球

游戏玩法：孩子双脚前后站立，一手朝下持球后摆，与持球手相异的腿在前，用下手投掷的方式把球投向墙面，球触墙前不能落地。

游戏准备：幼儿一手可握的小球或纸球；一面墙。

游戏提示：当孩子所投的球不能接触墙面时，可以缩短投掷距离，等孩子熟练后再逐步扩大投掷距离。

固定游戏：拍球

游戏玩法：原地站立，双脚自然分开，五指触球（不要用手掌拍球），连续拍球次数越多越好。

游戏准备：一个适合孩子的皮球或篮球；一块空场地。

游戏提示：家长和孩子一起拍球，激励孩子运动的兴趣；当孩子拍球有进步时，不要忘了给孩子大大的赞。

第三周

闯关游戏：神气小投手

游戏玩法：将小球投入不同大小、不同距离的盆中。

游戏准备：孩子一手可握的小球或纸球；家用大盆和小盆各一个。

游戏提示：家长可以根据孩子的情况调整距离的远近；投中的成功感还可以激励孩子不断地练习和挑战。

趣味游戏：往返跑

游戏玩法：从起点出发跑向终点标志物，触摸标志物后快速跑回起点。

游戏准备：宽敞的空地（尽量选户外场地）；自选物品充当标志物。

游戏提示：家长和孩子一起比赛，看谁跑得快；提醒孩子遵守规则，曲臂摆臂。

固定游戏：原地拍球

游戏玩法：原地不动，单手连续拍球，拍球次数越多越好；可在连续拍球的过程中，穿插拍手、叉腰等动作，以增加拍球的难度。

游戏准备：一个适合孩子的篮球或皮球；一块空地。

游戏提示：如孩子在上周拍球的基础上有了进步，请家长给予进步的表扬；如果孩子在尝试新难度时遇到了困难，家长应鼓励孩子“不要放弃，大胆尝试”。

第四周

闯关游戏：立定跳远

游戏玩法：在起点站定，摆臂、双脚蹬地，努力往前跳，双脚要同时落地。

游戏准备：一块平坦的空地，可铺上游戏垫。

游戏提示：家长可以在孩子每次跳后标记出距离，让孩子看看自己的进步；同时提醒孩子遵守规则，不要超出起点线起跳。

趣味游戏：快乐爬爬

游戏玩法：手膝着地在桌子下爬，先直线爬，再绕着桌腿转圈爬。

游戏准备：高约 80~100 厘米的桌子，地上可铺上游戏垫。

游戏提示：要允许孩子快乐地到处爬一爬；转圈爬时可能会有点头晕，可以让孩子自己调节一下，同时也要提醒孩子注意安全。

固定游戏：原地拍球

游戏玩法：原地不动，单手连续拍球，拍球次数越多越好；可在连续拍球的过程中，穿插拍手、叉腰等动作，以增加拍球的难度。

游戏准备：一个适合孩子的篮球或皮球；一块空地。

游戏提示：如孩子在上周拍球的基础上有了进步，请家长给予进步的表扬；如果孩子在尝试新难度时遇到了困难，家长应鼓励孩子“不要放弃，大胆尝试”。

第五周

闯关游戏：手脚着地爬

游戏玩法：孩子手脚着地爬从起点到折返点标志物，绕过标志物往起点处爬行，其间膝盖不能着地。

游戏准备：设置起点和折返点，距离约 6~8 米。

游戏提示：在过程中请家长鼓励孩子坚持完成任务，并强调膝盖不能着地；也可以和孩子一起比赛，增强游戏的乐趣。

趣味游戏：踢球过洞

游戏玩法：孩子和家长分别站在“山洞”的两边，轮流用脚把球踢给对方，并让球钻过“山洞”，在此过程中，不断地尝试用脚控制滚动的球的方法。

游戏准备：大小适中的足球或皮球一个；用椅子等物品搭建的“山洞”一个。

游戏提示：在游戏中提醒孩子遵守规则，并强调球要穿过山洞；尝试和孩子一起寻找用脚控制球的方法。

固定游戏：立定跳远

游戏玩法：在起点站定，摆臂、双脚蹬地，努力往前跳，双脚要同时落地。

游戏准备：一块平坦的空地，可铺上游戏垫。

游戏提示：家长可以在孩子每次跳后标记画出距离，让孩子看看自己的进步；同时提醒孩子遵守规则，不要超出起点线起跳。

第六周（运动会特辑）

运动项目一：投掷布包比赛

游戏玩法：一分钟时间内将布包投入酒杯篮筐里。投入布包数量多的获胜。

游戏准备：布包若干个；酒杯篮筐。

游戏提示：家长们可以在家拉一根高 1.5 米的线，一位家长和孩子各站一侧，练习用力将纸球投过线；哪方地上纸球多则对方获胜。

运动项目二：迎面接力跑比赛

游戏玩法：20 米长的跑道，家长和孩子相对而站，孩子手持接力棒，跑向对面的家长，并把棒交给家长，家长接棒后再跑向对面的队员。

游戏准备：长 20 米的跑道距离；接力棒（或替代物）。

游戏提示：家长可以和孩子加强交接棒的练习，避免孩子在接力跑中掉棒。

运动项目三：迎面支撑比赛

游戏玩法：10 米长的跑道，孩子手脚支撑从起点爬到终点，与终点的队员击掌，队员继续手脚支撑往回爬。

游戏准备：长 10 米的跑道。

游戏提示：家长和孩子一同加强手脚支撑爬的练习。

第七周

闯关游戏：马步跑

游戏玩法：孩子从起点以马步跑的动作到达终点。

动作要领：自然屈臂，朝前摆动；前脚向前迈出一步，后脚紧随着向前迈一步至前脚脚边或脚后；双腿短时间内同时离地。连续有节奏地双脚短时间马步跑 4 次。

游戏准备：较宽敞的场地；两个标志物表示起点和终点。

游戏提示：孩子在跳的过程中可能会出现动作不协调的情况，请家长一定要耐心对孩子进行示范和指导，鼓励他们完成到终点的任务，也可以和孩子进行比赛，激发他们参与的积极性，还可以加入游戏的情景，设定任务，让运动变得更有趣。

趣味游戏：踢中标志桶

游戏玩法：场地中间设置若干个标志桶（可由其他物品代替）,家长和孩子站在两侧，互相把球踢向对方，踢中标志桶的赢一分。

游戏准备：较为宽敞的场地；足球或皮球一个；根据场地的大小设置若干个标志桶（或替代物）。

游戏提示：游戏中，请提醒孩子踢球的正确动作，注意触球的位置。踢倒的标志桶要扶起来放回原位。积分的方式会激发孩子的“斗志”，鼓励他们战胜对手，不怕失败，增强自信。

固定游戏：交替拍球

游戏玩法：孩子在一定范围内，左右手交替拍球，要注意拍球的节奏和控制好皮球。

游戏准备：皮球一个，较为宽敞的场地；可准备节奏感强的音乐。

游戏提示：家长可以根据孩子拍球的情况，适当调整拍的个数，注意拍球的节奏，可用手机记录下孩子拍球的过程，一起看看进步，找找不足，帮助孩子感受进步的喜悦，增强拍球的信心。

第八周

闯关游戏：侧滑步

游戏玩法：在距离 10 米处设置两个标志，让孩子以侧滑步的方式从一处标志物移动到另一个标志物处，用手触摸后返回。需以侧滑步在两个标志物之间往返移动 3 次为完成一次任务。

游戏准备：较为宽敞的场地，用椅子或玩具等物品设置标志物。

游戏提示：家长可以根据孩子的体力情况设置任务的次数，请注意孩子侧滑步的方法，及时纠正。为增加游戏的趣味性，可以在标志物上放上孩子喜欢的物品，也可以和孩子一起比赛，加快侧滑步移动的速度，让孩子体验活动的快乐。

趣味游戏：击打固定物

游戏玩法：孩子用球拍或较粗的泡沫棒击打悬挂在高处的物品。物品的高度可根据孩子挥棒跳起的高度设定，可以是固定悬挂在某处的物品。

游戏准备：球拍或泡沫棒一个，悬挂的软质小球或软质玩具。

游戏提示：家长可以根据孩子跳起的高度和棒子的长度不断调整击打物的高度，也可以调整物品的大小以增加游戏的难度，让孩子击打到物品会增加他们的自信，保持游戏的兴趣，适当的难度也会激发他们的斗志。

固定游戏：下手抛球

游戏玩法：双腿前后站立，孩子一手持球，手臂从下向上将球抛出，尽力击中设定的目标物。

游戏准备：纸球或软布球，在一定距离处设置击中的目标物。

游戏提示：家长可以先让孩子练习动作，在投掷的过程中，可以根据孩子的能力设置不同距离的目标物，让孩子感受成功的喜悦，不断进行挑战。

第九周

闯关游戏：单脚跳

游戏玩法：在场地四周设置若干标志物，孩子以单脚跳的方式跳到标志物处，用未着地的摆动腿踢倒标志物。全部踢倒后，再单脚跳到标志物处一一扶起，跳的过程中可允许孩子换脚跳。单脚跳时，摆动腿用力向前摆动，双臂弯曲朝前摆动，产生带动力。

游戏准备：在场地上四散摆放若干标志物。

游戏提示：游戏中，爸爸妈妈们一定要鼓励孩子坚持完成游戏任务，允许孩子在累的时候换脚继续，但一定不能双脚一起跳，可以和孩子一起比赛，增加游戏的趣味性，活动后一定要提醒孩子放松双腿。

趣味游戏：你抛我接

游戏玩法：两人距离 2~3 米相对站立，用下手抛球的方式把球抛向对方，另一人用双手接住后再抛出。

游戏准备：较为宽敞的场地，皮球一个。

游戏提示：在游戏过程中，家长们可以提醒孩子注意抛球的高度和远近，眼睛注意看球的方向，移动身体努力接到球。请及时给孩子鼓励，如“你接得真准！你抛得又高又远”等，让孩子信心满满，快乐多多。

固定游戏：保持平衡

游戏玩法：孩子在原地双脚交替跳 3~4 次后，单脚跨过地上的低矮标志物，并保持单脚站立不动。

游戏准备：一个高约 10 厘米的标志物。

游戏提示：鼓励孩子努力保持身体的平衡，可适当增加标志物的高度和个数，以提升孩子挑战完成后的愉悦感和成功感，保持对游戏的兴趣。

第十周

闯关游戏：单脚跳高

游戏玩法：孩子单脚站立准备好后，再单脚跳上高约 5~8 厘米的台阶或物体，保持 3 秒钟左右后，向后跳下双脚落地。再换另一只脚重复进行。

游戏准备：高约 5-8 厘米的台阶或物体。

游戏提示：如果孩子在跳的时候有点害怕，爸爸妈妈们可以先拉着孩子的手尝试下，并鼓励他们独立完成；也可以逐渐增加跳的高度。

趣味游戏：旋转跳

游戏玩法：双脚同时往前跳，每跳一步，身体向后旋转 180°,落地后保持住身体平衡再继续跳。

游戏准备：在地上按照视频内容画若干排圆圈，每排间距约 10 厘米。

游戏提示：鼓励孩子旋转后努力保持好身体的平衡，让孩子反复尝试，不怕困难，充分感受到自己的进步并为之自豪。

固定游戏：蹦跳

游戏玩法：孩子以蹦跳的方式在场地上四处活动，注意蹦跳的方法及四肢的协调性，避免同手同脚和用走的方式活动；熟悉后，可以在场地上设置一些障碍，让孩子以蹦跳的方式绕开障碍活动。

游戏准备：一块较为宽敞的场地。

游戏提示：当孩子动作不协调的时候，爸爸妈妈们应该给予他们正确的示范，让他们模仿学习，当他们有进步时，一定要给予掌声鼓励，增强孩子的自信心，保持他们对运动的浓厚兴趣。

第十一周

闯关游戏：侧滑步移动接球

游戏玩法：孩子以侧滑步的方式左右移动，在移动的过程中接住抛过来的球，再抛回给爸爸妈妈。

游戏准备：较宽敞的场地，大小适宜的球 1 个。

游戏提示：家长在抛球的时候请根据孩子的情况调整抛球的距离，提醒孩子要用侧滑步的方式左右移动，也可以随孩子一起侧滑步移动抛球，给孩子正确的示范，也可以增加亲子运动的趣味性。

趣味游戏：转圈拍球

游戏玩法：设置一个标志物，让孩子一边拍球一边绕标志物走。

游戏准备：皮球一个，标志物 1~2 个（可用小棒或椅子）。

游戏提示：孩子在拍的过程中可能会有掉球的情况，家长请鼓励孩子不断尝试，示范正确的方法，和孩子一起进行游戏，帮助孩子树立不怕困难，大胆尝试的运动品质。

固定游戏：你能跳多高

游戏玩法：先在原地练习向上跳，折腿、收腹，让膝盖尽量贴近腹部，落地时前脚掌落地，动作练习好后，再摆上高约 20 厘米的障碍物，让孩子跳过。

游戏准备：可准备 10~20 厘米高度不同的障碍物。

游戏提示：孩子掌握了跳的动作后，家长可以先给孩子设置比较低矮的障碍物，让孩子在掌握方法的同时不断增强游戏的自信心。在跳的时候，请提醒孩子动作要领，鼓励他们大胆尝试不同的高度。

第十二周

闯关游戏：跳——连续跳跳跳

游戏玩法：幼儿根据摆放的材料进行双脚跳、单脚跳、跨跳的练习。

游戏准备：书本、小凳子、玩具等作为障碍摆放。

游戏提示：家长可以根据孩子的情况自行摆放障碍，还可以依据孩子游戏中的实际情况，调整材料的摆放，让孩子既能得到练习，又能收获自信。

趣味游戏：跑——五米三向

游戏玩法：孩子以一点为中心，先后跑向三个不同的方向，摸到距离 5 米左右的三个不同的目标物。

游戏准备：一个中心点，宽敞的场地，三个目标物（玩具、凳子等）。

游戏提示：在游戏中，请家长鼓励孩子提升跑步的速度，并提醒孩子跑步时注意屈臂摆臂；同时，家长和孩子一同比赛，看谁能在最短的时间内完成三个目标物的触碰。

固定游戏：拍球转圈

游戏玩法：孩子连续拍球，在拍球的过程中尝试身体自转一周，再接着拍球。整个过程中保持拍球的节律。

游戏准备：篮球一个。

游戏提示：当孩子转圈拍球成功后，请家长及时给予表扬；如果孩子还不能进行拍球转圈，可以鼓励孩子先练习连续拍球。

（热身活动视频提供：张群羚）

（游戏设计与视频制作：周静 陈川 乐小松）

大班亲子运动游戏

扫描二维码，查看游戏视频

第一周

游戏一：两人双手接球

游戏玩法：孩子和家长面对面站，做接球准备动作，两人相互传球，双手接球。

游戏准备：适合孩子小手的球；家长和孩子之间的距离为 1~2 米。

游戏提示：当孩子接球失利时，请家长给予适当的鼓励，并引导孩子正确地归因，激发孩子练习的积极性。

游戏二：手脚支撑爬“小猫捉鱼”（同小班第二周“闯关游戏”）

游戏三：立定跳远

游戏玩法：1.家长端坐于地上，双腿并拢，孩子双起双落跳过家长的双腿；2.家长双腿逐渐分开使孩子跳过的宽度增加。

游戏准备：干净、宽敞的平地。

游戏提示：孩子在跳时家长注意用双手保护孩子。

第二周

闯关游戏：小猫捉鱼 2（同中班第二周“闯关游戏”）

趣味游戏：单脚跳——金鸡比赛

游戏玩法：1.原地抱脚单脚跳；2.连续单脚跳；3.单脚跳直线；4.双人比赛（快速单脚跳）。

游戏准备：场地防滑，没有障碍物。

游戏提示：当孩子觉得枯燥或者坚持不住时，请家长引导孩子坚持，可以用倒数 10 秒的方式鼓励他们坚持，孩子觉得没有兴趣的时候可以用比赛的方法鼓励他继续练习。

固定游戏：拍球练习

游戏玩法：1.单手连续拍球 1 分钟；2.双手交替连续拍球。

游戏准备：4 号或 5 号篮球。

游戏提示：孩子拍球时家长可以在一旁帮他数数，鼓励他坚持一分钟或者拍满 100 个；当孩子无法完成左右手交替拍球时，家长不要着急，给他一点时间，实在无法完成时就先练习熟练的单手拍球。要给孩子加油，建立良好的自信。

第三周

闯关游戏：神气小投手（同中班第三周“闯关游戏”）

趣味游戏：抛接球

游戏玩法：1.孩子双手将球抛向高处，然后双手手掌接住回落的球；2.两人相对 2 米左右站立，相互抛球然后接住。抛接的球可以由一个安全、柔软的轻物代替。

游戏准备：一个合适的皮球或者可替代的轻物。

游戏提示：当孩子没有接住球的时候，请家长鼓励孩子“你一定能行”。当孩子接得很好的时候，也可以增加两人之间的距离来加大难度。或者请孩子将球抛得更高来接住。一定要注意安全，不要让球砸到孩子哦！

固定游戏：拍球练习

游戏玩法：（1）孩子双手连续拍球，尝试快、慢拍；（2）快、慢结合变速拍球。

游戏准备：一个合适皮球；平整的场地。

游戏提示：当孩子无法在一次拍球过程中快慢交替拍的时候，请家长给孩子一些鼓励，并让他们将快速、慢速拍球分成两次各自练习好了再连贯起来拍。

第四周

闯关游戏：悬吊

游戏玩法：1.双手抓握悬吊一定的时间；2.悬吊时，双脚弯曲或悬荡。

游戏准备：有一定高度的、适宜悬吊的物体。

游戏提示：如果家里没有适合悬吊的物体，也可以两个家长握着孩子的手进行；当孩子快放弃的时候，家长可以鼓励孩子再坚持一下。

趣味游戏：侧滑步摸桩

游戏玩法：用侧滑步的方式沿直线快速移动，并触摸到不同高度的物体。

游戏准备：两组不同高度的物体；宽敞的场地。

游戏提示：家长可以和孩子一起比赛，激发孩子运动的积极性。

固定游戏：行进拍球

游戏玩法：孩子一边拍球一边沿直线向前行进走。

游戏准备：一个大小合适的球；一条直线。

游戏提示：当孩子无法沿直线进行拍球时，也可以引导他一边拍球一边走或者继续上周的原地变速拍球。

第五周

闯关游戏：侧滑摸桩

游戏玩法：孩子在两个篮子之间侧滑步移动，将一个篮子的物品送到另一个篮子。当孩子熟练以后可以增加难度，在不同的方位、距离摆放不同的物品，孩子听指令滑步移动至相应的位置。

游戏准备：两个篮子（或替代物），放在篮子里的玩具若干。

游戏提示：当孩子熟练以后，家长可以引导其加快步伐。

趣味游戏：平衡走

游戏玩法：孩子在原地转五圈，然后沿直线走一段距离，锻炼孩子的平衡能力。当孩子能够平稳地走后，可以适当地增加难度，如闭眼转圈等。

游戏准备：没有障碍的场地，一条直线。

游戏提示：如果孩子会晕，可以提醒孩子适当减少转圈数；家长也可以陪孩子一起玩耍，激发他们游戏的兴趣。

固定游戏：拍球接力

游戏玩法：在孩子熟练拍球的基础上进行拍球走或跑的接力。孩子拍球走（跑）

一段距离，绕过标志后回到原地，将球传给下一个孩子；也可以和家长一起进行接力，激发孩子拍球的兴趣！

游戏准备：皮球一个；标志物一个。

游戏提示：当孩子无法熟练地拍球走（跑）时，可以换成双手拍球。家长也可以和孩子一起接力，用比赛的方法激励孩子拍球，增强游戏的乐趣。

第六周（运动会特辑）

运动项目一：20 米折返跑

游戏玩法：孩子听信号起跑，手握接力棒，绕过标志杆后返回，将接力棒传递给下一个人。

游戏准备：一根小棒，宽敞的地方；在距起点 20 米处放置一个标志杆。

游戏提示：在跑步中，家长可以提醒小运动员在跑步途中要将手上的接力棒由高转到低处握住，以便传给下一个人；也可以和孩子一起进行接力跑哦！

运动项目二：钻过人体山洞

游戏玩法：孩子能够手脚支撑，身体呈拱形，最大限度高于地面；能够快速地钻过“拱形”后迅速做好支撑姿势。

游戏准备：宽敞、安全的场地。

游戏提示：家长可以和孩子一起接力进行这个游戏哟！

运动项目三：拍球接力

游戏玩法：孩子能够有节奏地拍球五次后，将球传给下一个小朋友。接球的小运动员能够顺利地接住球并继续有节奏地拍球五次往下传。

游戏准备：宽敞安全的场地；一个适合的球。

游戏提示：当孩子无法很好地将球拍着传下去的时候，家长可以告诉孩子最后拍的一下可以稍微用一点力，这样可以给别人一点接球的时间哟！

第七周

闯关游戏：平衡——自转走小桥

游戏玩法：在原地自转 5 圈后能分清方向，并听指令向不同的方向走直线。

游戏准备：中间画一个圈；前后左右四个方向分别画 4 条直线。

游戏提示：如果孩子容易晕，可以适当减少自转的圈数，如果能够很好地分清方向走直线，也可以给孩子一些任务，增加难度，提高游戏的挑战性。

趣味游戏：打反弹球

游戏玩法：请孩子拿一个小皮球（乒乓球）和球拍，单手运用球拍将球击向地面，使球落地反弹后连续击打。

游戏准备：轻巧的皮球或者乒乓球、球拍或者乒乓球拍；没有球拍的可以用其他的平面物品代替。

游戏提示：如果孩子无法连续向下击打反弹球，也可以将球拍放低一点，连续拍 3 个接一次球，让孩子获得成功感后更愿意挑战高难度。拍得比较熟练了就可以尝试将球拍得高一些，增加难度。

固定游戏：拍球接力（同大班第五周“固定游戏”）

第八周

闯关游戏：蹦跳步

游戏玩法：孩子听家长的指令进行蹦跳步练习，家长喊“停”，就停下来，喊“开始”就继续进行蹦跳。

游戏准备：安全、宽敞的场地。

游戏提示：孩子根据家长的指令进行蹦跳游戏，当熟练后家长可以增加“快”“慢”“前”“后”的指令，孩子根据指令进行方位、速度的变化，增加游戏的趣味性。

趣味游戏：钻“山洞”

游戏玩法：孩子正面团身、侧面和匍匐钻过不同高度的“山洞”，身体不能触碰“山洞”。

游戏准备：爸爸妈妈为孩子搭“山洞”，也可以用不同高度的桌椅代替。

游戏提示：当孩子能够比较轻松地钻过有高度的山洞时，可以适当地增加难度，降低山洞的高度或者运送一些小玩具。

固定游戏：拍球接力

游戏玩法：在孩子熟练拍球的基础上进行拍球走或跑。孩子拍球走（跑）一段距离，绕过标志后回到原地。家长可以和孩子一起进行接力，激发孩子拍球的兴趣！

游戏准备：皮球一个、标志物一个。

游戏提示：当孩子无法绕过多个障碍的时候，可以适当减少障碍的个数，提高幼儿的运动自信。

第九周

闯关游戏：单脚跳障碍

游戏玩法：孩子能够单脚跳过有一定高度或宽度的障碍物。

游戏准备：可以用作障碍的各种玩具。

游戏提示：孩子跳的障碍物，可以从平面的细线到有宽度的、高度的物体或玩具；当孩子无法跳过有高度和宽度的障碍时，家长可以适当降低难度。

趣味游戏：快乐击打

游戏玩法：孩子能够手眼协调地击打固定物体，会用力挥棒。

游戏准备：纸杯若干、羽毛球拍。

游戏提示：孩子能够很轻松地击打中目标时，我们就可以将羽毛球拍换成细的一面来击打哦！如果家里没有羽毛球拍，我们也可以用纸棒或其他的细长物品代替。

固定游戏：侧滑步拍球

游戏玩法：幼儿用侧滑步的方法左右移动，并在移动中拍球。

游戏准备：一个皮球。

游戏提示：如果孩子不能连续侧滑步拍球，我们可以先练习左右移动拍球，待孩子移动比较熟练后，再加快速度！

第十周

闯关游戏：立定跳远谁最棒

游戏玩法：1.家长根据孩子的能力为他设置一定的跳远距离（1~1.5 米左右），请他努力跳过去。2.用立定跳远的方法连续跳一定的距离。

游戏准备：平坦的空地或者跳远垫。

游戏提示：家长可以和孩子一起跳远，也可以用比赛的方式激励他们努力跳得更远。注意引导孩子双手摆臂，向上跳起，双脚同时跳起同时落地。

趣味游戏：抛球击墙

游戏玩法：1.双手将皮球用力抛向墙面，接落在地上的反弹球。2.双手将皮球抛向墙面，直接接住回落的球。

游戏准备：家长为孩子准备轻的球，一块平坦的墙面。

游戏提示：抛球击墙对于孩子来说有一定的难度，如果孩子接不住，可以先尝试接落地的反弹球。皮球用轻一点、大一点的球，这样更加容易操控，获得成功感。

固定游戏：双手拍球

游戏玩法：孩子双手同时拍球，尽量让两个球的节奏相同，并尽可能连续拍球。

游戏准备：家长为孩子准备两个大小相同的 4 号皮球。

游戏提示：家长可以和孩子一起练习双手拍球，一起探索最佳的拍球方法。如果孩子实在无法双手拍球，我们也可以一只手拍球，另一只手拍空球。

第十一周

闯关游戏：快乐跳跳跳

游戏玩法：1.家长根据孩子的能力为他设置一定距离的圈和 30~40 厘米高的障碍，孩子用双起双落的方式跳过障碍；2.相同的障碍，幼儿用跨跳的方式跳过去。

游戏准备：宽敞的场地，呼啦圈、玩具等障碍。

游戏提示：如果孩子双脚跳过高度障碍时有困难，可以适当降低高度。

趣味游戏：看谁投得准

游戏玩法：孩子用上手投掷的方法投中前方 3~6 米的目标物。

游戏准备：家长为孩子准备可以用来投掷的沙袋、可以用来击中的玩具、玩偶或者生活用品。

游戏提示：游戏中，家长可以先给孩子准备大一些的玩偶或者物品，这样更加容易投中，让孩子获得成功感；当孩子能够更好地掌握好力度与高度后，可以适当将目标物变小。

固定游戏：双手拍球

游戏玩法：孩子能够有节奏地双手同时拍球，连续拍多个不掉球。

游戏准备：家长为小朋友准备两个大小相同的 4 号篮球。

游戏提示：如果孩子实在无法双手拍球，我们也可以一只手拍球，另一只手拍空球。家长也可以和孩子比赛，看谁双手拍球拍得多。

第十二周

闯关游戏：快乐击球

游戏玩法：孩子用球拍朝着墙壁击打反弹球，并尝试击准。

游戏准备：孩子使用的球拍和可反弹的小球。

游戏提示：当孩子能够准确击中反弹球时，可以在墙上贴一个目标，尝试击准目标。目标由大到小，难度由小到大，增加游戏的挑战性。

趣味游戏：单脚跳运球

游戏玩法：孩子尝试快速单脚跳，将球从一个篮子运到另一个篮子里。

游戏准备：准备两个篮子，并根据孩子的能力间隔 3~5 米。

游戏提示：游戏中，也可以用玩偶或玩具代替球；距离可以根据孩子能力逐步增加，也可以和孩子比赛，增加亲子互动，提高孩子参与的兴趣。

固定游戏：双手花样拍球

游戏玩法：孩子能够尝试双手进行花样拍球，不掉球。

游戏准备：家长为小朋友准备两个大小相同的 4 号皮球。

游戏提示：如果孩子无法单脚站立保持平衡拍球，也可以进行简单的花样变化，家长可以和孩子一起想，并尝试对方想出来的花样拍球方法，提高孩子的拍球兴趣。

（热身活动视频提供：陈川）

（游戏设计与视频制作：何晓莉 刘熙 乐小松）

社 区

运动活动方案

通过与社区的配合与协作，我们运用社区场地、物质等硬件资源以及社区专业运动人士等软件资源，联合家长，在综合运动干预的十二周内，共同组织了四次大型运动活动和一次延续十周的社区运动达人入园的活动。

“健步行 欢乐动”亲子迷你马拉松活动方案

一、指导思想

家-园-社综合运动干预是本次运动干预的主要形式和重要形式。本次亲子迷你马拉松活动，以位移技能中的“走”“跑”为主，联动家庭参与、园所配合、社区辅助，本着“运动在于坚持”的宗旨,让家庭、幼儿园、社区共同体验运动的乐趣和综合干预的成效。

二、活动目标

（1）幼儿和家长都能积极参与活动，感受运动的乐趣，体验亲子运动的愉悦。（2）在比赛中，能够坚持跑（走）完全程，并能根据自己的情况选择中途的休息和补给次数。（3）通过开展活动，增进家庭、幼儿园、社区三方的交流和沟通，增加三方联动的默契。

三、活动时间

周六上午 8：30-12：00

四、活动地点

重庆市渝中区朝天门棉花街体育公园

五、参与人员

社区工作人员，小中大三个年龄段幼儿及家长，教师，幼儿园行政人员，安保人员，保健人员。

六、活动准备

（一）经验准备

（1）幼儿园和家庭携手对幼儿走、跑技能进行了综合干预。

（2）在主题活动中引导幼儿了解了什么是马拉松，并引导幼儿在比赛中学会坚持。

（二）场地准备

（1）赛道准备：亲子迷你马拉松赛道为体育公园的外围人行道。赛道沿途以彩旗作为引导，地面贴有方向箭头，并在转弯处配设引导人员。

（2）补给点准备：整个赛道设两个补给点，每个补给点配备 1 名安保人员、1 名保健医生，并配有水、巧克力、面包等食物以及简单的医药用品。

（3）其他场地准备：体育公园内设有检录处、领奖台、合影区等。

（三）器材准备

亲子背心、号牌、幼儿园标识贴、奖状、奖牌、奖品等。

七、活动流程

（一）检录

参与比赛的每组家庭（一名幼儿、一位家长）到检录处检录，并领取亲子背心和号码牌。

（二）集体热身操

每班家庭列队站好，在幼儿园专职体育老师的带领下跟随音乐一起跳热身操《牛牛牛》和《运动真奇妙》。

（三）亲子迷你马拉松比赛

1.小班亲子迷你马拉松（走）比赛

小班亲子迷你马拉松采用快走的形式开展。比赛家庭分为 3 组，每组 20 个家庭围绕体育公园快走 3 圈，共 1 千米左右；每快走一圈，计时裁判在家庭成员（幼儿）身上贴一个幼儿园标识贴，以提醒参赛人员和其他裁判其所快走的圈数。最后的比赛成绩以快走到终点的时间决定。

在快走的途中，家长可以根据孩子的具体状况选择是否需要在补给点休息或补给；同时，补给点人员也根据家长和幼儿的状况决定是否提醒其休息或补给。

2.中大班亲子迷你马拉松比赛

中大班组围绕体育公园慢跑 4 圈，共 1.5 千米左右。中大班组分为 5 组，每组 35 个家庭左右。每跑一圈，计时裁判在家庭成员（幼儿）身上贴一个幼儿园标识贴，以提醒参赛人员和其他裁判其所慢跑的圈数。最后的比赛成绩以慢跑到终点的时间决定。

慢跑的途中，家长可根据孩子的具体状况选择是否需要在补给点休息或补给。

（四）颁奖仪式

小中大班均设置一等奖 5 名，二等奖 8 名，三等奖 10 名，由社区负责人和幼儿园负责人颁发奖状、奖牌和奖品。

跑（走）完全程而未获奖的家庭则获得“坚持之星”奖，由社区工作人员和幼儿园负责教师颁发奖状和奖品。

（五）合影留念

参赛家庭分班级合影留念，自行选择到合影区合影。

八、裁判工作

活动设总裁判一名，负责项目场地布置，监督全部比赛项目及比赛结果的裁定；裁判 8 名，负责清点人数、计时，为参赛人员比赛时贴上幼儿园标记贴；发令人员 1 名；成绩记录人员 2 名；检录员 3 名，负责为参赛人员分发亲子背心和号牌。

九、安全工作

驻校民警一名、保卫干部一名，负责整个的安保工作，活动前带领全体安保人员对场地附近有安全隐患的人、事、物进行处置；保卫人员 6 名，公园内的安保以及赛道途中的安保和指引。

十、卫生保健工作

设保健医生 2 名，负责运动中意外伤害事故的处置，准备简单的水、食物和医疗用品，为参赛人员参赛途中提供补给。

"大手牵小手，运动大闯关"活动方案

一、指导思想

家-园-社综合运动干预已经过半，本次运动大闯关活动以位移技能游戏和物体操控技能游戏为主，强调"运动在于坚持，运动在于强化"，以闯关积星换奖品的游戏形式调动幼儿参与的积极性，促进幼儿在愉快的游戏中强化自身体质，提升基本运动技能。

二、活动目标

（1）幼儿和家长都能积极参与活动，感受运动的乐趣，体验亲子运动的愉悦。（2）在闯关游戏中，幼儿能够坚持通过所有关卡，体验坚持就能胜利的喜悦。（3）展示运动干预后幼儿的位移技能和物体操控技能，促进家-园-社联动平台的紧密衔接。

三、活动时间

周六上午 9：00-11：30

四、活动地点

重庆市体育馆

五、参与人员

社区工作人员，小中大三个年龄段幼儿及家长，教师，幼儿园行政人员，安保人员，保健人员。

六、活动准备

（一）经验准备

（1）幼儿园和家庭携手对幼儿进行位移技能和物体操控技能综合干预。

（2）幼儿及家长已经了解闯关的游戏项目及游戏玩法。

（二）场地准备

实地考察体育馆运动场地，做好各个项目的场地规划，每个项目均设有排队等候区和游戏区。

（三）器材准备

“运动大闯关”积星卡，硬质网球、布包、平衡木、场地胶等。

七、活动流程

（一）签到

不同年龄段幼儿分时段进入签到：大班幼儿及家长 9：00 到场签到，并在老师带领下进行热身律动后自行选择闯关项目进行闯关；中班幼儿 9：40 到场，在老师带领下进行热身律动后自行选择闯关项目进行闯关；小班幼儿 10：10 到场，在老师带领下进行热身律动后自行选择闯关项目进行闯关。

（二）闯关游戏

闯关游戏涉及位移技能和物体操控技能，幼儿据积星卡上的提示自行选择闯关项目进行游戏。所有关卡均闯关成功并获得相应积星的家庭可以获得对应的奖品。

位移技能	绕障碍跑　过独木桥　单脚跳　立定跳远
物体操控技能	投球进袋　小球拍拍　投球敲锣

●位移技能游戏：绕障碍跑

场地布置：20 米跑道，设起点和终点，中间每隔 3 米左右摆放 1 个柱状障碍，共 6 个。

规则：幼儿快快地进行绕障碍跑，要求为必须要绕过每一个障碍，如果漏掉一个必须从头开始。跑步绕过所有障碍则闯关成功，获得积星一枚。

●位移技能游戏：过独木桥

场地布置：12 米场地，设起点和终点，中间并排放置两根总长度 10 米的平衡木，其中一根高 20 厘米宽 20 厘米，另一根高 20 厘米宽 10 厘米。

规则：幼儿自行选择一根独木桥（平衡木）平稳走过，如果掉桥了，则这一关从头开始。平稳走过 20 厘米宽的平衡木则获得积星 1 枚，平稳走过 10 厘米宽的平衡木则获得积星 2 枚。幼儿可排队重复闯关，以最好成绩决定获得积星的个数。

●位移技能游戏：单脚跳

场地布置：设起点线一根和目标线三根（分别距起点线 2 米、5 米、8 米）。

规则：单脚连续（不换脚）跳到目标线的幼儿则可以获得对应的积星，跳到 2 米目标线获得一枚积星，跳到 5 米目标线获得 2 枚积星，跳到 8 米目标线获得 3 枚积星。幼儿可排队重复闯关，以最好成绩决定获得积星的个数。

●位移技能游戏：立定跳远

场地布置：设置起点线一根和目标线。目标线由三种不同颜色的色板组成，其中距起点线 40~70 厘米为黄色色板，距起点线 70~90 厘米为蓝色色板，距起点线 90~110 厘米为红色色板。

规则：幼儿从起点线采用立定跳远的动作姿态进行跳远，跳到不同色块（全脚掌均在该色块中）的幼儿则可获得对应的积星个数（跳到黄色色板获得 1 枚积星，跳到蓝色色板获得 2 枚积星，跳到红色色板获得 3 枚积星）。每位幼儿可跳三次，以最好成绩决定获得积星的个数。

●物体操控技能游戏：投球进袋

场地布置：设置相距 4 米左右的两根平行线。

规则：家长和幼儿分别站在平行的两条线上。幼儿手拿沙包站投掷线，家长手拿布袋，幼儿将沙包投到家长手中的布袋里。每位幼儿共投 10 个沙包，投中 5~6 个沙包即可获得积星一枚，投中 7~8 个沙包获得积星两枚，投中 9~10 个沙包获得积星三枚。

●物体操控技能游戏：小球拍拍

规则：幼儿进行连续拍球，连续拍球 10 个即可获得积星一枚，连续拍球 20 个以上获得积星两枚，连续拍球 30 个以上获得积星三枚。

●物体操控技能：投球敲锣

场地布置：设投掷起点线，距起点线 4 米处立置直径为 30 厘米左右的锣。

规则：幼儿站在投掷起点线，用硬质网球投中锣，把锣敲响。每个孩子投 5 个球，5 个球都把锣敲响则闯关成功，获得积星一枚。

（三）奖品领取

幼儿根据自己积星卡上的积星数量领取对应的奖品。

八、组织与宣传工作

设现场组织人员 3 名，负责现场热身活动以及幼儿游戏过程中的指引等；每个游戏项目设置工作人员 3 名负责游戏的组织与积星盖章；设置发送奖品人员 5 名；设摄影人员 1 名，负责对整个活动进行拍摄记录；设新闻宣传人员 1 名，负责新闻稿的撰写与宣传。

九、安全工作

驻校民警一名、保卫干部一名，负责整个劳动的安保工作，活动前带领全体安保人员对场地附近有安全隐患的人、事、物进行处置；保卫人员 6 名，负责整个场地的安保和指引。

十、卫生保健工作

设保健医生 2 名，负责运动中意外伤害事故的处置，同时准备简单的水、食物和医疗用品，为参与游戏的家庭与现场工作人员提供帮助。

“快乐运动 健康成长”运动会活动方案

一、指导思想

红岩幼儿园是一所拥有百年悠久历史的重庆名园，秉承“立红岩心，育健康人”的办园理念，对运动健康教育的关注和研究由来已久。为进一步彰显运动的特色，特举办此次体育节。活动本着“让每一个孩子都动起来”的宗旨,让幼儿、家长、教师共同感受运动的乐趣。

二、活动目标

（1）积极参加体育节系列活动，体验运动带来的快乐。（2）通过开展体育节，增强幼儿体质，发展幼儿动作的协调性和灵活性；增进幼儿、家长、教师的交流与沟通。（3）感受集体荣誉感和竞赛意识。在活动中能坚持、不怕困难。

三、活动时间

10 月 22 日周五上午 9：00—12：00

四、活动地点

重庆市体育馆

五、活动形式

出场式、特色运动项目、集体项目比赛、亲子项目比赛、运动会颁奖、运动会闭幕。

六、活动准备

（一）经验准备

（1）开展运动的主题教育，激发幼儿运动的兴趣，在活动中能坚持、不怕困难。（2）针对比赛项目各班级开展初赛，推选出优胜者参加园级比赛。

（二）场地准备

实地考察体育馆运动场地，做好各个项目的场地规划。

（三）器材准备

篮球、接力棒、皮尺、沙包、平衡木、轮胎等。

七、活动流程

（一）入场式路纵队组成

各班幼儿分成 3 方阵，手举彩旗、鲜花、铃鼓等道具，高呼口号整齐入场。

（二）小运动员代表发言

（三）园长致辞

（四）亲子热身操展示

每个班按照 4×8 排的队形站立，每班一组领操家庭，随音乐一起进行亲子热身操。

（五）特色运动项目展示

幼儿啦啦操队、武术队、篮球队、足球队、瑜伽队进行特色展示。

（六）集体项目比赛

1.幼儿集体项目比赛

项目	大班	中班	小班
位移技能	20 米跑接力	20 米跑接力	15 米跑接力
	立定跳远	单脚跳接力	15 米兔跳接力
	30 秒跳绳		
物体操控技能	投沙包	投沙包	投沙包
	1 分钟连续拍球	拍球接力	搬运篮球
柔韧与平衡	横叉接龙	横叉接龙	纵叉接龙
	20 米轮胎走接力	15 米平衡木接力	15 米平衡木接力

●小班 15 米跑迎面接力

场地布置：15 米跑道 3 个道次，分别标注清楚起点线和终点线。

规则：以迎面接力的方式分成两组，一组站在起点，另一组站在终点。第一名幼儿从起点出发，跑到终点线后拍下一名幼儿的手，下一名幼儿出发，依次进行。

成绩判定：以人均完成时间排定比赛的名次。

●中大班 20 米跑迎面接力

场地布置：20 米跑道 2 个道次，分别标注清楚起点线和终点线。

规 则：每班分成两组，成四组两队。起点处第一名幼儿出发，手持接力棒跑到终点处，把接力棒交给下一名幼儿，依次进行下去。最先完成接力的队获胜。

中途或交接时如出现掉棒，必须把棒捡起来再接着跑。

成绩判定：以人均完成时间排定比赛的名次。

●小班 15 米兔跳接力

场地布置：15 米赛道 3 个道次，分别标注清楚起点线和终点线。

规则：以迎面接力的方式，每班分成二组，一组站在起点，另一组站在终点。从起点处出发，第一名幼儿开始完成连续双脚跳动作，到终点线后拍下一名幼儿的手，下一名幼儿出发。依次进行下去。

成绩判定：以人均完成时间排定比赛的名次。

●中班单脚跳接力

场地布置：画间隔 5 米的平行线，一条线为起点，另一条线为终点。

规则：全班幼儿分成两组分别站在起点线和终点线后。比赛开始时，第一位幼儿向对面同伴单脚跳，到达终点后与同伴击掌，同伴则出发开始单脚跳，直到最后一位幼儿完成。

成绩判定：以人均完成比赛时间排定名次。

●大班立定跳远

场地布置：在场地上画出起点线，在起点处，间隔 1.5 米的距离固定皮尺（10 条）与起点线呈 90 度垂直延伸，皮尺上的刻度 0 与起点对应。场地可供 10 名幼儿同时开展立定跳远。

规则：10 名幼儿同时站在起点处，自行进行立定跳远，跳远距离为脚后跟所对应的皮尺数值，如幼儿手掌向后撑地，则以手掌所对应的皮尺上的数值为跳远距离。每位幼儿共跳两次，以最远成绩作为最终的成绩。

成绩判定：全班总成绩除以总人数取得的全班平均分作为成绩。

●大班 30 秒跳绳

场地布置：分两横排固定 10 个跳绳点，每横排 5 个。每个跳绳点左右间隔 2 米，前后间隔 3 米。

规则：班级初赛后，每班选取 5 名幼儿参加比赛。从裁判发令起幼儿开始跳绳，直至裁判发令结束。

成绩判定：以每班幼儿最终所跳绳的个数的总和作为成绩的判定。

●投沙包

场地布置：设置起点线和投掷目标线。其中，小班的投掷目标线距起点 3 米，中班的投掷目标线距起点 5 米，大班的投掷目标线距起点 6 米。

规则：每个班级通过班级初赛选取 10 人参加。比赛时每班 10 人同时开始投掷，一共投掷三次，裁判记录每班每次投过目标线沙包的个数。

成绩判定：以每班三次总共投过目标线沙包的个数进行判定，个数多的获胜。

●小班搬运篮球

场地布置：画间隔 5 米的平行线。

规则：全班幼儿分成两组站在线后，比赛开始时，第一位幼儿抱着篮球运往对面，把球交给对面幼儿，一个一个紧接着进行，到最后一位幼儿完成。

成绩判定：以每班人均完成比赛时间判定比赛名次。

●中班拍球接力

规则：每班通过初赛选取 15 名幼儿参赛。在一个规定的区域内，幼儿排成一路纵队。比赛开始时，第一个幼儿站在规定区域内，连续拍球 10 次后，排在后面幼儿继续完成 10 次拍球，到最后一位幼儿完成。

成绩判定：以完成时间的多少判定成绩。

●大班 1 分钟连续拍球

场地布置：分两横排固定 10 个拍球点，每横排 5 个。每个拍球点前后左右间隔 2 米。

规则：每班通过初赛选取 10 名幼儿参赛。从裁判发令开始起幼儿开始原地连续拍球直至结束。

成绩判定：以每班幼儿拍球总个数作为比赛成绩。

●横（纵）叉接龙

规则：每班所有幼儿参加。参加幼儿成一列横队或纵队站立预备，第一名幼儿完成横叉或纵叉后，第二名幼儿横叉或纵叉的右脚与第一名幼儿的左脚相连，后面幼儿依次横（纵）叉相连成一排。

成绩判定：以丈量第一名幼儿到最后一名幼儿的总距离除以总人数得到的人均横（纵）叉距离排定名次。

●小班 15 米平衡木接力

场地布置：设置三条长 17 米的赛道，每条赛道上放置总长 15 米的平衡木，其中小班比赛使用的平衡木宽 20 厘米，高 20 厘米；中班比赛使用的平衡木高 20 厘米，宽 10 厘米。

规则：以迎面接力的方式，每班分成二组，一组站在起点，另一组站在终点。从起点处出发，第一名幼儿开始完成走平衡木，到终点线后拍下一名幼儿的手，下一名幼儿出发。如果幼儿中途从平衡木掉下，则需要返回起点重新开始。

成绩判定：以人均完成时间排定比赛的名次。

●大班 20 米轮胎走接力

场地布置：设置两条长 22 米的赛道，每条赛道上放置总长 20 米的连续摆放的常规轮胎。

规则：以迎面接力的方式，每班分成二组，一组站在起点，另一组站在终点。从起点处出发，第一名幼儿开始完成走轮胎，到终点线后拍下一名幼儿的手，下一名幼儿出发。如果幼儿中途从轮胎上掉下，则需要返回起点重新开始。

成绩判定：以人均完成时间排定比赛的名次。

2.亲子项目比赛

中大班	小班
神投手	赶小猪
划龙舟	蜈蚣爬

●小班：赶小猪

场地布置：20 米跑道 4 个道次，分别标注清楚起点线和终点线。幼儿站在起点处，为其准备好球拍和皮球。家长站在终点处，穿好自制车身。

规　则：在班级初赛的基础上推选 8 组家庭参加。游戏开始，幼儿从起点出发，手持球拍赶皮球（皮球出跑道要赶回跑道内再继续向前），赶到终点处把球拍和球放进指定篮子里。幼儿钻进车身，幼儿当车头，家长当车尾，把小汽车开回到起点处，游戏结束。

成绩判定：完成时间较短的家庭获胜。

●中大班：神投手

场地布置：20 米跑道 4 个道次，分别标注清楚起点线和终点线。幼儿站在起点处，准备好篮子一个，内装小布袋若干个。家长站在 12 米处，手持麻袋一个。

规则：在班级初赛的基础上推选 8 组家庭参加。游戏开始，幼儿从起点处每次拿一个布袋，跑到 10 米处横线后投掷，家长在距离投掷点 3 米接球线处用麻袋接球，游戏中幼儿每次折返跑至起点处只能拿一个布袋，投掷时不能超过投掷的线，家长接球时不能超过接球线。

成绩判定：在规定时间 3 分钟（中班 2 分半钟）内，接住球最多的家庭获胜。

●小班蜈蚣爬

场地布置：10 米赛道 3 个道次，每个道次地上铺上薄垫。

规则：每个班级分两队。一组家庭开始比赛时，幼儿戴着帽子，幼儿、家长手膝着地向前爬，后面家长双手分别握住幼儿的两个脚踝。将帽子交接给对面的幼儿，对面的家庭则开始出发。

成绩判定：人均时间短的一队获胜。

●中大班划龙舟

场地布置：10 米赛道 3 个道次，设置起点和终点。

规则：每班分为家长队和幼儿队，每队 6~10 人不等，分别于起点终点列队候场。开始后，一队（家长队）后面的队员扶着前面队员的腰，以蹲走的方式向对面同伴（幼儿队）出发，队伍第一人与同伴队伍第一人击掌后，同伴队伍出发。每班最后一队最后一名队员走过终点线则计时结束。

成绩判定：人均时间短的一队获胜。

（七）现场颁奖

颁发集体项目、单项（取参与人数的 40%）、最佳家长方阵等，合影留念。

八、裁判工作

设顾问一名；总裁判一名，负责项目场地布置，监督全部比赛项目及比赛结果的裁定；裁判 10 名，负责清点人数、计时，监督比赛过程中有无犯规、抢跑等现象；发令人员 2 名；成绩记录人员 2 名。

九、安全工作

驻校民警一名、保卫干部一名，负责运动会的安保工作，活动前带领全体安保人员对场地附近有安全隐患的人、事、物进行处置；保卫人员 6 名，负责校门、运动会秩序的安保。

十、卫生保健工作

设保健医生 2 名，负责运动中意外伤害事故的处置，准备常用药品等。

“社区运动达人入园”活动方案

一、指导思想

红岩幼儿园是一所有着百年悠久历史的重庆名园，秉承“立红岩心，育健康人”的办园理念，对运动健康教育的关注和研究由来已久。为了进一步凸显幼儿园办园特色，我们充分利用社区资源，邀请社区篮球、足球、武术、跆拳道和瑜伽五个类型的运动达人进幼儿园参与游戏、组织游戏。

二、活动目标

（1）喜欢参加篮球、足球、武术、跆拳道和瑜伽等运动项目。（2）补充完善幼儿园的运动游戏课程，使幼儿了解篮球、足球、武术、跆拳道和瑜伽等运动项目的特点，提高幼儿的身体协调、灵活、力量等运动能力。（3）能在专业的运动项目活动中养成坚持、不怕困难等运动品质。

三、活动时间

每周三、周四下午

四、活动地点

幼儿园各个运动场地

五、参与人员

社区工作人员，社区篮球、足球、武术、跆拳道、瑜伽达人，班级幼儿、教师，幼儿园行政人员。

六、活动准备

篮球若干个，幼儿篮球架 2 个，足球，球门、标志桶，标志圈，提腿靶，瑜伽垫、瑜伽砖。

七、活动内容

（一）篮球

推、投掷、举等动作模式，锻炼幼儿的全身协调能力和上肢力量，培养手眼协调能力。学习基本的拍球动作，提高拍球的熟练度。能够完成行进间的移动拍球。主要发展蹲、推、按压、走、弯腰等动作，锻炼幼儿的左右手协调能力和重心控制能力，培养力量和协调能力。学会学习双手胸前传球的基础动作，并且在要求下能够传球达到一定高度和准度（动作不过分变形）。

学习单手投掷动作（测试项目：网球掷远）。发展推、转身、按压、投掷等动作模式，锻炼上肢力量和协调能力，多方位提高速度、灵敏和协调能力，并且能结合球同步提高。

学习立定跳远的基础动作（体测项目：立定跳远）。发展幼儿走、跑、跳、蹲、推、举、跨等动作，锻炼下肢力量和手部协调，培养协调、力量、灵敏、速度、平衡能力。能够按照指定的方向慢速或快速地完成运球。结合篮球综合提高身体素质（灵敏、力量、协调、速度等）。

（二）足球

球性球感、踩球技术、踩球前后移动拉球、拨球、拨球前后移动、正脚背运球、停球、拉球转身、正脚背运球与拉球转身结合、脚内侧踢球、接球、定点射门、1V1 对抗、小场地比赛、多人对抗、小场地比赛。

（三）武术

（1）武术基本功。

抱拳礼、开步冲源、推掌、抱拳摆头、并步按掌、仆步推掌、己步冲拳、马步冲源、跪步劈拳、震脚砸拳、开步冲源+震脚横源、马步冲源+弓步冲源、马步按爪+己步推扑、弓步冲源+仆步摆党、震脚磺拳+跑步劈拳。

（2）武德拳。

武德拳口令：欲学艺，先学礼，欲习武，先习德，敬天地，报家国，孝父母，尊师长，爱老幼，勤助人，知廉耻，扬正气，心即理，致良知，知行合，法当先。

（3）体能素质训练。

腿部运动：马步跳、开合跳、收腹跳、波比跳、蛙跳、原地跳、高抬腿、小跑步、折返跑、冲刺。

上肢运动：俯卧撑、立卧撑、引体向上。

（4）熟练掌握武德拳动作要领和口令，提高学生们的身体素质，了解中华传统武术的起源、知识、理论，感受武术的魅力，培养孩子尊师爱友、团结互助、自律守规、持之以恒的信念。

（四）跆拳道

（1）跆拳道手法和腿法。

冲拳，上路冲拳，中路冲拳，下路冲拳；格挡，上路格挡，中路格挡，下路格挡；腿法，前踢腿，上踢腿，内旋踢，外旋踢。

（2）跆拳道的精神和口令。

口令：孝敬父母，尊敬师长，勤奋克己，热爱祖国，礼义廉耻，百折不屈。

（3）体能素质训练。

腿部运动：马步跳、开合跳、收腹跳、波比跳、蛙跳、原地跳、高抬腿、小跑步、折返跑、冲刺。

上肢运动：俯卧撑、立卧撑、引体向上。

（五）瑜伽

关节+律动热身运动+5 分钟。

动物瑜伽：

星星式+直角式+兔子跳动+青蛙式跳动提升腿部力量。

束脚式+蝴蝶式+坐角式+侧腰伸展灵活关节，动态伸展。

双腿伸直抬腿+桌子式+反斜板提升腹部力量。

摇篮式+龟式促进身体协调。

一字马提升柔韧度+睡觉的小猫咪放松。

游泳+下犬+飞鸟提升背部臀部力量，改善驼背。

摩天式+树式练习平衡。

八、安全工作

驻校民警一名、保卫干部一名，负责达人进校园的安保工作，活动前带领全体安保人员对场地附近有安全隐患的人、事、物进行处置；保卫人员 6 名，负责校门、运动场地秩序的安保。

九、卫生保健工作

设保健医生 2 名，负责运动中意外伤害事故的处置，准备常用药品等。

“活力运动家庭”评比、颁奖活动方案

一、指导思想

在课题研究的引领下，幼儿园开展了为期 12 周的家-园-社综合运动干预，不仅促进了幼儿基本运动技能的发展，增进了亲子运动情感，更构建了家-园-社三方互助联动平台。本次活动旨在展示运动干预成效；鼓励幼儿运动、亲子运动的延续；增强家庭、幼儿园、社区三方教育合力，为三方联动教育促进幼儿成长与发展奠定扎实基础。

二、活动目标

（1）引导幼儿和家长感受运动带来的成长，体验运动的快乐和成就。（2）发扬“活力运动家庭”的运动辐射力，带动其他家庭继续坚持运动。（3）增进家庭、幼儿园、社区三方的交流和沟通，总结三方综合运动干预的成果和成效。

三、活动时间

周六上午 9：30-11：30

四、活动地点

重庆市渝中区朝天门棉花街体育公园

五、参与人员

社区工作人员，累积亲子运动星 12 颗的家庭，幼儿园其他家庭，教师，幼儿园行政人员，安保人员。

六、活动准备

（一）经验准备

自干预第一周开始，幼儿家庭每周获得一张“亲子运动卡”，根据提示进行亲子运动游戏后，次周交回卡片，获得积星一枚。

（二）场地准备

领奖台、观看区。

（三）物品准备

“活力运动家庭”奖状（社区颁发）、“活力运动星”奖牌（幼儿园颁发）、奖品（幼儿羽毛球拍套装）。

七、活动流程

（一）红岩幼儿园“Red red baby”啦啦操队进行开场啦啦操的表演

（二）主持人介绍到场来宾和参与人员

（三）社区负责人讲话

（四）幼儿园园长讲话

（五）幼儿园家长代表讲话

（六）家庭亲子运动视频展播

集中快速浏览运动干预十二周中不同的家庭进行亲子运动从第一周到最后一周的状态的变化和动作的发展。

（七）“活力运动家庭”评比颁奖

（1）评比规则：每周（共 12 周）坚持完成家庭亲子运动干预，坚持为每周“亲子运动卡”上的星星涂色并交回卡片的家庭。

（2）颁奖仪式获奖家庭按主持人念到的年龄段和名字上台（每个家庭一名孩子和一名家长），社区为获奖家庭颁发“活力运动家庭”的奖状，幼儿园为孩子颁发“活力运动星”的奖牌和奖品。

（八）合影留念

八、宣传工作

活动设摄影人员两名，负责对整个活动进行录制和拍摄；设新闻宣传人员两名（一名社区人员、一名幼儿园人员），负责新闻稿的撰写与宣传。

九、安全工作

驻校民警一名、保卫干部一名，负责整个活动的安保工作，活动前带领全体安保人员对场地附近有安全隐患的人、事、物进行处置；保卫人员 6 名，负责活动当中的安保和指引。

附 录

幼儿优质运动游戏精选

我园教师每学期都会进行一次幼儿运动活动的展示与评比。自开启家–园–社综合运动干预以来，我们每学期的运动活动展示均围绕粗大动作的运动游戏进行，重点关注游戏当中传递的运动发展的序列与层次、游戏本身的趣味性、幼儿在游戏当中的参与状态与目标的达成度。我们始终强调：不是为了发展动作而游戏，而是在游戏当中发展动作。本附录精选了5个幼儿运动游戏的视频，详细地呈现了我园幼儿运动游戏的设计理念与设计思路。读者可以扫描下方二维码，直观地对这些幼儿运动游戏方式与过程进行了解。

扫描二维码：查看游戏视频

后 记

此书从架构到完成共计差不多两年的时间。两年的时间，对于撰写一本书来说的确不长，但此书背后却承载着红岩幼儿园数十载的健康教育实践研究和100多年的悠久办园历史。时光荏苒，作为红幼的园长，我见证了红幼近30年运动教育实践,也见证着红幼在运动教育的道路上与时俱进。回顾自己在红幼的岁月历程，我感恩所有的遇见。感恩领导的关心关爱，感恩前辈的教导铺垫，感恩孩子们的童真童趣，感恩老师们的勤劳奉献，同时也感恩红幼给予我的滋养与护佑。

红岩幼儿园,创建于1915年秋,是新中国成立后重庆市第一所公办幼儿园，第一所实验幼儿园，也是重庆市第一所以个别化教养为手段的健康教育特色一级园。建园以来，它历经波折，也收获很多。自二十世纪九十年起，红幼就开始致力于幼儿健康教育、运动教育的实践研究，逐步形成了稳固且专业的教育团队，也逐渐收获了丰硕的运动教育实践成果，获得了“健康教育特色园”的称号。我们开展了“开展幼儿健康教育，促进幼儿和谐发展”的实践研究，并参与编写了《幼儿园素质教育主题丛书》；我们在全区范围内开展健康教育的现场研讨活动和外事接待活动，并接受了重庆电视台科教频道的专题报道；我们参与了“幼儿心理健康”研究项目，开展了“同伴交往促进幼儿良好交往行为”的探索；我们以“运动·发展”为取向，探索解决了0~3岁婴儿的教养目标、内容、途径方法、评价等系列问题，出版了专著《运动的婴儿才健康——幼儿园婴儿教研模式研究》；我们着力打造红幼运动特色园本课程，丰富幼儿运动活动的策略方法，形成了全国幼儿园特色课程系列丛书之《幼儿运动分解教学》成果；我们致力于幼儿运动特色的发展，所组建的幼儿啦啦操队也在不断的历练中获得了全国啦啦操联赛冠军、全国啦啦操冠军赛冠军、全国啦啦操锦标赛冠军，我们组建的篮球队和足球队也在磨炼中崭露头角；等等。

在稳步推进教育实践，总结与实践教育成果的过程中，红幼的运动教育不断地往纵深发展。习近平总书记多次强调，“要办好学前教育”，做到“幼有所育、学有所教”；同时，总书记还强调：“建设体育强国，是全面建设社会主义现代化国家的一个重要目标。体育强国的基础在于群众体育。”于是，我们抓住课题研究的契机，成功申报了重庆市教育科学规划重点课题“生态学视域下运动干预促进幼儿基本运动技能发展的策略研究”，开启了家、园、社三方联动平台的运动教育实践，希望能够为体育强国作出自己的贡献，做到抓一代，促两代，影响三代。也因此，终著成此书。

此书从幼儿园、家庭、社区三个维度提供了大量相互配合、相互辅助的运动教育案例，展示了我们在“游戏中运动，运动中成长”的教学理念，也体现出了我们“立红岩心，育健康人”的办园理念，同时也呈现了我们运动教育探索的本土经验。相信这本书能够给正在探索幼儿教育本土化，正在实践幼儿健康教育、运动教育的老师们、家长们提供切实的借鉴、启迪和参考。

当然，我们也深知自己能力有限，书中或许也还存在着很多的不足，我们期望各位领导、专家、教育同仁们能够提出更加宝贝的意见和建议，也欢迎朋友们来园与我们深入探讨。

《幼儿运动技能指导——家、园与社区共育》这本书，是我们为之欣慰与骄傲的成果。回想实践与总结的过程，充满着汗水和艰辛，更充满着欢欣与鼓舞。因此，在本书最后，我想感谢参与红幼运动实践的老师们，感谢你们能在忙碌的工作中坚守教育的初心，感谢你们为幼儿教育付出的辛劳与汗水。

同时，在教育实践和成果写作的过程中，我们也得到了领导的关怀和专家的指导。我们也借此机会，表达我们由衷的感谢。尤其是要感谢重庆师范大学的牟映雪教授，从课题筹备、过程研究到成果整理都给予了我们极高的专业指导。

“十年树木，百年树人”，我们希望红幼的教育能给尚在幼苗阶段的孩子们提供灿烂的阳光和丰厚的雨露，让红幼“小苗”们茁壮成长！同时，我也希望红幼的教育之舟能继续乘风破浪，扬帆远航。